L'ÉPÎTRE APOCRYPHE DE JACQUES

(NH I,2)

L'ACTE DE PIERRE

(BG 4)

BIBLIOTHÈQUE COPTE DE NAG HAMMADI

Collection éditée par

JACQUES É. MÉNARD — PAUL-HUBERT POIRIER
MICHEL ROBERGE

En collaboration avec
BERNARD BARC — PAUL CLAUDE
JEAN-PIERRE MAHÉ — LOUIS PAINCHAUD
ANNE PASQUIER

Section «Textes»

1. – *La Lettre de Pierre à Philippe*, Jacques É. MÉNARD, 1977.
2. – *L'Authentikos Logos*, Jacques É. MÉNARD, 1977.
3. – *Hermès en Haute-Égypte* (t. I), Les textes hermétiques de Nag Hammadi et leurs parallèles grecs et latins, Jean-Pierre MAHÉ, 1978.
4. – *La Prôtennoia Trimorphe*, Yvonne JANSSENS, 1978.
5. – *L'Hypostase des Archontes*, Traité gnostique sur l'origine de l'Homme, du Monde et des Archontes, Bernard BARC, suivi de *Noréa*, Michel ROBERGE, 1980.
6. – *Le Deuxième Traité du Grand Seth*, Louis PAINCHAUD, 1982.
7. – *Hermès en Haute-Égypte* (t. II), Le fragment du *Discours parfait* et les *Définitions hermétiques arméniennes*, Jean-Pierre MAHÉ, 1982.
8. – *Les Trois Stèles de Seth*, Hymne gnostique à la Triade, Paul CLAUDE, 1983.
9. – *L'Exégèse de l'Âme*, Jean-Marie SEVRIN, 1983.
10. – *L'Évangile selon Marie*, Anne PASQUIER, 1983.
11. – *Les Sentences de Sextus*, Paul-Hubert POIRIER, suivi du *Fragment de la République de Platon*, Louis PAINCHAUD, 1983.
12. – *Le Traité sur la Résurrection*, Jacques É. MÉNARD, 1983.
13. – *Les Leçons de Silvanos*, Yvonne JANSSENS, 1983.
14. – *L'Exposé valentinien. Les Fragments sur le baptême et sur l'eucharistie*, Jacques É. MÉNARD, 1985.
15. – *L'Apocalypse d'Adam*, Françoise MORARD, 1985.
16. – *Le Livre de Thomas*, Raymond KUNTZMANN, 1986.
17. - *Les deux apocalypses de Jacques*, Armand VEILLEUX, 1987.

Section «Études»

1. – *Colloque international sur les Textes de Nag Hammadi*, Bernard BARC éditeur, 1981.
2. – *Le dossier baptismal séthien*, Jean-Marie SEVRIN, 1986.

BIBLIOTHÈQUE COPTE DE NAG HAMMADI

SECTION «TEXTES»

— 18 —

L'ÉPÎTRE APOCRYPHE DE JACQUES

(NH I,2)

PAR

DONALD ROULEAU

L'ACTE DE PIERRE

(BG 4)

PAR

LOUISE ROY

LES PRESSES
DE L'UNIVERSITÉ LAVAL
QUÉBEC, CANADA
1987

À Francine
ainsi qu'à Marie-France et Jean-Michel

Cet ouvrage a été publié grâce à une subvention du Conseil de recherches en sciences humaines du Canada, accordée dans le cadre de son programme d'aide aux grands travaux d'édition.

IMPRIMÉ EN BELGIQUE

DÉPÔT LÉGAL (QUÉBEC), 3me TRIMESTRE 1987

ISBN 2-7637-7072-X

L'ÉPÎTRE APOCRYPHE DE JACQUES

PAR

Donald ROULEAU

AVANT-PROPOS

Au terme de cette recherche, je désire remercier tous ceux qui m'ont apporté leur collaboration et leur assistance. Il convient tout d'abord de nommer Monsieur Hervé Gagné qui m'a initié à la recherche scientifique. Je suis également redevable à Monsieur Jacques-É. Ménard, professeur à l'Université des sciences humaines de Strasbourg et professeur invité à l'Université Laval, pour ses remarques et ses suggestions.

Je me dois de souligner le précieux concours des membres, tant européens que québécois, du Projet d'édition de la Bibliothèque copte de Nag Hammadi de la Faculté de théologie de l'Université Laval. Le présent travail a fait l'objet d'exposés et de discussions lors des séances du séminaire hebdomadaire qui regroupe les chercheurs québécois de ce projet d'édition. Plusieurs d'entre eux m'ont fait profiter de leurs observations. Que chacun trouve ici la part de remerciement qui lui est due.

La collaboration de Monsieur Pierre Cherix, chercheur au Fonds national suisse de la recherche scientifique, fut pour moi inestimable. Je lui dois la collation du texte copte de l'*Épître apocryphe de Jacques* sur l'original du Musée copte du Vieux-Caire, collation qu'il effectua en mars 1983. J'ai aussi largement profité de sa connaissance de la grammaire copte pour l'analyse et la traduction de mon traité.

En dernier lieu, j'adresse mes remerciements à Monsieur Paul-Hubert Poirier, professeur de patrologie et d'histoire de l'Église à la Faculté de théologie de l'Université Laval et directeur du Projet d'édition de la Bibliothèque copte de Nag Hammadi. Je lui suis spécialement reconnaissant d'avoir suivi toutes les étapes de cette étude et de m'avoir obligé à préciser et nuancer ma pensée!

Donald ROULEAU

BIBLIOGRAPHIE

On ne trouvera ici que les titres d'ouvrages et d'articles portant explicitement, en tout ou en partie, sur l'*Apocryphon de Jacques.*

Baumeister (T.), «Die Rolle des Petrus in gnostischen Texten», in T. Orlandi, F. Wisse, éd., *Acts of the Second International Congress of Coptic Studies*, Roma, 22-26 September 1980, Rome, 1985, p. 3-12.

Brown (S.K.), *James: A Religio-Historical Study of the Relations between Jewish, Gnostic, and Catholic Christianity in the Early Period through an Investigation of the Traditions about James the Lord's Brother*, Ph.D. Dissertation, Brown University, Providence, 1972.

Cameron (R.), «The Apocryphon of James», in *The Other Gospels: Non-Canonical Gospel Texts*, Philadelphie/Westminster, 1982, p. 19-21; 57-64.

—, *Sayings Traditions in the Apocryphon of James* (*Harvard Theological Studies*, 34), Philadelphie, 1984.

—, «The Apocryphon of James», introduced and translated by A. Cameron in W. Barnstone, éd., *The Other Bible*, San Francisco, 1984, p. 343-349.

Colpe (C.), «Heidnische, Jüdische und christliche Überlieferung in den Schriften aus Nag Hammadi VII», *JAC* 21 (1978) 125-146.

Doresse, (J.), «Une bibliothèque copte découverte en Haute-Égypte», *Académie Royale de Belgique, Bulletin de la classe des Lettres et des Sciences morales et politiques*, 5e Série, 35 (Bruxelles, 1949) 438-439.

—, *Les livres secrets des gnostiques d'Égypte*, Introduction aux écrits gnostiques coptes découverts à Khénoboskion, Paris, 1958.

Doresse (J.), Mina (T.), «Nouveaux textes gnostiques coptes découverts en Haute-Égypte: la bibliothèque de Chénoboskion», *VC* 3 (1949) 129-141.

Emmel (S.), «Announcement», *The Bulletin of the American Society of Papyrologists* 14 (1977) 56-57.

—, «The Nag Hammadi Editing Project: A Final Report», *Newsletter* (American Research Center in Egypt, Inc.) 104 (1978) 10-32.

Funk (R.W.), *New Gospels Parallels*, Volume Two, *John and the Other Gospels*, Philadelphie, 1985, p. 218-231.

Gianotto (C.), «La letteratura apocrifa attribuita a Giacomo a Nag Hammadi (NHC I,2; V,3; V,4)», *Augustinianum* 23 (1983) 111-122.

Haenchen (E.), «Literatur zum Codex Jung», *ThR* 30 (1964) 45-47.

Hedrick (C.W.), «Kingdom Sayings and Parables of Jesus in the *Apocryphon of James*: Tradition and Redaction», *NTS* 29 (1983) 1-24.

Heldermann (J.), «Anapausis in the Epistula Jacobi Apocrypha», in R.McL. Wilson, éd., *Nag Hammadi and Gnosis* (*NHS* 14), Leiden, 1978, p. 34-43.

Helmbold (A.K.), «The Apocryphon of James», in *The Nag Hammadi Gnostic Texts and the Bible*, Michigan, 1967.

Hornschuh (M.), «The Apostles as Bearers of the Tradition» in E. Hennecke, W. Schneemelcher, éd., *New Testament Apocrypha*, t. 2, Londres, 1963, p. 74-87.

JANSSENS (Y.), «Traits de la passion dans l'*Epistula Iacobi Apocrypha*», *Le Muséon* 88 (1975) 97-101.

KIPGEN (K.), *Gnosticism in Early Christianity*. A Study of the Epistula Iacobi Apocrypha with particular Reference to Salvation, Dissertation, Oxford, 1975.

KIRCHNER (D.), *Epistula Jacobi Apocrypha*. Die erste Schrift aus Nag-Hammadi-Codex I (Codex Jung) neu herausgegeben und kommentiert, Theol. Diss., Berlin, 1977.

KRAUSE (M.), «Der koptische Handschriftenfund bei Nag Hammadi: Umfang und Inhalt», *MDAIK* 18 (1962) 121-132.

—, LABIB (P.), *Die Drei Versionen des Apokryphon des Johannes im Koptischen Museum zu Alt-Kairo* (*ADAIK*, Koptische Reihe, 1), Wiesbaden, 1962 [paru en 1963], p. 7-12.

LABIB (P.), *Coptic Gnostic Papyri in the Coptic Museum at Old Cairo*, Volume I, published by the Antiquities Department, Le Caire, 1956.

MALININE (M.), PUECH (H.-Ch.), QUISPEL (G.), TILL (W.C.), KASSER (R.), adiuvantibus R.McL. WILSON, J. ZANDEE, *Epistula Iacobi Apocrypha*, Zurich/Stuttgart, 1968.

MEYER (M.W.), «The Secret Book of James» translated with an Introduction and Notes by M.W. MEYER in *The Secret Teachings of Jesus*. Four Gnostic Gospels, New York, 1984, p. 1-16.

MINA (T.), «Le papyrus gnostique du Musée Copte», *VC* 2 (1948) 129-136.

ORBE (A.), «El Martirio según la *Epla.Jacobi* del Codex Jung» publiée comme «Excursus B» in *Los primeros herejes ante la persecución. Estudios Valentinianos*, vol. V (*Analecta Gregoriana*, 83), Rome, 1956, p. 286-290.

PAGELS (E.), *The Gnostic Gospels*, New York, 1981.

PERKINS (P.), «Johannine Traditions in *Ap. Jas.* (NHC I,2)», *JBL* 101 (1982) 403-414.

—, *The Gnostic Dialogue. The Early Church and the Crisis of Gnosticism* (*Theological Inquiries*, Studies in Contemporary Biblical and Theological Problems), New York, 1980, p. 25-58.

PUECH (H.-Ch.), «Les nouveaux écrits gnostiques découverts en Haute-Égypte [Premier inventaire et essai d'identification]», in *Coptic Studies* in Honour of W.E. CRUM, Boston/Paris, 1950, p. 91-154.

—, «The Jung and the other Gnostic Documents from Nag Hammadi», in F.L. CROSS, trad. et éd., *The Jung Codex: A Newly Recovered Gnostic Papyrus*, Londres, 1955, p. 11-34.

—, «Découverte d'une bibliothèque gnostique en Haute-Égypte», *Encyclopédie française*, tome XIX (Philosophie; Religion), Paris, 1957, 19.42. 4-19.42.13.

—, «The Apocryphon of James (Apocryphon Jacobi)», in E. HENNECKE, W. SCHNEEMELCHER, éd., *New Testament Apocrypha*, t. 1, Londres, 1963, p. 333-338.

PUECH (H.Ch.), DORESSE (J.), «Nouveaux écrits gnostiques découverts en Égypte», *Comptes rendus de l'Académie des Inscriptions et Belles-Lettres*, 1948, p. 87-95.

PUECH (H.-Ch.), QUISPEL (G.), «La lettre de Jacques», *VC* 8 (1954) 7-22.

—, «The Jung Codex and its Significance», in F.L. CROSS, trad. et éd., *The Jung Codex: A Newly Recovered Gnostic Papyrus*, Londres, 1955, p. 35-78.

ROBINSON (J.M.), «The Coptic Gnostic Library Today», *NTS* 14 (1968) 356-401.
—, éd., *The Facsimile Edition of the Nag Hammadi Codices*. Published under the Auspices of the Department of Antiquities of the Arab Republic of Egypt in Conjunction with the UNESCO, Codex I, Leiden, 1977.
—, éd., *The Facsimile Edition of the Nag Hammadi Codices. Introduction*, Leiden, 1984.
ROULEAU (D.), «Les paraboles du Royaume des cieux dans l'Épître apocryphe de Jacques (NH I,2)» in B. BARC, éd., *Colloque International sur les textes de Nag Hammadi* (Québec, 22-25 août 1978), (*BCNH*, section «Etudes», 1), Québec-Louvain, 1981, p. 181-189.
RUDOLPH (K.), «Der Gnostische "Dialog" als literarisches Genus», in P. NAGEL, éd., *Probleme der koptischen Literatur*, Halle-Wittenberg, 1968, p. 85-107.
—, «Gnosis und Gnostizismus, ein Forschungsbericht», *TR* 34 (1969) 121-175.
SCHENKE (H.-M.), «Der Jakobusbrief aus dem Codex Jung» *OLZ* 66 (1971) 118-130.
SEVRIN (J.-M.), «Paroles et paraboles de Jésus dans les écrits gnostiques coptes», in J. DELOBEL, éd., *LOGIA. Les paroles de Jésus* (*Bibliotheca Ephemeridum Theologicarum Lovaniensium*, 59), Louvain, 1982, p. 517-528.
SMITH (T.), *Petrine Controversies in Early Christianity*. Attitudes towards Peter in Christian Writings of the First Two Centuries (Wissenschaftliche *Untersuchungen zum Neuen Testament*, 2. Reihe, 15), Tübingen, 1985.
VAN UNNIK (W.C.), «The Origin of the Recently Discovered "Apocryphon Jacobi"», in *Atti del VIII Congresso internazionale di Storia delle Religioni*, Florence, 1956, p. 407-408.
—, «The Origin of the Recently Discovered Apocryphon Jacobi», *VC* 10 (1956) 149-156.
—, «The Apocryphon of James», in W.C. van UNNIK, éd., *Newly Discovered Gnostic Writings*. A Preliminary Survey on the Nag Hammadi Find, Londres, 1960, p. 80-88.
—, «Das Apokryphon des Jakobus», in *Evangelien aus dem Nilsand*, Frankfurt, 1960, p. 93-101.
WILLIAMS (F.E.), «The Apocryphon of James [I,2]», introduced and translated by F.E. WILLIAMS, edited by D. MUELLER, in J.M. ROBINSON, éd., *The Nag Hammadi Library in English*, San Francisco, 1977, p. 29-36.
—, «The Apocryphon of James», in H.W. ATTRIDGE, éd., *Nag Hammadi Codex I* (The Jung Codex), Volume 1: Introductions, Texts, Translations, *Indices*, Volume 2: *Notes* (*The Coptic Gnostic Library*; *NHS* 22 et 23), Leiden, 1985, vol. 1, p. 13-53; vol. 2, p. 7-37.
ZANDEE (J.), «Gnostische trekken in een Brief von Jacobus», *NTT* 17 (1963) 401-422.

ABRÉVIATIONS

ADAIK	=	Abhandlungen des Deutschen Archäologischen Instituts Kairo
ANRW	=	Aufstieg und Niedergang der römischen Welt
AZ	=	Archäologische Zeitung
BCNH	=	Bibliothèque copte de Nag Hammadi
BWANT	=	Beiträge zur Wissenschaft vom Alten und Neuen Testament
CPG	=	M. GEERARD, *Clavis Patrum Graecorum*
DBS	=	Dictionnaire de la Bible (Supplément)
EB	=	Études Bibliques
JAC	=	Jahrbuch für Antike und Christentum
JBL	=	Journal of Biblical Literature
JR	=	The Journal of Religion
MDAIK	=	Mitteilungen des Deutschen Archäologischen Instituts Kairo
NH	=	Nag Hammadi
NHS	=	Nag Hammadi Studies
NTS	=	New Testament Studies
NTT	=	Norsk Teologisk Tidsskrift
OLZ	=	Orientalistische Literaturzeitung
PG	=	J.-P. MIGNE, *Patrologiae cursus completus*, series graeca
RAC	=	Reallexikon für Antike und Christentum
RB	=	Revue Biblique
RechSR	=	Recherches de Science Religieuse
RHR	=	Revue de l'Histoire des Religions
RevSr	=	Revue des Sciences Religieuses
SBL	=	Society of Biblical Literature
SC	=	Sources Chrétiennes
TR	=	Theologische Rundschau
TU	=	Texte und Untersuchungen zur Geschichte der altchristlichen Literatur
VC	=	Vigiliae Christianae
VD	=	Verbum Domini
ZNW	=	Zeitschrift für die Neutestamentliche Wissenschaft

Les abréviations des titres des différents traités de Nag Hammadi sont celles de la BCNH et les sigles des livres bibliques sont ceux de la *Bible de Jérusalem* (Paris, éd. du Cerf).

INTRODUCTION

A. Présentation du traité

1. *Identification du traité*

L'*Épître apocryphe de Jacques* (ApocrJac) est l'un des cinquante-deux traités coptes découverts en décembre 1945 aux environs de Nag Hammadi[1].

Parvenu en 1972 au Musée copte après bien des péripéties et des tractations[2] et y apparaissant sous le numéro d'inventaire 11640, l'actuel Codex I fut très diversement classé et dénommé: Codex XI par Jean Doresse et Togo Mina en 1949[3]; Codex II par Henri-Charles Puech en 1950[4]; Codex XIII par Jean Doresse en 1958[5]; Codex I par Pahor Labib en 1956[6] et Martin Krause en 1962[7], cette dernière numérotation étant devenue par la suite officielle en 1968[8].

[1] Cf. J.M. Robinson, *The Facsimile Edition of the Nag Hammadi Codices*. Published under the Auspices of the Department of Antiquities of the Arab Republic of Egypt in Conjunction with the UNESCO, Codex I, Leiden, 1977, p. vii-xxxi; p. 1-4; Id., Introduction to the *Facsimile Edition of the Nag Hammadi Codices*. Published under the Auspices of the Department of Antiquities of the Arab Republic of Egypt in Conjonction with the UNESCO, Leiden, 1984, p. 3-14.

[2] Cf. H.-Ch. Puech, «The Jung Codex and the other Gnostic Documents from Nag Hammadi», in F.L. Cross, trad. et éd., *The Jung Codex. A Newly Recovered Gnostic Papyrus*, Londres, 1955. p. 11-34; G. Quispel, «The Jung Codex and its Significance», *ibid.*, p. 35-78; E. Pagels, *The Gnostic Gospels*, New York, 1981, p. xxvii-xxviii.

[3] Cf. J. Doresse, T. Mina, «Nouveaux textes gnostiques coptes découverts en Haute-Égypte: la bibliothèque de Chénoboskion», *VC* 3 (1949) 137.

[4] Cf. H.-Ch. Puech, «Les nouveaux écrits gnostiques découverts en Haute-Égypte [Premier inventaire et essai d'identification]», in *Coptic Studies in Honour of W.E. CRUM*, Boston/Paris, 1950, p. 103-104; Id., «Découverte d'une bibliothèque gnostique en Haute-Égypte», *Encyclopédie française*, tome XIX (Philosophie, Religion), Paris, 1957, 19.42.4-19.42.13.

[5] Cf. J. Doresse, *Les livres secrets des gnostiques d'Égypte*, Introduction aux écrits gnostiques coptes découverts à Chénoboskion, Paris, 1958, p. 167.

[6] Voir P. Labib, *Coptic Gnostic Papyri in the Coptic Museum at Old Cairo*, volume I, published by the Antiquities Department, Le Caire, p. 3 et 6.

[7] Cf. M. Krause, «Der koptische Handschriftenfund bei Nag Hammadi: Umfang und Inhalt», *MDAIK* 18 (1962) 124; M. Krause, P. Labib, *Die drei Versionen des Apokryphon des Johannes im Koptischen Museum zu Alt-kairo* (*ADAIK*, Koptische Reihe, 1), Wiesbaden, 1962 [paru en 1963], p. 7-12.

[8] Cf. J.M. Robinson, «The Coptic Gnostic Library Today», *NTS* 14 (1968) 383-387; et *The Facsimile Edition of the Nag Hammadi Codices. Introduction*, Leiden, 1984, p. 31.

Son apparence[9] extérieure le distingue nettement de l'ensemble des codices. En effet, son format est inhabituel. Alors que celui des autres codices est sensiblement identique (25 ou 27 cm par 15 cm), le nôtre fait exception par son format plus allongé, haut et étroit.

L'ApocrJac est le second[10] des cinq écrits que contient le codex I. N'étant précédé d'aucune enjolivure, son texte commence dès le début de la première ligne de la page 1 et se termine à la ligne trente de la page 16 par une double série de losanges et de signes qui le distinguent du troisième traité, l'*Évangile de Vérité*.

L'écriture, pour reprendre les termes de J. Doresse, se caractérise par une «irrégularité des lignes et des dimensions des lettres», par de «grandes onciales», par des «lettres raides, épaisses, empâtées» et par la «maladresse du tracé»[11] trahissant ainsi la possible collaboration de plusieurs copistes.

L'ApocrJac a aussi le fâcheux inconvénient d'être lacuneux particulièrement en début de page. C'est notamment le cas des huit premières pages et des pages onze à seize. Le nombre de lignes pour l'ensemble du traité varie entre trente-cinq et quarante-et-une, exception faite de la page seize où prend fin le traité avec la ligne trente.

Disons enfin que notre traité est très sûrement, comme c'est le cas pour la plupart sinon la totalité des textes en provenance de Nag Hammadi, la traduction d'un original grec. Le datif grec ⲙⲙ[ⲛ]ⲧϩⲉ-ⲃⲣⲁⲓⲟⲓⲥ, présent en p. 1,16, en est à lui seul une preuve suffisante. La traduction du grec au copte a pu être réalisée au début du IVe siècle.

2. *Le titre*

L'ApocrJac ne porte aucun titre, à l'instar des autres traités du codex I, exception faite toutefois de Rheg et de la PrPaul[12]. Aussi l'a-t-

[9] Cf. H.-Ch. PUECH, «Découverte d'une bibliothèque en Haute-Égypte» (cf. *supra*, n. 4), p. 6.

[10] Selon l'ordre des écrits du codex I restitué par S. EMMEL, «Announcement», *The Bulletin of the American Society of Papyrologists* 14 (1977) 56-57.

[11] Cf. J. DORESSE, «Nouveaux textes gnostiques coptes découverts en Haute-Égypte: la bibliothèque de Chénoboskion» (cf. *supra*, n. 3) 132; ID., *Les livres secrets des gnostiques d'Égypte*, (cf. *supra*, no 5), p. 164; ID., *L'Évangile selon Thomas*, Paris, 1959, p. 24-26; S. EMMEL, «The Nag Hammadi Editing Project: A Final Report», *Newsletter* (American Research Center in Egypt, Inc.) 104 (1978) 27-28.

[12] Le TracTri n'a pas de titre (cf. E. THOMASSEN, *The Tripartite Tractate from Nag Hammadi.* A New Translation with Introduction and Commentary, t. I, St. Andrews, 1982 [à paraître dans la *BCNH*], p. 18-19) ni l'EvVer (cf. B. STANDAERT, «"Evangelium Veritatis" et "Veritatis Evangelium": La question du titre et les témoins patristiques», *VC* 30 [1976] 138).

on diversement dénommé: «Lettre de Jacques»[13], «Apocalypse» ou «Révélation de Jacques»[14], «Apocryphon Jacobi» ou «Apocryphon de Jacques»[15], «Apocryphal Letter of James»[16] et «Epistula Iacobi Apocrypha»[17].

Même si la plupart de ces titres essaient de cerner un élément caractéristique de notre texte, il n'y en a aucun qui s'impose absolument et certains d'entre eux introduisent plus de confusion qu'autre chose. En effet l'appellation d'apocalypse conduit à une équivoque compte tenu que le codex V de la bibliothèque de Nag Hammadi possède déjà deux textes expressément intitulés l'un et l'autre *Apocalypse de Jacques*. De même, la dénomination de lettre comporte une ambiguïté certaine si l'on se rappelle que le Nouveau Testament contient déjà une *Lettre de Jacques*.

Si l'on doit donner un titre à ce traité et en l'absence d'un intitulé transmis par la tradition manuscrite, le mieux est de s'en tenir aux indications les plus obvies que fournit le texte sur lui-même. Notons tout d'abord qu'en p. 1,10, le destinataire qualifie son *factum* d'écrit ou de texte «secret» (**ⲟⲩⲁⲡⲟⲕⲣⲩⲫⲟⲛ**). D'autre part, il apparaît clairement que cet écrit ou ce texte est «envoyé» (cf. p. 1,9-10). Dès lors, on admettra que le titre retenu pour l'*éditio princeps* (Epistula Iacobi apocrypha) est assez approprié et qu'il peut être conservé. C'est aussi celui que nous adoptons.

[13] Cf. G. Quispel, «The Jung Codex and its Significance» (Cf. *supra*, n. 2), p. 45; H.-Ch. Puech et G. Quispel, «La lettre de Jacques», *VC* 8 (1954) 7; J.M. Robinson, *art. cit.* (cf. *supra*, n. 8), p. 383; H.-M. Schenke, «Der Jakobusbrief aus dem Codex Jung», *OLZ* 66 (1971) 118.

[14] Cf. J. Doresse, *Les livres secrets des gnostiques d'Égypte*, (cf. *supra*, n. 5), p. 251 et 254; H.-Ch. Puech et J. Doresse, «Nouveaux écrits gnostiques découverts en Égypte», *Comptes rendus de l'Académie des Inscriptions et Belles-Lettres*, 1948, p. 89; H.-Ch. Puech, «Les nouveaux écrits gnostiques découverts en Haute-Égypte» (cf. *supra*, n. 4), p. 104.

[15] Cf. W.C. van Unnik, «The Apocryphon of James», in *Newly Discovered Gnostic Writings*. A Preliminary Survey of the Nag Hammadi Find, Londres, 1960, p. 80; Id., «The Origin of the Recently Discovered "Apocryphon Jacobi"», *VC* 10 (1956) 149; A.K. Helmbold, «The "Apocryphon of James"», in *The Nag Hammadi Gnostic Texts and the Bible*, Michigan, 1967, p. 34; E. Haenchen. «Literatur zum Codex Jung», *ThR* 30 (1964) 45.

[16] Voir K. Rudolph, «Gnosis und Gnostizismus, ein Forschungsbericht», *ThR* 34 (1969) 169; J. Zandee, «Gnostische trekken in een Brief von Jacobus», *NTT* 17 (1963) 401.

[17] Tel est le titre retenu pour l'*editio princeps*: *Epistula lacobi Apocrypha*. Codex Jung F.I^r - F. VIII^v (p. 1-16). Ediderunt Michel Malinine, Henri-Charles Puech, Gilles Quispel, † Walter Till, Rodolphe Kasser, adiuvantibus R.McL. Wilson, Jan Zandee, Zurich/Stuttgart, 1968.

3. *La langue du traité*

L'ApocrJac, comme les autres traités du codex I et ceux des codex X et XI de la Bibliothèque de Nag Hammadi, est écrit en copte subakhmîmique (A^2)[18]. Plusieurs passages de notre traité nous mettent aussi en contact avec le copte sahidique (S) ou certains dialectes comme le fayoumique (F) ou l'akhmîmique (A), ces dernières formes dialectales demeurant toutefois marginales et sans importance par rapport à l'ensemble du traité.

Sans en donner une description exhaustive, certaines particularités de la langue de l'ApocrJac sont cependant à signaler[19]. Par exemple, le traducteur ou le copiste fait usage du redoublement soit en début, soit en fin de mot[20]. Outre de nombreux cas de voyelles accentuées, on note quelques variantes orthographiques[21]. On doit souligner également cer-

[18] Dans un article présenté au 3e Congrès International des Etudes coptes, W.-P. FUNK se démarque de la plupart des auteurs concernant la notion généralement admise de subakhmîmique. Sa réflexion l'amène ainsi à conclure qu'il existerait dans certains traités à Nag Hammadi non pas un dialecte subakhmîmique mais plusieurs dialectes subakhmîmiques. Voir W.-P. FUNK, «How Closely Related are the Subakhmimic Dialects?», *Zeitschrift für ägyptische Sprache* 112 (1985) 124-139; des parallèles intéressants pourraient être établis, notamment, entre la langue du TracTri et de Rheg et celle de notre traité. On pourra consulter à cet effet E. THOMASSEN, *op. cit.* (cf. *supra*, n. 12), Introduction, p. 36-61 et B. LAYTON, *The Gnostic Treatise on Resurrection from Nag Hammadi*, Missoula, 1978, p. 135-164; 167-169.

[19] Notons l'usage assez arbitraire de ϯⲛⲟⲩ (p. 7,4b.34; p. 9,29.32; p. 10,9b.26b; p. 14,2b) ou de ⲧⲉⲛⲟⲩ (p. 10,20b); l'emploi irrégulier de ϫⲉⲕⲁⲥⲉ (p. 2,35a; p. 9,3.34; p. 11,2; p. 12,29; p. 13,24; p. 14,36; p. 15,3) et de ϫⲉⲕⲁⲥ (p. 3,27; p. 4,5.17; p. 12,21; p. 13,16; p. 14,40); l'utilisation de ϣⲡⲉ (p. 2,25.27b; p. 4,25) autant que celle de ⲉϣⲱⲡⲉ p. 4,37b: la présence de ⲛⲑⲉ (p. 4,11; p. 10,24) et de ⲛⲑϩⲉ (p. 6,8; p. 11, 39; p. 13,6); les variantes ⲧⲉⲉⲓ ⲧⲉ ⲑⲉ (p. 2,5; p. 7,29; p. 8,23b; p. 16,14), ⲧⲉⲉⲓ ⲧⲉ ⲧϩⲉ (p. 4,10) et ⲧⲉⲉⲓ ⲧⲉ ⲑϩⲉ (p. 7,15b). On remarquera aussi l'ajout du ⲛ̄ à certaines particules grecques, comme ⲛ̄ⲅⲁⲣ (p. 4,21b; p. 6,17b; p. 7.24; p. 8,11b.16; p. 9,16; p. 11,8; p. 12,5b.14; p. 16,23b) et ⲛ̄ⲇⲉ (p. 1,35b; p. 2,7b; p. 4,6b.20; p. 5,35b, p. 6,11b.32; p. 12,34; p. 13,26; p. 14,8b.12b.22b; p. 15,6b.34; p. 16,4b.8b).

[20] Nous retrouvons cette caractéristique dans ⲙ̄ⲙⲉⲛ (p. 7,33); dans ⲱⲱⲛϩ (p. 9,19b), s'expliquant sans doute du fait que le ⲱ soit suivi d'un -ⲛ; dans ⲛ̄ⲛⲏⲧⲛ (p. 8,28b; p. 12,21; p. 13,3.4.9.19a); dans ϫⲓⲛⲛ (p. 9,31.34) et ϩⲛⲛ (p. 1,5; p. 5,12.17.19; p. 9,7; p. 12,24). Le redoublement de la nasale -ⲛ̄ devant une voyelle est très généralement attesté par l'ApocrJac[19] (p. 4,18a; p. 7,8; p. 8,22a.36 bis; p. 11,12.14a.19; p. 12,23.29; p. 13,4.26; p. 15,36; p. 16,22b.27). Cf. P. NAGEL, «Grammatische Untersuchungen zu Nag Hammadi Codex II» in F. ALTHEIM, R. STIEHL, éd., *Die Araber in der alten Welt*, Berlin, 1969, vol. V,2, p. 404-406.

[21] C'est le cas pour (ⲏⲓ) ⲏⲉⲓ (p. 9,5.7; p. 13,4.7); (ⲥϩⲁⲓ) ⲥϩⲉⲉⲓ (p. 1, [1]; p. 2,16; p. 3,2b); (ⲟⲩϫⲁⲓ) ⲟⲩϫⲉⲉⲓ (p. 1,27; p. 4,6a; p. 6,3b.16; p. 7,11; p. 8,21.33; p. 11,2; p. 12,1.2b.3.13; p. 13,25; p. 16,14); (ⲛⲁⲓⲁⲧ⸗) ⲛⲉⲉⲓⲉⲧ⸗ (p. 3,30b; p. 12,15b); (ⲙⲉⲣⲓⲧ) ⲙⲣⲣⲉⲓⲧ (p. 5,[5]; (ⲣⲟⲉⲓⲥ) ⲣⲁⲉⲓⲥ (p. 3,11); ⲣⲁⲓⲥ (p. 9,33); (ⲡⲏⲩⲉ) ⲡⲏⲟⲩⲉ (p. 15,9a); (ϩⲱⲕⲃ) ϩⲱⲕⲙ (p. 7,22b); on remarque également la présence d'un -ⲉ final après -ⲟⲩ et

tains pluriels particuliers[22]. De plus, l'auteur manifeste certaines habitudes d'écriture qui ont probablement une origine phonétique[23].

Par ailleurs, l'ApocrJac recourt à un système verbal caractérisé, entre autres, par le fréquent usage de la forme perfective ⲁϩ- devant la voyelle ou consonne vocalique, par le présent d'habitude ϣⲁⲣⲉⲧⲛ̄- au lieu de ϣⲁⲧⲉⲧⲛ̄- et par l'infinitif causatif ⲧⲣⲁ- et ⲧⲣⲓ-.

4. *L'histoire de la recherche*

Les premières informations[24] que nous ayons concernant l'ApocrJac datent de 1948 et elles sont assez générales. On devra attendre en réalité jusqu'en 1954, soit au lendemain de la déposition officielle du Codex Jung à Zurich, pour avoir droit à une présentation un peu plus élaborée du traité[25]. De larges extraits seront alors traduits, assortis d'explications pertinentes et de nombreux parallèles concernant particulièrement le style et le genre littéraire. Pour les professeurs Puech et Quispel, l'ApocrJac apparaît conforme aux règles de l'épistolographie classique et à une certaine fiction littéraire propre à l'ésotérisme ou à l'hermétisme. Le cadre et la forme de la lettre évoquent maints produits littéraires du

-ⲓ comme dans ⲥⲁϩⲟⲩⲉ (p. 13,24); ⲟⲩⲁⲉⲓⲉ (p. 3,17.27b; p. 11,11b.13b. 28b; p. 12,39b; p. 13,9b).

[22] Celui notamment de ϣⲙⲙⲁⲉⲓ (p. 11,18a) et ϣⲟⲟⲥ (p. 8,6) comme les formes en -ⲓ de ⲉⲓⲁϯ (p. 4,26); ⲉⲕⲉⲓⲁϯ (p. 8,9); ⲙⲉⲣⲉϯ (p. 10,30a); ⲙⲣⲣⲉϯ (p. 16,10). Cf. E. Edel, «Neues Material zur Herkunft der auslautenden Vokale -ⲉ und -ⲓ im Koptischen», *AZ* 86 (1961) 103-106. L'article de Edel nous incite à croire que le pluriel en -ⲓ de l'*ApocrJac* s'apparenterait à celui que l'on retrouve dans les *Actes de Paul*, édités par C. Schmidt (cf. *Acta Pauli aus der Heidelberger koptischen Papyrushandschrift Nr. 1*, Leipzig, 1905[2], p. 16-17). Notons encore la suppression du -ⲉ du pluriel de l'article indéfini de ϩⲙ̄ⲙⲁⲕⲁⲣⲓⲟⲥ (p. 14,37b.41b) et de ϩⲙ̄ⲡⲟⲗⲉⲙⲟⲥ (p. 15,11).

[23] Telle est la suppression de l'article indéfini ⲟⲩ et du morphème du pronom possessif ou personnel de la troisième personne du pluriel devant un substantif ou un verbe commençant par la même syllabe: ⲙⲡⲟⲩⲱϣⲉ (p. 11,35b) et ⲁϩⲟⲩⲱϣ̅ⲃ̅ (p. 2,26b). Le premier ⲙ̄ de ⲛⲉⲁϩⲙ̄ⲱⲕⲙ̄ (p. 11,8) semble pour sa part s'expliquer par la fluctuation orthographique (voir P.E. Kahle, *Bala'izah*, Londres, 1954, vol. 2, p. 117). La réduction de ⲧⲱⲱϭⲉ en ⲧⲱϭⲉ (p. 7,34); de ϭⲱⲱⲃⲉ en ϭⲱⲃⲉ (p. 7,27) relève pour sa part du caractère archaïque de la langue. On relève encore la concurrence de ⲙ̄ⲡⲱⲣ ⲁ- (suivi de l'infinitif) (p. 5,36b; p. 7,22b; p. 8,29b; p. 13,19b) et de la forme ⲙ̄ⲡⲣ̄- (p. 3,36b), de même que l'absence de l'auxiliaire ⲣ̄ servant habituellement à introduire le verbe grec (p. 4,24.29.36; p. 6,4.5; p. 9,9; p. 11,32.37; p. 14-16).

[24] Cf. H.-Ch. Puech et J. Doresse, «Nouveaux écrits gnostiques découverts en Égypte», (cf. *supra*, n. 14), p. 89; T. Mina, «Le papyrus gnostique du Musée Copte», *VC* 2 (1948) 130; J. Doresse, «Une bibliothèque copte découverte en Haute-Égypte», *Académie Royale de Belgique, Bulletin de la classe des Lettres et des Sciences morales et politiques*, cinquième série, 35 (Bruxelles, 1949), p. 438-439; H.-Ch. Puech, «Les nouveaux écrits gnostiques découverts en Haute-Égypte» (cf. *supra*, n. 4), p. 103-104; 114-115.

[25] Voir H.-Ch. Puech et G. Quispel, «La lettre de Jacques» (cf. *supra*, n. 13), p. 7-22.

gnosticisme[26]. Dans le contexte des enseignements suprêmes dispensés par le Christ ressuscité, la lettre leur rappelle l'*Epistula Apostolorum*[27] avec en moins la perspective eschatologique.

Après un examen des doctrines contenues dans l'ApocrJac et des rapprochements qu'elles suggèrent, les auteurs concluent que la lettre est une composition gnostique de provenance vraisemblablement valentinienne. L'usage de termes appartenant au vocabulaire technique du gnosticisme tels que «élection» (p. 6,14a), «Connaissance» (p. 8,27a; p. 9, 19a.27; p. 14,9a) et d'autres expressions propres au valentinisme, ou encore de thèmes comme ceux de l'exclusivisme de la révélation (p. 2,33b-37a), du séjour de dix-huit mois du ressuscité parmi les siens (p. 2,19-21a) ne laisse subsister à leur avis aucun doute en ce sens. Comme dernière preuve du caractère valentinien de la Lettre, Quispel et Puech font appel à l'homogénéité de l'ensemble du recueil auquel appartient l'ApocrJac.

L'approche de Willem Cornelis van Unnik[28] est assez différente. Sa contribution cherche à situer le lieu d'origine du traité. Il s'inscrit d'abord en faux contre les conclusions de ses prédécesseurs qui voyaient en l'ApocrJac un traité gnostique d'allégeance valentinienne. Il préfère pour sa part soutenir le caractère non gnostique du traité, ce dernier n'offrant à son avis aucun point de comparaison avec les traités gnostiques connus. Pour étayer son argumentation, il soutient que de nombreux rapprochements peuvent être faits entre l'ApocrJac et la *Seconde Épître de Clément* concernant d'une part l'entrée dans le royaume des cieux et ses conditions d'accessibilité et d'autre part les contraintes inhérentes au salut.

Van Unnik note de plus que notre traité présente des points d'intérêt commun avec l'*Ascension d'Isaïe*. La durée du séjour du Christ ressuscité parmi les siens (550 jours) donnerait lieu de croire que l'auteur a complètement ignoré le récit des Actes (Ac 1,3).

De façon générale, van Unnik croit que la christologie du traité demeure orthodoxe. On n'y trouverait aucune trace de docétisme. En

[26] Allusion à l'*Apocryphon de Jean*, à la *Sagesse de Jésus-Christ*, au *Dialogue du Sauveur* et à la *Pistis Sophia*; cf. dans le même sens E. HAENCHEN, *art. cit.* (cf. *supra*, n. 15), p. 46 et A.K. HELMBOLD, *op. cit.* (cf. *supra*, n. 15), p. 35.

[27] Voir H. DUENSING, «Epistula Apostolorum», in E. HENNECKE, W. SCHNEEMELCHER, éd., *New Testament Apocrypha*, Londres, 1963, t. 1, p. 189-227.

[28] Cf. W.C. van UNNIK, «The Origin of the Recently Discovered "Apocryphon Jacobi"» (cf. *supra*, n. 15), p. 149-156; ID., «The Origin of the Recently Discovered "Apokryphon Jacobi"», in *Atti del VIII Congresso internazionale di Storia delle Religioni*, Florence, 1956, p. 407-408.

raison de l'imprécision de l'identité de Jacques et de l'absence de tendance anti-juive, s'il n'y a pas lieu d'établir selon lui de rapprochement avec la Palestine, on peut en situer la composition en Égypte, au lendemain de la rébellion juive de 135 avec les massacres auxquels elle a donné lieu, d'où l'apparition du thème du martyre dans notre texte. L'ignorance du récit des *Actes* donnerait enfin à penser que l'auteur a vécu dans une région où le récit de Luc n'était pas connu.

En conséquence, van Unnik suggère de voir en l'ApocrJac un texte émanant d'une petite communauté chrétienne de l'Égypte non encore affectée par le gnosticisme, à une période allant de 125 à 150. Le texte aurait par la suite été intégré à une collection gnostique en raison de sa terminologie.

Van Unnik aura l'occasion de reprendre ces conclusions dans deux ouvrages subséquents[29]. Aux vues générales précédemment exprimées, il ajoutera l'étude des thèmes de la persécution, de la prophétie ainsi que de l'ascension.

Dans les années qui suivront, on verra paraître plusieurs études sur l'ApocrJac[30]. Parmi celles-ci, relevons un article de J. Zandee[31]. Sa perception de l'ApocrJac est nettement opposée à celle de van Unnik. Il affirme que le traité est tout à fait gnostique, et même foncièrement

[29] ID., *Newly Discovered Gnostics Writing* (cf. *supra*, n. 15), p. 80-88; ID., «Das Apokryphon des Jacobus», in *Evangelien aus dem Nilsand*, Frankfurt, 1960, p. 93-101.

[30] Cf. G. QUISPEL, «The Jung Codex and its Significance», (cf. *supra*, n. 2), p. 45-47; H.-Ch. PUECH, «Découverte d'une bibliothèque gnostique en Haute-Égypte», (cf. *supra*, n. 4), p. 7; J. DORESSE, *Les livres secrets des gnostiques d'Égypte* (cf. *supra*, n. 5), p. 167 et 252; H.-Ch. PUECH, «The Apocryphon of James (Apocryphon Jacobi)», in E. HENNECKE et W. SCHNEEMELCHER, éd., *New Testament Apocrypha*, t. 1, Londres, 1963, p. 333-338; A. ORBE, «El Martirio según la *Epla. Jacobi* del Codex Jung», publié comme «Excursus B» in *Los primeros herejes ante la persecución. Estudios Valentinianos,* vol. V, (*Analecta Gregoriana*, 83), Rome, 1956, p. 286-290; J. DANIÉLOU, *Théologie du Judéo-Christianisme*, Paris/Tournai, 1958, p. 276 et 279; Ph. VIELHAUER, «The Gospel of the Hebrews», in *New Testament Apocrypha*, t. 1, 1963, p. 164; W.C. van Unnik, «Das Apokryphon des Jacobus» (cf. *supra*, n. 27); M. HORNSCHUH, «The Apostles as Bearers of the Tradition» in *New Testament Apocrypha*, t. 2, 1963, p. 74-87; ID., *Studien zur Epistula Apostolorum*, Berlin, 1965, p. 52; K. RUDOLPH, «Gnosis und Gnostizismus, ein Forschungsbericht», *TR* 34 (1969) 169-175; Y. JANSSENS, «Traits de la passion dans l'*Epistula Iacobi Apocrypha*», *Le Muséon* 88 (1975) 97-101; C. COLPE, «Heidnische, jüdische und christliche Uberlieferung in den Schriften aus Nag Hammadi VII», *JAC* 21 (1978) 127-131; J. HELDERMANN, «Anapausis in the Epistula Jacobi Apocrypha», in R.McL. WILSON, éd., *Nag Hammadi and Gnosis* (*NHS* 14), Leiden, 1978, p. 34-43; P. PERKINS, «Johannine Traditions in *Ap. Jas.* (NHC I,2)», *JBL* 101 (1982) 403-414; J.-M. SEVRIN, «Paroles et Paraboles de Jésus dans les écrits gnostiques coptes», in J. DELOBEL, éd., *Bibliotheca Ephemeridum Theologicarum Lovaniensium*, 59, Louvain, 1982, p. 517-528; C.W. HEDRICK, «Kingdom Sayings and Parables of Jesus in the *Apocryphon of James*: Tradition and Redaction», *NTS* 29 (1983) 1-24.

[31] Voir J. ZANDEE, *art. cit.* (cf. *supra*, n. 16), p. 401-422.

valentinien. Pour lui, la présentation que l'ApocrJac donne de la période entre la résurrection et l'ascension correspond à certaines traditions gnostiques, qu'on retrouve notamment chez les Valentiniens (cf. Irénée, *Adv. Haer.*, I,3,2), chez les Ophites (cf. *ibid.*, I,30,14) et dans l'*Ascension d'Isaïe*. On peut encore lui trouver des parallèles dans la *Sophia de Jésus-Christ*, dans l'*Évangile selon Marie* ainsi que dans la *Pistis Sophia*.

Par ailleurs, contrairement à van Unnik, Zandee croit discerner dans l'ApocrJac des traces de docétisme. En p. 3,12b-24a, il lui semble que l'expression «fils de l'homme» en opposition à celle de «Fils de Dieu» se réfère à la corporéité de Jésus et dénote un certain mépris à l'endroit de la chair de Jésus. Enfin, l'usage du terme technique de «gnose», tel qu'il se trouve en p. 8,23b-27a; p. 9,18-20a et p. 9,25-28, de même que l'anthropologie trichotomiste de l'ApocrJac (p. 11,35b-12,13 et aussi p. 15,5b-34a) rélèvent le caractère gnostique de celui-ci.

En 1968, plus de vingt ans après la découverte du texte et les premières analyses, paraissait enfin l'*editio princeps*[32] de l'ApocrJac, accompagnée de traductions française, anglaise et allemande, d'une introduction et d'un commentaire, et d'un index complet. Cette publication reste encore aujourd'hui, sinon la base, du moins un passage obligé des études sur l'ApocrJac. En plus d'offrir un texte bien établi et des traductions dignes de confiance, elle propose aussi une ample matière pour l'interprétation du texte et la détermination de son contexte doctrinal et historique. Cependant, il ne faut pas y chercher une interprétation d'ensemble de l'ApocrJac ni une version bien précise des intentions qui auraient présidé à sa rédaction. Peut-être du fait que le travail fut réalisé en collaboration, l'introduction et surtout le commentaire se contentent la plupart du temps d'enregistrer les parallèles susceptibles d'éclairer l'ApocrJac. Par l'ampleur de l'enquête, toutefois, les éditeurs ont assemblé là un matériau comparatif fort précieux pour les futurs exégètes de l'ApocrJac.

Après la parution de l'*editio princeps*, plusieurs études seront encore consacrées à l'ApocrJac. Celle de K. Rudolph[33] a pour sa part proposé de distinguer dans l'ApocrJac «trois niveaux chronologiques». Le premier apparaîtrait dès les premières lignes de la lettre au moment où Jacques s'adresse à son correspondant anonyme pour lui révéler les propos tenus à Pierre ainsi qu'à lui-même par le Sauveur (p. 1,11b-12). Le deuxième consisterait dans l'apocalypse proprement dite livrée par

[32] Voir M. MALININE *et alii*, *op. cit.* (cf. *supra*, n. 17).
[33] Voir K. RUDOLPH, *art. cit.* (cf. *supra*, n. 16), p. 169-175.

Jésus à Jacques (p. 16, 23-25a) et à Pierre, cinq cent cinquante jours après sa résurrection (p. 2,19-21a). Quant au troisième niveau, ce serait celui du récit concernant les circonstances du dernier entretien de Jésus (p. 1,28b-2,35a) et le comportement des disciples après la révélation (p. 15,5b-16,13).

Il convient de signaler encore au nombre des autres contributions la thèse de S.K. Brown[34] dont le mérite est d'avoir fait la lumière sur les traditions concernant le personnage de Jacques, frère du Seigneur. Après une analyse des principales parties de la Lettre, Brown conclut que celle-ci serait d'allégeance gnostique valentinienne et le produit d'une communauté qu'il situe aussi en Égypte.

La traduction proposée par H.-M. Schenke[35] mérite une attention particulière en raison des conjectures nouvelles sur lesquelles elle repose. Ces conjectures, parfois audacieuses, font l'objet de notes critiques dont l'intérêt demeure.

Dans une thèse de D. Phil. soutenue à Oxford, K. Kipgen[36] s'est attaché à mettre en lumière la notion de salut telle qu'on la trouve dans l'ApocrJac, par comparaison avec celle véhiculée par les écrits néo-testamentaires. Il situe l'ApocrJac dans la première moitié du deuxième siècle.

Au chapitre des traductions, il convient de noter la version allemande commentée, accompagnée d'une nouvelle édition du texte copte, de D. Kirchner[37]. Ce travail s'avère particulièrement utile pour l'analyse des faits de langue. F.E. Williams a pour sa part fait paraître une traduction anglaise dans *The Nag Hammadi Library in English* éditée par J.M. Robinson. Cette traduction a été reprise, avec une nouvelle édition du texte copte et des notes critiques, dans *The Coptic Gnostic Library*[38].

[34] Cf. S.K. Brown, *James: A Religio-Historical Study of the Relations between Jewish, Gnostic, and Catholic Christianity in the Early Period through an Investigation of the Traditions about James the Lord's Brother*, Dissertation, Brown University, Providence, 1972.

[35] Cf. H.-M. Schenke, *art. cit.* (cf. *supra*, n. 13), p. 118-130.

[36] Cf. K. Kipgen, *Gnosticism in Early Christianity*. A Study of the Epistula Iacobi Apocrypha with particular Reference to Salvation, Dissertation, Oxford, 1975.

[37] Cf. D. Kirchner, *Epistula Jacobi Apocrypha*. Die Erste Schrift aus Nag Hammadi-Codex I (Codex Jung) neu herausgegeben und kommentiert, Theol. Diss., Berlin, 1977.

[38] Cf. F.E. Williams, «The Apocryphon of James [I,2]», Introduced and Translated by F.E. Williams, edited by D. Mueller in J.M. Robinson, éd., *The Nag Hammadi Library in English*, San Francisco, 1977, p. 29-36; Id., «The Apocryphon of James», in H.W. Attridge, éd., *Nag Hammadi Codex I* (The Jung Codex), Volume 1: *Introductions, Texts, Translations, Indices*, Volume 2: *Notes* (*The Coptic Gnostic Library*; *NHS*, 22 et 23), Leiden, 1985, vol. 1, p. 13-53; vol. 2, p. 7-37.

La dernière étude parue sur l'ApocrJac, celle de Cameron[39], est consacrée aux Paroles de Jésus qui y sont transmises. Dans son ouvrage intitulé *Sayings Traditions in the Apocryphon of James*, Cameron considère que l'ApocrJac, composé en grande partie de dits de Jésus, est un témoin privilégié du développement des traditions évangéliques. On y retrouverait, à son avis, certaines formes d'expression englobant des paroles de Jésus largement utilisées et transformées par les premières communautés. Les comparaisons (paraboles) tout comme les prophéties de jugement, les dits de sagesse et les règles de communautés ou même les formules de crédo apparaîtraient dès lors comme autant de caractéristiques propres à cet écrit.

Pour notre part, profitant de l'acquis des recherches qui ont déjà été menées sur l'ApocrJac, nous nous sommes attachés, dans la présente édition, à préciser les intentions du texte, à dégager sa structure formelle et à en montrer la cohérence. Il nous est apparu que l'ApocrJac était, comme plusieurs des textes de Nag Hammadi, avant tout polémique et que c'est en fonction de sa visée polémique qu'il devait être lu et compris.

B. Analyse du traité

1. *Le genre littéraire*

Le genre littéraire de l'ApocrJac peut être qualifié de mixte[40]. Se présentant formellement comme une lettre avec tous les traits caractéristiques du genre, le traité incorpore un autre procédé littéraire, celui du dialogue de révélation, lequel constitue à vrai dire l'essentiel du développement. Dès lors, le genre littéraire de l'ApocrJac peut être décrit au mieux comme une lettre rapportant une révélation présentée sous la forme d'un dialogue.

La rédaction de l'introduction (p. 1,1-2,7a), comme celle d'ailleurs de la conclusion (p. 16,12-30), de l'ApocrJac témoigne de la volonté de l'auteur de se conformer aux règles classiques du genre épistolaire[41],

[39] Cf. R. Cameron, *Sayings Traditions in the Apocryphon of James* (*Harvard Theological Studies*, 34), Philadelphie, 1984.

[40] L'ApocrJac peut être comparé avec le GrSeth qui est mixte lui aussi: traité de l'âme, au plan formel, il transmet un discours de révélation.

[41] Cf. F.X.J. Exler, *The Form of the Ancient Greek Letter*. A Study in Greek Epistolography, Washington (D.C.), 1923; G. Kennedy, *The Art of Rhetoric in the Roman World*, Princeton, 1972, p. 253-259; C. Salles, «Le genre littéraire de la lettre dans l'Antiquité», *Foi et Vie* 84 (1985) [= *Cahier biblique*, 24] 41-47.

tout en y manifestant déjà certaines de ses préoccupations. La *praescriptio* initiale mentionne successivement, conforme en cela au modèle de l'épistolographie classique grecque, le nom de l'expéditeur et celui du destinataire, et exprime les souhaits d'usage (p. 1,1-8a). Une lacune ayant emporté les six premières lignes du texte, nous sommes empêchés de lire le nom du destinataire de la lettre, dont nous pouvons dire tout au plus qu'il se terminait en θος[42]. En revanche, la suite du texte, heureusement bien conservée, permet de restituer à coup sûr le nom de Jacques, ainsi que toute la séquence des souhaits qui reprennent d'ailleurs des éléments courants dans les lettres de cette époque, païennes ou chrétiennes.

La suite de l'introduction (p. 1,8b-28a) nous renseigne sur les raisons de l'envoi de la lettre et sur l'attitude à adopter à son égard. On y retrouve tous les traits caractéristiques d'un écrit qui se veut porteur d'un enseignement ésotérique: l'utilisation de «lettres hébraïques» (p. 1,15-16) destinées à garantir la confidentialité de l'écrit (p. 1,17-25a), l'appel à la prudence dans sa divulgation tout comme l'affirmation qu'il sera source de salut pour les élus, c'est-à-dire les saints dont le destinataire est le serviteur (p. 1,18-19), qui l'accueilleront avec foi (p. 1,25b-28a). La mention d'un autre écrit secret précédemment envoyé au destinataire (p. 1,28b-35a) terminait l'introduction de la lettre. L'état lacuneux du début de la page 2 ne permet cependant pas d'en savoir grand-chose.

Si la conclusion de la lettre (p. 16,12-30) se conforme elle aussi à ce qu'on attend d'un tel type d'écrit, elle est néanmoins tout à fait en harmonie avec la thématique exploitée dans l'«apocalypse» comme telle, faisant voir par là le parfait ajustement que présentent la fiction épistolaire et la révélation qu'elle encadre.

L'ApocrJac fait largement appel, comme nous le notions, à une variété du genre du dialogue, soit le dialogue de révélation. Les traits caractéristiques du genre du dialogue sont bien connus, puisqu'il a été largement exploité depuis Platon, autant dans la littérature profane que dans la littérature juive[43] ou chrétienne[44]. Ce genre, devenu pure fiction

[42] Cf. H.-M. Schenke, *art. cit.* (cf. *supra*, n. 13) 119, 128 suggère de lire [ⲕⲉⲣⲓⲛ]ⲑⲟⲥ, Cérinthe. Mais on pourrait supposer bien d'autres noms propres ayant même finale, comme celui de χολλούθος retrouvé dans un fragment de correspondance préservé dans la couverture du codex VII, cf. J.W.B. Barns, G.M. Browne, J.C. Shelton, *Nag Hammadi Codices. Greek and Coptic Papyri from the Cartonnage of the Covers* (*NHS*, 16), Leiden, 1981, p. 53.

[43] Mentionnons à titre d'exemple le *De animalibus* de Philon.

[44] Par exemple le *Dialogue* de Justin, ou encore le *Pasteur* d'Hermas; ce dernier texte se

littéraire, a fini par s'identifier à celui des *erotapokriseis*, des *quaestiones et solutiones*[45]. Les gnostiques ont également fait usage du genre et on le retrouve aussi bien dans le corpus de Nag Hammadi que dans d'autres codices, comme celui de Londres (*Pistis Sophia*) ou encore celui d'Oxford (les *Livres de Ieou*). Dans ces textes, le dialogue sert de cadre à la communication d'une révélation ou d'un enseignement ésotérique[46]. Comme c'est le cas dans notre traité, le dialogue de révélation se situe le plus souvent dans un contexte post-résurrectionnel. Il est structuré par les questions posées par les disciples et par les réponses fournies par le révélateur, qui est ici le Jésus ressuscité, appelé Sauveur, tantôt Seigneur. L'analyse des questions prêtées aux disciples et surtout des réponses mises dans la bouche du ressuscité permet assez souvent, comme on le verra pour l'ApocrJac, de déterminer les intentions poursuivies par le rédacteur du texte. De plus l'ApocrJac manifeste une assez forte tendance parénétique, articulée autour de malédictions et de bénédictions, qui visent les comportements ou les attitudes que les destinataires du texte sont invités à favoriser ou à rejeter.

2. *La structure et le plan*

La plupart des interprètes de l'ApocrJac ont noté la difficulté qu'il y avait à en proposer un plan précis. Cette difficulté tient pour une large part au caractère paradoxal du texte et au fait que l'on passe constamment d'un thème à l'autre sans qu'il soit toujours possible de bien voir les divisions ou l'architecture du discours. Dès lors, toute tentative pour proposer un plan fondé sur la doctrine ou les idées du traité ne risque guère d'emporter la conviction et c'est en s'engageant dans une autre direction que l'on pourra découvrir la structure qui organise l'ApocrJac.

Il nous semble en effet qu'il faut tout d'abord essayer de repérer dans le texte les articulations propres aux genres auxquels il appartient, ceux

présente sous une forme assez proche de celle de l'ApocrJac dans la mesure où le dialogue sert de cadre à une révélation.

[45] Voir G. Bardy, «La littérature patristique des "Quaestiones et responsiones" sur l'Écriture sainte», *RB* 41 (1932) 210-236.341-369. 515-537; 42 (1933) 14-30.211-229.328-352; H. Dörrie, H. Dörries, «Erotapokriseis», *RAC* 6 (1966) col. 342-370.

[46] Cf. K. Rudolph, «Der gnostische "Dialog" als literarisches Genus», in *Probleme der koptischen Literatur*, Halle-Wittenberg, 1968, p. 85-107; P. Perkins, *The Gnostic Dialogue. The Early Church and the Crisis of Gnosticism* (*Theological Inquiries*, Studies in Contemporary Biblical and Theological Problems), New York, 1980, p. 25-58; Id., «The Gnostic Revelation: Dialogue as Religious Polemic», in *ANRW* II,22, Berlin/New-York, 1980, à paraître; M. Krause, «Der *Dialog des Soter* in Codex III von Nag Hammadi», in M. Krause, éd., *Gnosis and Gnosticism* (*NHS*, 8), Leiden, 1977, p. 13-34.

de la lettre et du dialogue. Une fois ce cadre formel bien dégagé, on pourra mieux apprécier la progression du discours et le passage d'un thème à un autre. Au terme de cette analyse, on devrait être en mesure de préciser l'intention que poursuit l'auteur de l'ApocrJac et aussi certains éléments de son cadre référentiel.

Les éléments qui relèvent du *genre épistolaire* sont les plus faciles à isoler. Il s'agit en tout et pour tout du prologue (p. 1,1-2, 7a) et de la conclusion (p. 16,12-30) de l'ApocrJac. Le reste du traité (p. 2,7b-16,11) consiste dans le récit par Jacques de la *révélation* dont la lettre veut transmettre le contenu. L'essentiel de ce récit, après une mise en situation (p. 2,7b-28a), est formé par le *dialogue* de révélation (p. 2,39b-15,5a). Celui-ci se termine par l'ascension de Jésus et le rappel de ce qui s'est passé immédiatement après (p. 15,5b-16,11).

Si ce découpage ne pose pas de problèmes, il en va tout autrement de l'organisation du dialogue de révélation. On voit bien que le premier tiers de l'échange entre le Seigneur et les deux disciples tourne autour de deux idées, celle de la plénitude et celle de la souffrance (p. 2,39b-6,21a). Mais pour le reste, les développements s'enchaînent les uns aux autres sans que l'on puisse assigner à aucun d'eux un thème qui lui serait propre. On a plutôt l'impression que l'échange entre Jacques et le Seigneur à propos de la prophétie (p. 6,21b-34) détermine toute la suite du texte. La section que cet échange introduit formerait alors un développement unique commandé directement par la visée polémique de l'ApocrJac comme nous le montrerons.

En tenant compte des genres littéraires que l'ApocrJac met en oeuvre et de ce que l'on peut dire de sa thématique, voici le plan que nous en proposons:

I. Prologue de la lettre (p. 1,1-2,7a)

Salutations (p. 1,1-8a)
Occasion de la lettre (p. 1,8b-20a)
Recommandations concernant la lettre (p. 1-20b-28a)
Rappel d'un écrit antérieur et situation de la lettre par rapport à cet écrit (p. 1,28b-2,7a).

II. L'objet de la lettre: la révélation (p. 2,7b-16,11)

A. Occasion et contexte de la révélation (p. 2,7b-39a)
  1. *Apparition de Jésus* (p. 2,7b-28a)
  2. *Mise à part de Jacques et de Pierre* (p. 2,28b-39a)

B. Le dialogue de révélation (p. 2,39b-15,5a)
   1. *La recherche de la vraie plénitude* (p. 2,39b-4,22a)
      Première intervention du Sauveur (p. 2,39b-3,38a)
      Réponse de Pierre (p. 3,38b-4,2a)
      Deuxième intervention du Sauveur (p. 4,2b-22a)
   2. *La condition des disciples face à la souffrance et à la mort* (p. 4,22b-6,21a)
      Réponse et demande de Jacques (p. 4,22b-31a)
      Troisième intervention du Seigneur (p. 4,31b-5,35a)
      Réponse de Jacques (p. 5,35b-6,1a)
      Quatrième intervention du Seigneur (p. 6,1b-21a)
   3. *La condition des disciples vis-à-vis du Sauveur et des uns vis-à-vis des autres* (p. 6,21b-13,25)
      a. *Énoncé du thème* (p. 6,21b-34)
         Question de Jacques (p. 6,21b-28a)
         Réponse du Seigneur (p. 6,28b-31)
         Réplique de Jacques (p. 6,32-34)
      b. *Développement du thème* (p. 6,35-13,25)
         Cinquième intervention du Seigneur (p. 6,35-11,6a)
         p. 6,35-7,22a (Disparition de la prophétie)
         p. 7,22b-35a (La parabole du dattier)
         p. 7,35b-8,10a (Le Seigneur est retenu pour continuer l'enseignement des paraboles)
         p. 8,10b-33a (Attachement au verbe et parabole du grain de froment)
         p. 8,33b-36 (Invitation à suivre le Sauveur)
         p. 8,37-9,10a (Propos concernant la descente de Jésus)
         p. 9,10b-17 (La grande Lumière)
         p. 9,18-23 (Assurances promises aux disciples)
         p. 9,24-11,6a (Condamnation de certaines attitudes face au Sauveur)
         Intermède narratif: Joie de Jacques et de Pierre (p. 11,6b-11a)
         Sixième intervention du Seigneur (p. 11,11b-12,17)
         p. 11,11b-29a (Malédictions annoncées aux disciples)
         p. 11,29b-12,17 (Médiation et accès au Royaume)
         Intermède narratif: Tristesse de Jacques et de Pierre (p. 12, 18-19)
         Septième intervention du Seigneur (p. 12,20-13,25)
         p. 12,20-31a (Parabole de l'épi de blé)
         p. 12,31b-13,8a (Attachement au Christ)
         p. 13,8b-25 (Réprimandes et exhortations)

4. *Conclusion du dialogue et ultimes recommandations du Seigneur* (p. 13,26-15,5a)
   Réponse de Pierre (p. 13,26-36a)
   Huitième et dernière intervention du Seigneur (p. 13,36b-15,5a)

C. Fin du dialogue de révélation et montée de Jésus (p. 15,5b-27)

D. Après la révélation (p. 15,28-16,11)
   1. *Intervention et réaction des autres disciples* (p. 15,28-16,5a)
   2. *Dispositions prises par Jacques* (p. 16,5b-11)

III. Conclusion de la lettre (p. 16,12-30)

Il faut noter enfin que le dialogue de révélation privilégie certains modes d'expression, en particulier, les paraboles, les macarismes et les malédictions, mais ceux-ci, à eux seuls, ne peuvent servir à structurer le discours.

3. *L'intention du traité*

On ne peut interpréter correctement un texte comme l'ApocrJac sans avoir une certaine idée de l'intention ou de la visée qui a présidé à sa rédaction. Et faute de références ou d'allusions au contexte historique et social qui l'a vu naître, c'est en prenant en compte certaines données du texte qu'on pourra déterminer le but que poursuit son auteur. À cet égard, trois éléments paraissent particulièrement éclairants: il s'agit des rôles dévolus respectivement à Jacques et à Pierre, des thèmes développés dans le dialogue et du ton général de l'ApocrJac.

Si c'est Jacques qui apparaît dès le début de la lettre comme le fiduciaire de la révélation du Seigneur, c'est cependant à Jacques et à Pierre que cette révélation est faite de préférence aux dix autres disciples: «Quant à vous, laissez-moi Jacques et Pierre, afin que je les emplisse» (p. 2,33b-35a). Dès lors, on pourrait penser que c'est à l'un et à l'autre que s'adresseront les paroles du Seigneur. En fait, tout dans la suite du texte montre qu'il n'en est pas ainsi et que le récipiendaire de la révélation est Jacques, Pierre servant tout au mieux de faire-valoir. Ceci apparaît d'un bout à l'autre du traité. Outre le fait que Jacques soit seul chargé de la diffusion des *ultima verba* du Seigneur, on peut noter qu'en p. 2,34, il est mentionné en premier («Jacques et Pierre») et aussi qu'en p. 13,39-14,1a, et nonobstant la lacune du début de la p. 14, c'est encore à Jacques seul que s'adresse le Seigneur en réponse pourtant à une réaction de Pierre.

Mais c'est surtout la nature des interventions respectives de Jacques et de Pierre qui est instructive de la place que l'auteur de l'ApocrJac réserve à l'un et à l'autre. Jacques intervient quatre fois dans le dialogue, en p. 4,22b-31a, 5-35b-6,1a,6,21b-28a, et en 6,32-34. Sauf en 5,35b-6,1a où on enregistre une réaction indignée au rappel par Jésus de sa croix, Jacques se contente de poser des questions qui servent de point de départ aux développements du révélateur et font ainsi progresser le discours, comme il est normal dans ce genre de dialogue.

Les interventions de Pierre, en revanche, sont d'une toute autre venue. On note tout d'abord qu'il n'y en a que deux et qu'on les trouve, l'une vers le début (p. 3,38b-4,2a), l'autre vers la fin (13,26-36a) du dialogue, juste avant sa conclusion par le Seigneur. D'autre part, ces interventions ne sont pas des questions qui inciteraient le révélateur à pousser plus avant, mais plutôt des réactions de surprise ou de protestation face au discours paradoxal du Seigneur: «Voilà trois fois (que) tu nous as dit: "Soyez [emplis!", mais] nous sommes emplis» (p. 3,39b-4,2a) et: «Tantôt, tu nous exhortes au Royaume des cieux; tantôt, aussi, tu nous (en) détournes, Seigneur. Tantôt, tu nous persuades et tu nous attires à la foi, et tu nous promets la Vie; tantôt, aussi, tu nous repousses hors du Royaume des cieux» (p. 13,27b-36a).

À notre avis, il n'y a qu'une interprétation possible de la différence du traitement qui est fait des personnages de Jacques et de Pierre. À travers Jacques et Pierre, ce sont deux conceptions de l'Église ou de la communauté des disciples qui sont illustrées. La *première* est une conception qui répond à ce que le Seigneur exprime dans son discours et que Jacques recueille pour le transmettre au destinataire de la lettre et aux «saints» (p. 1,20) dont celui-ci est le serviteur. C'est de toute évidence la conception à laquelle adhère l'auteur de l'ApocrJac. La *seconde* est la conception de ceux qui refusent d'accepter l'idéal prêté au ressuscité et à qui Pierre sert de porte-enseigne. Ce groupe incarné par Pierre peut être identifié avec ce que l'on désigne habituellement comme la Grande Église, qui reconnaissait en lui le premier des apôtres et le guide, par la personne de ses successeurs, de la communauté des chrétiens[47].

[47] Cf. T. Baumeister, «Die Rolle des Petrus in gnostischen Texten», in T. Orlandi, F. Wisse, éd., *Acts of the Second International Congress of Coptic Studies*, Rome, 1985, p. 3-12. Selon Baumeister qui a analysé le rôle dévolu à Pierre à Nag Hammadi et la perception que l'on y a de l'apôtre, l'ApocrJac ne fait que récupérer l'image de Pierre. Pierre jouissant d'un grand prestige dans l'Église, l'ApocrJac en fait un des dépositaires de la révélation gnostique avec et après Jacques, afin de désamorcer les reproches des adversaires (i.-e. de la Grande Église). Il y a cependant, dans l'ApocrJac, selon Baumeister, une utilisation polémique de l'image de Pierre, qu'il ne faut pas sous-estimer. Voir aussi T. Smith, *Petrine Controversies in Early Christianity*. Attitudes towards Peter in Christian Writings of the

Dans la mesure où l'ApocrJac promeut un modèle de communauté voulu par ceux qui se reconnaissent dans les révélations reçues par Jacques et qu'il critique celui de Pierre, ou des pétriniens, il peut être qualifié de texte polémique. Cet aspect polémique, qui transpire dans tout le traité, est néanmoins très différent de ce que l'on remarque ailleurs, dans des textes comme le *Deuxième traité du Grand Seth* (NH VII,2 = GrSeth) ou encore dans le *Témoignage de Vérité* (NH IX,3 = TestVer). Alors que dans ces textes, nous avons une polémique très vive et tout à fait ouverte contre les institutions et les doctrines de la Grande Église, celle de l'ApocrJac, en revanche, est beaucoup plus subtile mais elle n'en est pas moins réelle et efficace. Au lieu de combattre l'interprétation de Jésus et de son message que propose, ou impose, la Grande Église, l'Église de Pierre, et de lui substituer ses propres vues, l'auteur affecte de traiter Pierre avec déférence et il l'associe, apparemment sur un pied d'égalité, au véritable destinataire de la révélation du Seigneur. C'est à Pierre tout comme à Jacques que sera manifestée une idée de la communauté qui est à l'opposé de celle qui préside à la structuration, sous le patronnage du premier, de la Grande Église.

Dès lors, on comprend que Pierre se limite à être le témoin étonné et quasi muet de la révélation faite à Jacques. En fait, Pierre joue un rôle de repoussoir: par son étonnement face à l'enseignement paradoxal du Sauveur, il consacre son incompréhension et celle de la Grande Église, incompréhension de ceux qui croient être emplis alors qu'ils sont vides (cf. p. 4,3-22a); d'autre part, par ses réponses, le Seigneur légitimise et avalise, à la face de Pierre et de la Grande Église, l'idéologie de l'auteur de l'ApocrJac et de ceux dont il est le porte-parole.

Si l'ApocrJac est un texte manifestement polémique, il ne fait cependant montre d'aucune animosité à l'égard de la Grande Église. À aucun moment non plus, le texte ne donne l'impression qu'il existe, au sein de la communauté des disciples, des factions rivales ou des oppositions doctrinales. Si des reproches sont adressés aux disciples, ils le sont par le ressuscité lui-même et ils visent l'ensemble des disciples, i.-e. les dix aussi bien que Jacques et Pierre. D'autre part, il n'y a rien dans le vocabulaire utilisé qu'on ne saurait retrouver dans des textes émanant de la Grande Église, qu'il s'agisse des termes de «plénitude», de «vie», de «royaume», ou encore de «salut» et même de «connaissance». De même, les procédés littéraires chers à l'auteur, les paraboles, les macarismes, les malédictions, se rencontrent dans l'ensemble de la première littérature

First Two Centuries (*Wissenschaftliche Untersuchungen zum Neuen Testament*, 2 Reihe, 15), Tübingen, 1985, p. 102-117.

chrétienne, canonique ou non. Par ailleurs, on relève des références explicites à des écrits qui seront incorporés dans le canon du Nouveau Testament. Seul le paradoxe dont use et abuse l'auteur de l'ApocrJac manifeste une critique à l'égard de notions ou de conceptions qui devaient sans doute être courantes ou connues. Mentionnons à ce chapitre le thème de la plénitude vide opposée au vide plein (p. 3-4); la malédiction réservée à ceux qui ont vu le Fils de l'homme et la bénédiction promise à ceux qui ne l'ont pas vu (p. 3,17-20); l'affirmation que le Seigneur n'a pas été envoyé pour ceux qui l'écoutent (p. 10,15b-20a); et la nécessité de se rendre semblables à «ceux qui n'existent pas» (p. 13,14b-17a), etc.

Il résulte de tout cela que l'auteur de l'ApocrJac ne veut pas donner l'impression qu'il se fait le champion d'une doctrine qui s'opposerait à celle de la Grande Église ou qui la critiquerait. Il ne cherche pas non plus, du moins en apparence, à séparer ou à distinguer la communauté à laquelle il appartient de la Grande Église. Au contraire, c'est à Pierre aussi bien qu'à Jacques que le ressuscité livre ses dernières recommandations sur l'attitude que devront adopter les disciples. Mais en réalité, et sous le couvert d'un texte assez bienveillant et dont le ton n'a rien de sectaire, c'est à une sévère critique des institutions mises en place par la Grande Église que se livre l'auteur; en particulier, comme nous le verrons, il oppose une fin de non recevoir aux structures hiérarchiques et aux mécanismes de médiation institutionnelle que l'on est en train d'instaurer, s'ils ne l'avaient déjà été. C'est bel et bien là, nous semble-t-il, qu'il faut chercher l'essentiel du message de l'ApocrJac.

4. *Le milieu et la date*

Dans la mesure où l'ApocrJac manifeste une intention polémique, il doit viser des situations assez précises et parvenir d'un milieu aux prises avec des problèmes assez graves. Il ne nous est cependant pas apparu possible, étant donné le caractère de l'ApocrJac, d'identifier de façon sûre le milieu qui l'a vu naître, non plus que d'en proposer une datation bien établie.

Il est cependant possible, à l'analyse, de cerner des éléments de l'ApocrJac qui nous permettront d'avoir quelque idée de la communauté où ce texte a circulé, de ses préoccupations et de certaines de ses caractéristiques.

Le milieu de l'ApocrJac en était vraisemblablement un où la mise en place des structures d'autorité qui devaient régir la communauté chrétienne était bien avancée. La défiance de l'auteur pour toute médiation institutionnelle ne peut s'expliquer sans un mouvement en ce sens. Par ailleurs, la polémique qu'il engage reste assez indirecte; en aucun cas, elle ne donne l'impression que la rupture entre la communauté de l'auteur et la Grande Église soit consommée.

La question de Jacques à propos de la prophétie, en p. 6,22-28a, et la réponse du Seigneur («Ne savez-vous pas qu'on a tranché la tête de la prophétie avec Jean?», p. 6,29b-31) peuvent laisser entendre que l'exercice de cette fonction fait l'objet de contestation et de discussion. On aurait alors une situation analogue à celle que l'on trouve dans la *Didachè* (cf. 11,7-12). Il n'est cependant pas impossible que la mention de la prophétie soit à mettre au compte de la fiction littéraire de l'ApocrJac et qu'elle témoigne d'un souci d'archaïsme dans l'évocation du cadre post-résurrectionnel où se situe l'action.

La persécution, ou du moins l'épreuve (πειρασμός), semble aussi faire partie des préoccupations de l'auteur. C'est ce que laissent entendre des passages comme ceux de la p. 4,28b-31a («Indique-nous donc la façon de ne pas être éprouvés par le Diable mauvais») et de la p. 8,35-36 («Je t'ai instruit de la conduite en présence des magistrats»). Ce serait également en référence au martyre que l'on mentionne la passion et la mort du Sauveur en p. 5,7-20 et 8,35-9,1a.

Par ailleurs, l'ApocrJac utilise à coup sûr certains éléments propres aux synoptiques et à Jean et tout indique qu'il les connaît sous leur forme écrite[48]. En tout cas, l'activité «mémorialiste» qui est prêtée aux Douze, après le départ de Jésus (p. 2,7-15), laisse entendre qu'à l'époque où l'ApocrJac fut composé, circulaient des livres de «souvenirs» ou de «mémoires» mis sous le nom des apôtres. Ceci n'est pas sans rappeler les ἀπομνημονεύματα τῶν ἀποστόλων de Justin (cf. *Dialogue*, 100,4 *et passim*). D'autre part, en p. 8,6-10, on donne aux paraboles des titres qui sont certainement déjà traditionnels et qui supposent une circulation de celles-ci en écrit[49]. On peut aussi, tout au long de l'ApocrJac, relever des passages qui contiennent des allusions au Nouveau Testament. Notons, sans prétendre être exhaustif, les passages suivants; la p. 4,23b-31a rappelle Mt 19,27-30 et par. (Lc 18,28-30 et surtout Mc 10,28-30, qui comporte l'addition μετὰ διωγμῶν qu'on rapprochera du ⲡⲓⲣⲁⲍⲉ de 4,29); la p. 12,41-13,1 évoque Jn 20,29; la p. 13,23b-25 reprend Ga 3,13;

[48] On trouvera un relevé exhaustif de toutes les allusions aux Évangiles canoniques et aux autres textes néotestamentaires que l'on peut retrouver dans l'ApocrJac, dans R.W. FUNK, *New Gospels Parallels*, Volume Two, *John and the Other Gospels*, Philadelphie, 1985, p. 218-231.

[49] Cf. C. BARTH, *Die Interpretation des Neuen Testaments in der valentinianischen Gnosis* (*TU*, 37,3), Leipzig, p. 59-65.

les p. 14,20b-22a et 14,37b-15,2 font penser respectivement à Jn 16,5.28 et 14,9; enfin les termes de la p. 16,18b-19 rappellent Jn 3,30. Ajoutons que le macarisme de la p. 10,34b-38a («Bienheureux celui qui vous a vus avec lui, alors qu'il était proclamé parmi les anges et qu'il était glorifié parmi les saints») suggère, par le rythme de la période, un rapprochement avec 1 Tm 3,16 et, par son dernier élément, avec 2 Th 1,10 (ὅταν ἔλθῃ ἐνδοξασθῆναι ἐν τοῖς ἁγίοις αὐτοῦ). Comme l'Ancien Testament n'est jamais allégué par l'ApocrJac, il n'est sans doute pas approprié de renvoyer ici au Ps 88 (LXX),8 (ὁ θεὸς ἐνδοξαζόμενος ἐν βουλῇ ἁγίων).

Qu'un traité soit attribué à Jacques, qu'il s'agisse du «frère du Seigneur» ou de l'un des deux Jacques membres du groupe des Douze[50], ne nous aide en rien à préciser son milieu d'origine. D'une part, l'ApocrJac ne présente pas de traits communs avec les écrits pseudo-

[50] Le nom de Jacques soulève certains problèmes d'identification si l'on tient compte que le Nouveau Testament connaît trois apôtres du même nom. Tous les trois, on le sait, faisaient partie de la première communauté de Jérusalem. 1) *Jacques, fils de Zébédée et frère de Jean* (cf. Mt 4,21; Mc 1,19; 3,17; 5,37; 9,2; 10,35; 14,33; Lc 5,10) surnommé l'Ancien ou le Majeur (cf. R.A. LIPSIUS, *Die Apokryphen Apostelgeschichten und Apostellegenden*, réimpr., Amsterdam, 1976, II, p. 201-208), dont on retrouve le nom dans les quatre listes des Douze (cf. Mt 10,2-4; Mc 3,14-19; Lc 6, 13-16; Act 1,13), appartenait au groupe des disciples avec qui Jésus aimait à se retrouver (cf. Mt 17,1; Mc 1,29; 5,39; 9,2; 13,3; 14,33; Lc 5,10; 8,51; 9,28). Ce Jacques, fils de Zébédée, a été exécuté au moment de la Pâque de l'année 42 par Hérode Agrippa 1er à la faveur de mesures de persécutions prises contre l'Église. Le fait qu'il soit le seul parmi les Douze à avoir été rapporté comme martyr par le Nouveau Testament (cf. Ac 12,1-2) témoigne de la vénération que lui vouait l'Église de Jérusalem. 2) *Jacques, fils d'Alphée*, surnommé le jeune (cf. R.A. LIPSIUS, *op. cit.*, II, p. 229-238) comptait lui aussi parmi les Douze (cf. Mt 10,3, Mc 3,18; Lc 6,15, Ac 1,13). 3) Jacques, «frère du Seigneur» (cf. Ga 1,19; R.A. LIPSIUS, *op. cit.*, II, p. 238-257) nous est présenté comme un des fils de Marie, laquelle était à la Crucifixion (cf. Mc 6,3; Mt 27,56) et qui fut la première avec Salomé à se rendre au sépulcre, le matin de Pâques (cf. Mc 16,1; Lc 24,10). Surnommé le Mineur (cf. Mc 15,40), il est encore nommé le frère de José (cf. Mc 15,40) ou Joseph (cf. Mt 27,56). Venu à la foi à la suite d'une apparition du Christ ressuscité (cf. 1 Cor 15,7; Ac 1,14), Jacques, frère du Seigneur, devint, par élection, après la fuite de Pierre, chef de l'Église de Jérusalem (cf. Ac 12,17; 15,13-29; 21,18-25). Il était considéré avec Pierre et Jean comme une des «colonnes» de la primitive Église (cf. Ga 1.19; 2,9). Il sera appelé «le Juste» en raison de sa profonde piété (cf. EUSÈBE, *Hist. eccl.*, II,23,4). Jacques, évêque de Jérusalem, sera lapidé en l'an 62. Sa mort est attestée par Flavius Josèphe (*Ant. Jud.*, XX, 197-203). Jacques, surnommé «le Juste» et «Frère du Seigneur», semble celui qui ait joui le plus de la faveur populaire au cours des quatre premiers siècles. Il apparaît très tôt entouré d'un immense prestige et d'une grande autorité si l'on tient compte des nombreux témoignages et de la vaste littérature que son nom a suscité, cf. K. KIPGEN, *op. cit.* (*supra*, n. 34), p. 69-118. C'est à ce dernier que se rattachent à Nag Hammadi la *1ère Apocalypse de Jacques*, où il est dénommé le Juste (p. 32,2), le frère du Sauveur (p. 24,12), ainsi que la *2e Apocalypse de Jacques*, qui utilise à son propos les mêmes expressions (p. 44,17; 49,9; 59,21; 60,12; 61,14). L'association du nom de Jacques à Jérusalem, dans l'ApocrJac, nous incite à y reconnaître à nouveau le personnage du 'Juste' ou «Frère du Seigneur».

clémentins, où le personnage de Jacques occupe une place centrale. D'autre part, l'idée que Jacques ait été un des témoins privilégiés du Christ ressuscité se retrouve ailleurs et paraît avoir été assez répandue. On citera à cet effet le texte bien connu des *Hypotyposes* de Clément d'Alexandrie (*ap.* Eusèbe, *Hist. eccl.*, II,1,4-5). Il se peut même que ce soit précisément l'existence d'une tradition comme celle que rapporte Clément qui ait suggéré à notre auteur de lui attribuer son *Apocryphon*, lorsqu'il s'est agi de lui donner un patronnage apostolique.

Il nous reste une dernière question à considérer, à savoir celle des rapports de l'ApocrJac avec le gnosticisme. Cette question est légitime dans la mesure où l'ApocrJac est conservé dans une collection qui est gnostique dans une large mesure, et dans un codex que l'on peut certes qualifier de valentinien. Et de fait les premiers exégètes de l'ApocrJac ont cru y retrouver des traits typiquement valentiniens[51]. Cependant, il faut bien admettre avec W.C. van Unnik que les arguments en faveur d'une origine valentinienne de l'ApocrJac ne sont pas concluants. Mais peut-on pour autant, comme le faisait van Unnik, lui dénier toute parenté avec le gnosticisme? Cela est loin d'être assuré. Il est vrai que l'ApocrJac ne témoigne d'aucun penchant pour les représentations mythologiques que l'on retrouve dans de nombreux traités de Nag Hammadi. Et la mention des ⲁⲣⲭⲱⲛ en p. 8,36, doit être interprétée des «magistrats» plutôt que des «archontes», étant donné le contexte et le rapprochement que l'on peut faire avec des textes comme Mc 13,9 et Lc 12,11. Il est cependant deux éléments de l'ApcrJac dont on peut trouver des parallèles dans des textes indubitablement gnostiques. Il s'agit tout d'abord de la polémique que mène l'ApocrJac contre une certaine institutionnalisation de l'Église, qui s'apparente, pour le fond sinon pour la forme, à celle des traités comme le GrSeth, le TestVer ou encore l'ApocPi. D'autre part, la représentation que l'on a de la préexistence du Christ et surtout des élus, des «bien-aimés» (cf. p. 15,37b-39a et 16,4-5.10-11), avant leur incarnation ou leur «incorporation», rappelle, elle aussi, des doctrines bien gnostiques et valentiniennes. Dans la même ligne, il faut souligner l'allusion à la chute des «bien-aimés» en p. 5,25.

En conclusion, et sur la base des données que nous venons de dégager, nous pouvons dire que l'ApocrJac a vu le jour dans un milieu qui adoptait une attitude critique, sinon d'opposition, face à la mise en place de structures ecclésiastiques rigides et à la conception du salut et de la

[51] Cf. M. MALININE *et alii*, *op. cit.* (cf. *supra*, n. 17), Introduction p. XXV.

médiation qui avait cours dans la Grande Église. Le ton «irénique» de l'ApocrJac peut indiquer que son auteur et le groupe qu'il représente n'étaient pas encore en rupture ouverte avec la Grande Église; il peut aussi n'être qu'un artifice littéraire destiné à faire voir le caractère non-sectaire et apostolique des conceptions mises de l'avant dans le texte. Il répondrait alors à une intention propagandiste.

L'utilisation qui est faite d'écrits qui font déjà partie ou qui se retrouveront bientôt dans le receuil néo-testamentaire nous permet de fixer comme *terminus a quo* de l'ApocrJac le milieu du second siècle. D'autre part, étant donné la nature des préoccupations dont il témoigne et les rapprochements avec des textes comme le GrSeth, il semble raisonnable de proposer comme *terminus ad quem* le début du IIIe siècle.

Le fait que l'ApocrJac a fini par être intégré à un corpus comme celui de Nag Hammadi indique qu'il a dû circuler, sinon voir le jour, à Alexandrie. Se présentant comme une apocalypse porteuse d'une révélation secrète et véhiculant des thèmes et une problématique non étrangers au gnosticisme, sans parler de l'attrait qu'a dû exercer son style résolument ésotérique, l'ApocJac aura très tôt éveillé l'intérêt de gnostiques chrétiens qui utilisaient déjà des textes apparentés à notre *apocryphon*.

C. Doctrine du traité

On ne saurait parler d'une doctrine de l'ApocrJac au sens qu'un ou plusieurs thèmes doctrinaux y seraient systématiquement développés. Le genre du dialogue et plus encore le style paradoxal adoptés par l'auteur étaient plus aptes à servir d'autres fins. Par ailleurs, on ne saurait dire que le traité ne repose pas sur des présupposés doctrinaux. Au contraire, notre analyse de l'intention de l'ApocrJac et les hypothèses que nous avons avancées concernant son milieu et sa date montrent bien que l'auteur, par le biais de ce traité, se fait l'interprète d'une conception ecclésiologique bien arrêtée. Et c'est probablement sur ce point que sa doctrine apparaît la mieux définie et la plus originale. Il convient aussi d'attirer l'attention sur ses idées christologiques et anthropologiques. Les premières surtout ne laissent pas de surprendre par leur réalisme, peu commun dans les sources gnostiques et dans les textes de Nag Hammadi en particulier.

1. *La christologie*

Le Christ est présent tout au long de l'ApocrJac, que ce soit dans le dialogue, à titre de révélateur, ou dans le prologue et la conclusion de la lettre qui sert d'encadrement au dialogue.

Il est nommé de diverses façons. On relève les appellations suivantes:

1° «Seigneur» (ϫⲁⲉⲓⲥ, ϫⲁϊⲥ = κύριος): c'est l'appellation la plus usitée, on la retrouve à douze reprises aussi bien dans le prologue et la conclusion que dans le corps du dialogue. Elle désigne toujours Jésus, sauf qu'en p. 16,29 («ceux dont le Seigneur a fait ses enfants»), on peut raisonnablement se demander si elle ne renvoie pas au Père, le «Sauveur» ayant été mentionné quelques lignes plus haut (p. 16,25);

2° «Sauveur» (ⲥⲱⲣ̄, σωτήρ): cette expression se retrouve aussi dans toutes les parties de l'ApocrJac. Elle revient cinq fois, mais une seule fois (en p. 2,40) dans le dialogue proprement dit;

3° «Jésus» (ⲓ̄ⲏ̄ⲥ̄ = Ἰησοῦς). Une seule attestation pour ce nom, dans l'échange qui fait immédiatement suite à l'apparition de Jésus et qui introduit le dialogue (p. 2,23).

Aucune logique ne semble gouverner l'emploi de ces trois désignations pour le Christ ressuscité. Notons que le titre «Christ» n'apparaît nulle part dans l'ApocrJac, même si nous l'utilisons à l'occasion. Quant au terme λόγος (huit occurrences), il semble n'être employé nulle part dans un sens personnel; il désigne tantôt un «discours» (p. 1,28), tantôt le «verbe» ou la raison de l'homme (p. 4,21 [bis]), ou encore «une parole» (p. 6,27), ou «la parole (de Dieu) (p. 8,11 [bis].16, p. 9,18).

Le Christ de l'ApocrJac est conçu comme préexistant: «je m'en vais au lieu d'où je suis venu» (p. 2,23b-24), «je vais remonter vers le lieu d'où je suis venu» (p. 14,20b-22a). Il se présente lui-même, indirectement il est vrai, comme le Fils (ⲡϣⲏⲣⲉ) du Père (ⲡϊⲱⲧ), vers qui il se hâte (p. 9,11a-17). Dans ce même passage, il est aussi parlé de la «grande lumière» (ⲡⲛⲁϭ ⲛ̄ⲟⲩⲁⲉⲓⲛ), sans qu'on puisse bien voir à qui ce titre fait référence, au Christ ou au Père.

Par ailleurs, une invitation du Seigneur à Jacques et à Pierre, en p. 6,19-21a: «Soyez meilleurs que moi, rendez-vous semblables au Fils de l'Esprit Saint!», nous renvoie à un schème bien connu dans la théologie chrétienne primitive, notamment syriaque. L'expression «Fils de l'Esprit Saint» peut bien sûr se comprendre à partir des seuls récits de la conception de Jésus relatés par Matthieu et Luc (cf. Mt 1,20 et Lc 1,35). Cependant, l'idée selon laquelle le Christ est le Fils de l'Esprit s'est particulièrement développée dans des milieux d'expression ou d'inspiration syriaque ou araméenne. Comme, dans ces langues, le mot pour désigner l'Esprit est du féminin, celui-ci peut être figuré comme la mère du Fils[52]. La présence de l'expression «Fils de l'Esprit Saint» ne suffit toutefois pas pour postuler, pour l'ApocrJac, un milieu d'origine sémitique ou judéo-chrétien, car il n'y est pas affirmé explicitement que l'Esprit est la mère du Fils. La manière de parler de l'ApocrJac plaide néanmoins en faveur du caractère archaïque de sa christologie. On la rapprochera sur ce point de celle du *Pasteur* d'Hermas (cf. Par. V, 5,2: ὁ δὲ υἱὸς τὸ πνεῦμα τὸ ἅγιόν ἐστιν)[53].

Une des caractéristiques les plus frappantes de la représentation que l'ApocrJac se fait de Jésus est ce que nous avons appelé son réalisme. On le remarque clairement à la manière dont on parle, ou dont on le fait parler, de sa passion et de sa mort. Il suffit de citer les textes: «Ne savez-vous pas que vous n'avez pas encore été maltraités ni encore accusés injustement ni encore enfermés dans une prison, ni encore condamnés illégalement, ni encore crucifiés sous un (faux) prétexte, ni ensevelis dans le parfum, *comme moi-même* (je l'ai été) par le Malin?» (p. 5,9b-20); «Rappelez-vous ma croix et ma mort, et vous vivrez» (p. 5,33-35a); «Voyez: je suis descendu, j'ai parlé, j'ai été maltraité, j'ai porté ma couronne, lorsque je vous ai sauvés» (p. 8,37-9,1a).

Il n'y a rien dans l'ApocrJac qui donnerait à penser que l'auteur partage de quelque manière les perspectives docètes que l'on retrouve dans d'autres textes de Nag Hammadi[54], ou ailleurs, comme par exemple dans les *Actes de Jean*[55]. D'autre part, tous les éléments qui entrent dans la description que l'ApocrJac donne de la passion du Christ trouvent leur équivalent dans les récits des évangiles canoniques.

En somme, la christologie de l'ApocrJac paraît archaïque par certains côtés, mais elle n'a rien de particulièrement gnostique.

2. *L'anthropologie*

L'ApocrJac parle d'une manière suffisamment explicite des éléments du composé humain pour qu'on puisse avoir une bonne représentation de son anthropologie. Celle-ci résolument trichotomique, comme le montre le texte de la p. 11,38b-12,9a: «Sans l'âme, en effet, le corps ne

[52] Cf. J.-É. MÉNARD, *L'Évangile selon Philippe*, Paris, 1967, p. 55,23-37.

[53] Voir L. CIRILLO, «La christologie pneumatique de la cinquième parabole du "Pasteur" d'Hermas (par. V,6,5)», *RHR* 184 (1973) 25-48.

[54] Cf. K.W. TRÖGER, *Die Passion Jesus Christi in der Gnosis nach den Schriften von Nag Hammadi*, Dissertation, Berlin, 1978; ID., «Doketistische Christologie in Nag-Hammadi-Texten. Ein Beitrag zum Doketismus in frühchristlicher Zeit», *Kairos* 19 (1977) 45-52.

[55] Chap. 97-105; in É. JUNOD, J.-D. KAESTLI, éd., *Acta Johannis* (*Corpus Christianorum*, Series Apocryphorum, 1-2), Turnhout, 1983, vol. 1, p. 206-217 et vol. 2, p. 600-606.

pèche pas, de même que l'âme n'est pas sauvée sans l'esprit. Mais, si l'âme est sauvée sans le mal, et si est sauvé aussi l'esprit, le corps devient sans péché. Car c'est l'esprit qui vivifie l'âme. C'est au contraire le corps qui la tue, c'est-à-dire que c'est elle-même qui se tue».

Le schéma qui se dégage de ce texte est clair. Comme l'ont montré les auteurs de l'*editio princeps*, à la suite de A.-J. Festugière[56], l'âme occupe dans ce modèle une position médiane entre le corps et l'esprit. Du fait de sa situation, elle est sauvée ou perdue suivant qu'elle se tourne vers l'esprit ou vers le corps. Mais, si c'est l'esprit qui «vivifie» l'âme, ou la «fait se dresser», selon le texte que l'on adopte, on ne peut dire autant que le corps est responsable de la perte de l'âme, car «sans l'âme, le corps ne pèche pas» (p. 11,38b-39a) et si l'âme se tourne vers le corps, en vérité c'est elle-même qui se tue, et non point le corps qui la fait mourir. L'âme est alors coupable de péché (p. 12,10-11), mais la chair ne porte que l'αἰτία, le «grief» le «blâme», d'avoir occasionné, par son existence même, le péché de l'âme et, par là, sa perte. En conséquence, il faut adhérer à l'esprit et ne pas «ménager la chair» (p. 5,1), «car aucun de ceux qui auront porté la chair ne sera sauvé» (p. 12,12b-13). 5.7-8

3. *Les structures de médiation et l'accès au Royaume*

Si les idées de l'auteur de l'ApocrJac sur la christologie et l'anthropologie apparaissent comme relativement classiques, ses positions ecclésiologiques, en revanche, sont plutôt singulières, du moins en comparaison de ce que nous révèle l'ensemble de la littérature chrétienne de la seconde moitié du IIe siècle.

L'ApocrJac ne nous livre en aucune manière un exposé formel d'ecclésiologie. Néanmoins certaines de ses positions et l'intention même qui a présidé à sa rédaction ne peuvent se comprendre sans mettre à jour ses présupposés ecclésiologiques implicites.

À la base de l'ecclésiologie de notre auteur, se trouve l'idée que les disciples, et entendons par là tous les vrais croyants, accéderont au Royaume d'eux-mêmes, grâce à la plénitude qu'ils se seront acquise. Cette plénitude est décrite comme une sortie de l'ivresse et du sommeil (p. 3,9-12a), elle est souvenir du Fils de l'Homme (p. 3,12b-14a), prise de conscience par les disciples qu'à eux est la Vie et le Royaume (p. 3,24b-38a). Dès lors, l'accès au Royaume ne saurait être le fait d'un acte d'autorité, ou d'obéissance, fut-ce au Sauveur. C'est ce que montre bien

[56] Cf. A.J. Festugière, «La trichotomie de I Thess. 5,23 et la philosophie grecque», *RechSR* 20 (1930) 385-415.

l'échange qui ouvre le dialogue: «Jésus dit: "(...) je m'en vais au lieu d'où je suis venu. Si vous voulez venir avec moi, venez!" Tous répondirent en disant: "Si tu nous (l')ordonnes, nous viendrons!" Il dit: "En vérité je vous le dis: jamais personne n'entrera dans le Royaume des cieux si je lui en donne l'ordre, mais parce que vous êtes emplis"» (p. 2,23b-33a).

Le disciple authentique, celui qui a atteint la plénitude à l'invitation et à l'exemple du Sauveur, n'a plus besoin de celui-ci puisqu'il est devenu en quelque sorte un sauveur pour lui-même, étant désormais établi dans la même relation au Père que Jésus: «(...) si vous faites sa (*sc.* du Père) volonté, je vous le [dis]: "il vous aimera et il vous rendra égaux à moi et il pensera à [votre] sujet que vous êtes devenus bien-[aimés] dans sa providence selon votre choix" (p. 4,40-5,6). C'est dans le même sens qu'il faut comprendre l'invitation du Seigneur en p. 6,19-21a: «Soyez meilleurs que moi, rendez-vous semblables au Fils de l'Esprit Saint!», et le rappel de la p. 8,30-33a: «à maintes reprises, je vous ai dit, à vous et à vos compagnons, et également à toi-même, Jacques, je (l') ai dit: "Sauve-toi"». On retrouve cette idée affirmée encore plus clairement, en p. 7,10b-15a: «Hâtez-vous de vous sauver, sans qu'on vous prie (de le faire). Mais préparez-vous vous-mêmes et, si c'est possible, devancez-moi, moi-même».

Le salut et l'accès au Royaume étant ainsi conçus, on comprend la prise de position de l'auteur vis-à-vis de toute structure qui se veut un passage obligé entre le disciple ou le croyant et Dieu, comme l'étaient celles qui s'imposaient dans l'Église au IIe siècle et dont témoignent entre autres les *Lettres* d'Ignace.

Le procès que l'auteur de l'ApocrJac va faire aux ministères de médiation s'ouvre par la question sur la prophétie en p. 6,22-28a. Le fait même que cette question soit posée par Jacques montre l'importance qu'elle revêt à l'intérieur du discours de révélation. L'apôtre demande au Seigneur: «Seigneur, comment pourrons-nous prophétiser pour ceux qui nous demandent de prophétiser pour eux? Nombreux, en effet, sont ceux qui nous sollicitent et qui tendent l'oreille vers nous pour entendre une parole de notre part». Cette question introduit le développement qui va de la p. 6,35 à la p. 15,5. L'ensemble de ce morceau, au-delà de la question rhétorique posée par le Sauveur (p. 6,29b-31), ne semble pas avoir de lien avec le problème soulevé par Jacques. Mais, en y regardant de près, on relève bien des éléments qui font écho à l'interrogation de Jacques.

Sous le couvert de la prophétie, ce que l'auteur de l'ApocrJac refuse, c'est tout ministère, toute structure d'autorité qui reposerait sur le modèle: parler — écouter, comme c'est le cas dans la prophétie: prophétiser pour eux — tendre l'oreille vers nous/écouter de notre part. La dénonciation d'un tel modèle, qui introduit au sein des disciples une distinction entre ceux qui parlent et ceux qui écoutent, apparaît nettement en p. 9,29-35, où une équivalence est établie entre, d'une part, écouter et dormir, et, d'autre part, parler et veiller:

Maintenant encore
vous persistez à *écouter*, vous persistez à *dormir*,
alors qu'il vous convient alors qu'il vous convient
de *parler* de *veiller*
depuis le début
afin que le Royaume des Cieux vous accueille.

Si le Seigneur dénonce un tel type de relation entre les disciples, c'est que lui-même n'en a pas usé envers eux: «Oui vraiment, je vous le dis: si j'avais été envoyé vers ceux qui *m'écoutent* et si *je leur avais parlé*, je ne serais jamais descendu sur la terre» (p. 10,15b-20a). Les disciples doivent donc être, selon les paroles du Seigneur en p. 13,21-23a, tels envers eux-mêmes qu'il a été envers eux.

La méfiance vis-à-vis de la structure enseignants-enseignés s'accompagne, dans l'ApocrJac, du refus des concepts de grâce et d'intercession, dont on pourrait se réclamer pour justifier la mise en place d'intermédiaires, de médiateurs entre les disciples ou les croyants et le Père: «Malheur à vous qui avez besoin d'un défenseur. Malheur à vous qui avez besoin de la grâce. Bienheureux seront-ils ceux qui auront parlé avec assurance et se seront acquis pour eux-mêmes la grâce» (p. 11,11b-17a). Si les disciples n'ont pas besoin de παράκλητος, c'est qu'ils ont libre accès auprès du Père. Ils peuvent se comporter avec παρρησία (cf. p. 11,16), du fait qu'ils se sont reconnus comme les bien-aimés que le Père exauce (cf. p. 8,26-27, et p. 10,29b-34a). Une fois qu'ils ont accédé à la connaissance qui permet de trouver le Royaume (cf. p. 8,26-27a), le salut leur est acquis de manière imprescriptible: «Oui, vraiment, je vous le dis: il est plus facile à un (homme) pur de tomber dans l'impureté et à un homme de lumière de tomber dans l'obscurité qu'à vous de régner ou non» (p. 10,1-6a). L'assurance de «régner», de même qu'elle libère les disciples de toute structure qui voudrait les encadrer, les soustrait aussi à toute autorité qui prétendrait les exclure du Royaume: «Méprisez donc le rejet, si vous en entendez (parler); mais si vous entendez la promesse, exultez davantage. Oui, en vérité, je vous le dis: celui qui recevra la Vie, et qui croira au Royaume, ne le quittera jamais, pas même si le Père voulait l'(en) chasser» (p. 14,10b-19a).

Le Royaume et la communauté des disciples à qui il sert de modèle rassemblent donc des sauvés appelés à devenir, ou mieux à se reconnaître, sauveurs, pour eux-mêmes d'abord (cf. p. 7,10b-16, et p. 8,30-33a), pour les autres ensuite, en devenant «cause de la Vie en plusieurs» (p. 10,30b-32a). Cependant, les paraboles qui illustrent la nature du Royaume ou du verbe, reprenant toutes trois la séquence ensemencement — croissance/fructification — nouvel ensemencement[57] montrent bien que ceux pour qui les disciples seront «cause de la Vie» sont appelés à le devenir à leur tour, et à jouir de la παρρησία qui permet l'accès au Royaume du Père. C'est aussi ce qu'exprime Jacques en conclusion de sa lettre, en p. 16,14-19: «Telle est, en effet, la façon dont je pourrai être sauvé, dans la mesure où ceux-là seront illuminés par moi, par ma foi, et par une autre qui est meilleure que la mienne. En effet, je souhaite que la mienne soit diminuée», ce qui n'est pas sans rappeler les paroles du Christ en p. 6,19-21.

Telles que nous les avons dégagées, les convictions de l'auteur de l'ApocrJac relativement à l'exercice de la médiation institutionnelle dans la communauté sont très voisines de l'ecclésiologie du GrSeth[58]. En particulier, on rapprochera l'ApocrJac de ce que dit l'auteur de ce traité sur la liberté et l'égalité des vrais chrétiens qui s'édifient les uns les autres, «non seulement dans l'audition de la Parole, mais activement et dans la proclamation de la parole» (p. 62,3-5).

[57] Sur cette structure, cf. J.-M. SEVRIN, *art. cit.* (cf. *supra*, n. 30), p. 517-528.

[58] Cf. L. PAINCHAUD, *Le Deuxième Traité du Grand Seth* (*BCNH*, Section: «Textes», 6), Québec, 1982, p. 19-21.

TEXTE
ET
TRADUCTION*

* *Note préliminaire*

Sauf en ce qui concerne la séparation des mots, notre texte copte correspond à l'état actuel de conservation du manuscrit. La collation de l'ApocrJac a été effectuée au Caire, en avril 1983, par M. P. Cherix, dont nous avons utilisé les notes pour l'établissement du texte.

Il ressort de l'examen du manuscrit que le scribe ne semble pas faire de distinction entre le point et l'apostrophe.

Éditions et travaux

Brown:	S.K. Brown, *James: A Religio-Historical Study of the Relations between Jewish, Gnostic and Catholic Christianity in the Early Period through an Investigation of the Traditions about the Lord's Brother* (Diss. Brown University, Providence, 1972).
Cameron:	R. Cameron, *Sayings Traditions in the Apocryphon of James* (*Harvard Theological Studies*, 34), Philadelphie, 1984.
Kasser:	R. Kasser, cf. Malinine.
Kipgen:	K. Kipgen, *Gnosticism in Early Christianity. A Study of the Epistula Iacobi Apocrypha with particular Reference to Salvation* (Diss. Oxford, 1975).
Kirchner:	D. Kirchner, *Epistula Jacobi Apocrypha, Die erste Schrift aus Nag Hammadi-Codex I, neu herausgegeben und kommentiert* (Diss. A. Humboldt Universität, Berlin, 1977).
Malinine: (et collaborateurs)	M. Malinine, *Epistula Iacobi Apocrypha*, Zurich/Stuttgart, 1968.
Mueller:	D. Mueller, cf. Williams.
Schenke:	H.-M. Schenke, «Der Jakobusbrief aus dem Codex Jung», *OLZ* 66 (1971), 118-130.
Till:	W. Till, cf. Malinine.
Williams: (et collaborateurs)	F.E. Williams, «The Apocryphon of James», in *Nag Hammadi Codex I* (The Jung Codex). Edited with English Translation, Introduction and Notes (*NHS* 22/23), Leiden, 1985, p. 13-53; p. 7-37.
Wisse:	F. Wisse, cf. Williams.
Zandee:	J. Zandee, cf. Williams.

Abréviations et sigles de l'apparat critique

Le signe ⁰ accompagnant un terme dans la traduction française indique que celui-ci est en grec dans le texte copte.

cod:	codex I (Jung) de Nag Hammadi (Le Caire, Musée copte 11640), p. 1,1-16,30
comm:	notre commentaire
[ ]:	lettre restituée
⟨ ⟩:	lettre ajoutée ou corrigée
{ }:	lettre supprimée
( ):	lettre corrigée ou rayée par le scribe

′: addition du scribe au-dessus de la ligne

Lettres pointées

Non pas toutes les lettres détériorées, mais uniquement celles dont la lecture est matériellement incertaine. Cf. J.-P. Mahē, *Hermès en Haute-Égypte*, t. I (*BCNH*, Section: «Textes», 3), Québec, 1978, p. 9.

TEXTE COPTE

[ⲁ̅]

[ⲓ̈ⲁⲕⲱⲃⲟⲥ ⲡ]ⲉⲧ̣[ⲥϩ]ⲉⲉⲓ ⲙ̅
[± 8]ⲑⲟⲥ ϯⲣⲏⲛⲉ
[ⲛⲉⲕ ⲁⲃⲁⲗ ϩⲛ̅] ⲟ̣ⲩⲉⲓⲣⲏⲛⲏ
[ⲟⲩⲁⲅⲁⲡⲏ ⲁⲃⲁⲗ ϩ]ⲛ̣̅ ⲟⲩⲁⲅⲁⲡⲏ
ⲟⲩⲭ̣[ⲁⲣⲓⲥ ⲁⲃⲁⲗ ϩ]ⲛⲛ ⲟⲩⲭⲁⲣⲓⲥ·
ⲟⲩⲡ̣[ⲓⲥⲧⲓⲥ] ⲁ̣[ⲃ]ⲁ̣ⲗ ϩⲛ̣̅ ⲟⲩⲡⲓⲥⲧⲓⲥ
ⲟⲩⲱⲛ̅ϩ ⲁⲃⲁⲗ ϩ̅ⲛ ⲟⲩⲱⲛ̅ϩ
ⲉϥⲟⲩⲁⲁϥ ⲉⲡⲓⲇⲏ ⲁⲕⲣ̅ⲁ
ⲝⲓⲟⲩ ⲙⲙⲁⲉⲓ· ⲁⲧⲣⲁⲧⲛ̅
ⲛⲁⲩ ⲛⲉⲕ ⲛ̅ⲟⲩⲁⲡⲟⲕⲣⲩⲫⲟ̅
ⲉⲁⲩϭⲁⲗⲡ̅<ϥ> ⲁⲃⲁⲗ ⲛ̅ⲛⲏⲉⲓ·
ⲙ̣ⲛ̣̅ ⲡⲉⲧⲣⲟⲥ ϩⲓ̈ⲧⲙ̅ ⲡϫⲁⲓ̈ⲥ
[ⲙ̅]ⲡⲓϭⲙ̅ϭⲁⲙ ⲙⲉⲛ· ⲛ̅ⲧⲥⲧⲁⲕ
[ⲁ]ⲃ̣ⲁⲗ ⲟⲩⲧⲉ ⲛ̅ϣⲉϫⲉ ϩⲁⲣⲁⲕ
[ⲁϩⲓⲥⲁ]ϩϥ̅ ⲇⲉ ϩ̅ⲛ ϩⲉⲛⲥϩⲉⲉⲓ·
ⲙⲙ[ⲛ]ⲧ̅ϩⲉⲃⲣⲁⲓⲟⲓⲥ ⲁϩⲓ̈
ⲧⲛ̅ⲛⲁⲟⲩϥ ⲛⲉⲕ· ⲛⲉⲕ ⲙⲉⲛ
ⲟⲩⲁⲉⲉⲧⲕ̅ ⲁⲗⲗⲁ ϩⲱⲥ ⲛ̅ⲧⲕ
ⲟⲩϩⲩⲡⲏⲣⲉⲧⲏⲥ ⲙ̅ⲡⲟⲩϫⲉ
ⲉⲓ ⲛ̅ⲛⲉⲧⲟⲩⲁⲁϥ ⲉⲣⲓ ⲁⲡⲁ ⲧⲟ
ⲟⲧ̅ⲕ ⲁⲩⲱ ⲛ̅ⲅⲁⲣⲏϩ· ⲁⲧⲙ̅ϫⲟⲩ
ⲙ̅ⲡⲓϫⲱⲙⲉ ⲁϩⲁϩ ⲡⲉⲉⲓ
ⲉⲧⲉ ·ⲙ̅ⲡⲉⲡⲥ̅ⲱⲣ ⲟⲩⲱϣ·
[ⲁ]ϫⲟⲟϥ ⲁⲣⲁⲛ ⲧⲏⲣⲛ̅ ⲡϥⲙⲛ̅ⲧ
ⲥⲛⲁⲩⲥ ⲙ̅ⲙⲁⲑⲏⲧⲏⲥ ⲥⲉⲛⲁ
ϣⲱⲡⲉ `ⲇⲉ´ ⲙ̅ⲙⲁⲕⲁⲣⲓⲟⲥ· ⲛ̅ϭⲓ

1 [ⲓⲁⲕⲱⲃⲟⲥ] Malinine: [ⲓⲁⲕⲕⲱⲃⲟⲥ] Kasser// [ⲡ]ⲉⲧ[ⲥϩ]ⲉⲉⲓ Kasser: ⲉ̣ϥ̣[ⲥϩ]ⲉⲉⲓ Schenke — 1-2 ⲙ̅[±8]ⲑⲟⲥ: ⲙ̅[ⲡⲓϫⲱⲙⲉ...]ⲑⲟⲥ Malinine: ⲙ̅[ⲡⲉϥⲥⲩⲙⲡⲁ]ⲑⲟⲥ ou ⲙ̅[ⲡⲙⲁⲉⲓⲡⲁ]ⲑⲟⲥ Kasser: ⲙ̅[ⲡⲥⲟⲛ ⲕⲏⲣⲓⲛ(?)]ⲑⲟⲥ Schenke: ⲙ̅[ⲡϣⲏⲣⲉ ⲕⲏⲣⲓⲛ]ⲑⲟⲥ Kirchner — 3 [ⲛⲉⲕ ⲁⲃⲁⲗ ϩⲛ̅ (ϩⲛⲛ Williams)] Kasser: [ⲟⲩⲉⲓⲣⲏⲛⲏ ⲁⲃⲁⲗ ϩⲛ̅] Malinine — 4 [ⲟⲩⲁⲅⲁⲡⲏ ⲁⲃⲁⲗ ϩ]ⲛ̅ : [ⲟⲩⲁⲅⲁⲡⲏ ⲁⲃⲁⲗ ϩⲛ̅] Malinine: ⲟ̣ⲩ[ⲁⲅⲁⲡⲏ ⲁⲃⲁⲗ ϩⲛ̅] Kirchner: ⲟ̣ⲩ[ⲁⲅⲁⲡⲏ ⲁⲃⲁⲗ ϩ]ⲛ̅ Williams — 5 ⲟⲩⲭ[ⲁⲣⲓⲥ ⲁⲃⲁⲗ ϩ]ⲛⲛ Malinine — 6 ⲟⲩⲡ[ⲓⲥⲧⲓⲥ] ⲁ̣[ⲃ]ⲁ̣ⲗ Kirchner: ⲟⲩⲡ[ⲓⲥⲧⲓⲥ ⲁⲃ]ⲁⲗ Malinine — 11 ⲉⲁⲩϭⲁⲗⲡ̅<ϥ> Malinine — 15 [ⲁⲉⲓⲥⲁ]ϩϥ̅ Malinine: [ⲁϩⲓⲥⲁ]ⲥϥ̅ Kirchner — 16 ⲙ̣ⲙ̣[ⲛ]ⲧ̅ϩⲉⲃⲣⲁⲓⲟⲓⲥ Malinine: ⲙⲙⲛ̣ⲧ̅ϩⲉⲃⲣⲁⲓⲟⲓⲥ Kirchner — 26 `ⲇⲉ´ ajouté au-dessus de la ligne

TRADUCTION

P. [1]

[C'est Jacques] qui [éc]rit à (?) [± 8]thos. Paix[0] [à toi de la part de] la Paix[0], [Amour[0] de la part de] l'Amour[0], [Grâce[0] de la part de] la Grâce[0], [Foi[0] de la] part de la Foi[0], Vie de la part de la Vie sainte! Puisque[0] tu m'as prié[0] de t'envoyer un (écrit) secret[0] qui m'a été révélé, à moi ainsi qu'à Pierre[0], par le Seigneur, je n'ai pu certes[0] te (le) refuser, ni[0] te parler (de vive voix), mais[0] [je l'ai] écrit en lettres hébraïques[0] (et) je te l'ai envoyé, à toi (+ μέν) seul, mais[0] en tant que[0] serviteur[0] du salut des saints. Applique-toi et garde-toi de divulguer cet écrit à beaucoup, lui que le Sauveur[0] n'a pas voulu divulguer à nous tous, ses douze disciples[0]. Ils seront cependant[0] bienheureux[0],

ⲚⲈⲦⲚⲀⲞⲨϪⲈⲈⲒ ϨⲢⲎⲒ̈ ϨⲚ̅
ⲦⲠⲒⲤⲦⲒⲤ Ⲙ̅ⲠⲒⲖⲞⲄⲞⲤ · ⲀϨⲒ̈
ⲦⲚ̅ⲚⲀⲨ ⲆⲈ ϢⲀⲢⲀⲔ ϨⲀⲐⲎ
Ⲙ̅ⲘⲎⲦ Ⲛ̅ⲈⲂⲀⲦ · Ⲛ̅ⲔⲈⲀⲠⲞ
Ⲕ·ⲢⲨⲪⲞⲚ ⲈⲀϤϬⲀⲖⲠϤ ⲚⲎⲒ̈
ⲀⲂⲀⲖ ⲚϬⲒ ⲠⲤⲰⲦⲎⲢ · ⲀⲖⲖⲀ
ⲠⲎ ⲘⲈⲚ ⲘⲈⲨⲈ ⲀⲢⲀϤ ϨⲒ̈
ⲚⲈⲈ̅Ⲓ̅ · ϨⲰⲤ Ⲛ̅ⲦⲀϨⲞⲨϬⲀⲖⲠ̅Ϥ̅
ⲀⲢⲀⲒ̈ Ⲓ̈ⲀⲔⲰⲂⲞⲤ · ⲠⲈⲈⲒ Ⲛ̅

ceux qui seront sauvés par la foi[0] en ce discours[0]! Je t'ai aussi[0] fait parvenir, il y a dix mois, un autre (écrit) secret[0] que m'avait révélé le Sauveur[0]. Mais[0] celui-là, d'une part[0], considère-le ainsi comme[0] m'ayant été révélé à moi, Jacques. Celui-ci

[ⲃ̄]

ⲇⲉ ϩⲱ̣[ⲱϥ ± 13]
ⲧⲁϩⲟ [ⲁ]ⲃ̣ⲁⲗ ⲡ̣[± 10]
ⲛⲉⲧⲉ̣ ⲛⲟⲩⲕ̣[± 9]
ϭⲉ· ⲛ̄ⲅ̄ⲕⲱⲧ[ⲉ ± 9]
ⲧⲉⲉⲓ ⲧⲉ ⲑ̣[ⲉ ± 8 ⲟⲩ]
ϫⲉⲉⲓ· ⲙ̄ⲛ̣̄[± 8] ⲣ̣ⲟ.[± 2]
ⲉⲕⲁⲟⲩ[± 4 ⲉⲩϩ]ⲙ̣ⲁⲥⲧ̄ `ⲛ´ⲇⲉ
ⲁϩⲣⲏⲓ̈ ⲧⲏⲣⲟⲩ ϩ̣ⲓ̣ⲟ̣ⲩ̣[ⲥⲁ]ⲡ̣ ⲙⲛ̄ ⲛⲉⲩ
ⲉⲣⲏⲩ ⲛ̄ϭⲓ ⲡⲙⲛⲧ̄ⲥ̄ⲛⲁⲟⲩⲥ ⲙ̄
ⲙⲁⲑⲏⲧⲏⲥ· ⲁⲩⲱ ⲉⲩⲉⲓⲣⲉ ⲙ̄ⲡⲙⲉ
ⲉⲩⲉ· ⲛ̄ⲛⲉⲛⲧⲁϩⲁⲡⲥⲱⲧⲏⲣ ϫⲟⲟⲩ
ⲁⲡⲟⲩⲉⲉⲓ ⲡⲟⲩⲉⲉⲓ ⲙ̄ⲙⲁⲩ ⲉⲓⲧⲉ
ⲙ̄ⲡⲉⲧⲑⲏⲡ· ⲉⲓⲧⲉ ⲙ̄ⲡⲉⲧⲟⲩ
ⲁⲛϩ̄ ⲁⲃⲁⲗ· ⲁⲩⲱ ⲉⲩⲣ̄ⲧⲁϣ̣[ⲉ] ⲙ̣̄
ⲙⲁⲩ ⲁϩⲛ̄ϫⲱⲱⲙⲉ· ⲁ[ⲛⲁⲕ ⲇⲉ]
ⲛⲉⲉⲓⲥϩⲉⲉⲓ ⲛ̄ⲛⲉⲧϩⲙ̄ ⲡ[ⲓϫⲱⲙⲉ]
ⲉⲓⲥ ⲡ̄ⲥ̄ⲱ̄ⲣ̄ ⲁϥⲟⲩⲱⲛ̄ϩ ⲁ̣ⲃ̣[ⲁⲗ ⲉ]
ⲁϥⲉⲓ ⲁⲃⲁⲗ ϩⲓ̈ⲧⲟⲟ̣[ⲧⲛ ⲁϩⲛϭ]ⲱϣ[ⲧ]
ⲛ̄ⲥⲱϥ· ⲁⲩⲱ ⲙⲛ̄ⲛ̄ⲥⲁ ϯⲟⲩ ⲛ̄ϣⲉ
ⲧⲁⲉⲓⲟⲩ ⲛ̄ϩⲟⲟⲩ ⲛ̄ⲧⲁⲣⲉϥⲧⲱⲟ̄ⲩ̄
ⲁⲃⲁⲗ ϩ̄ⲛ̄ ⲛⲉⲧⲙⲁⲟ́ⲩⲧ· ⲡⲁϫⲉⲛ
ⲛⲉϥ ϫⲉ ⲁⲕⲃⲱⲕ ⲁⲕⲟⲩⲁⲉⲓⲉ ⲁⲣⲁⲛ
ⲓ̄ⲏ̄ⲥ̄ ⲇⲉ ⲡⲁϫⲉϥ ϫⲉ ⲙⲡⲉ· ⲁⲗⲗⲁ
ϯⲛⲁⲃⲱⲕ ⲁⲡⲧⲟⲡⲟⲥ ⲛ̄ⲧⲁϩⲓ̈ⲉⲓ ⲙ̄
ⲙⲉⲩ ϣⲡⲉ ⲧⲉⲧⲛ̄ⲟⲩⲱϣⲉ· ⲉⲉⲓ̂
ⲛ̄ⲙ̄ⲙⲏⲉ͡ⲓ ⲁⲙⲏⲧⲛ̄ ⲁϩⲟⲩⲱϣ̄ⲃ̄

1-4 ⲇⲉ ϩⲱ̣[ⲱϥ ± 13] ⲧⲁϩⲟ [ⲁ]ⲃ̣ⲁⲗ ⲡ̣[± 10] ⲛⲉⲧⲉ̣ⲛ ⲟⲩⲕ̣[± 9] ϭⲉ· ⲛⲅ̄ⲕⲱⲧ[ⲉ ± 9]: ⲇⲉ ϩⲱ̣[ⲱϥ...]ⲧⲁϩⲟ [ⲁⲃ]ⲁⲗ̣ ⲡ̣[...]ⲛⲉⲧϩⲛ ⲟⲩ[...]ϭⲉ· ⲛⲅ̄ⲕⲱⲧ̣[...] Malinine: ⲇⲉ ϩⲱ̣[ⲥ ⲛⲧⲁϩⲟⲩϭⲁⲗⲡϥ ⲁⲥⲛⲉⲩ] ⲧⲁϩⲟ [ⲁⲃ]ⲁⲗ̣ ⲙ̣̄[ⲡⲉϥⲡⲉⲑⲏⲡ] ⲛⲉⲧ ϩⲛ ⲟⲩ[ⲟⲩⲱⲛ̄ϩ ⲁⲃⲁⲗ ⲛⲧⲉϥ] ϭⲉ· ⲛⲅ̄ⲕⲱⲧ̣[ⲉ ⲛⲥⲁ ⲧⲟⲩⲙⲏⲉ] Schenke: ⲇⲉ ϩⲱ̣[ⲱϥ ⲟⲩⲛ̄ ϣϭⲁⲙ̄ ⲁⲧⲣⲟⲩ]ⲧⲁϩⲟ̣ [ⲁ]ⲃ̣ⲁⲗ ⲙ̄[ⲡⲙⲟⲩϩ ⲙ̄ⲙⲁⲩ ⲛ̄ϭⲓ] ⲛⲉ̣ⲧϩⲛ̄ ⲟⲩⲟ̣[ⲩⲱⲛ̄ϩ ⲁⲃⲁⲗ ⲣⲉϣⲉ] ϭⲉ· ⲛⲅ̄ⲕⲱⲧ[ⲉ ϩⲁ ⲡⲣⲁ ⲙⲡⲉⲉⲓ] Kipgen: ⲇⲉ ϩⲱ̂[ⲉⲙⲡⲁϯⲥⲟⲩⲱⲛϥ ⲁⲩⲱ ⲉⲛ] ⲧⲁϩⲟ[ⲩ]ϭ̣ⲁ̣ⲗⲡ[ϥ ⲁⲛ ϩⲁⲣⲁⲕ ⲙⲛ] ⲛⲉⲧⲉ̣ ⲛⲟⲩⲕ̣[ⲛⲉ ⲉⲣⲓⲁⲡⲁⲧⲟⲟⲧⲕ] ϭⲉ· ⲛ̄ⲅⲕⲱⲧ[ⲉ ⲛⲥⲁ ⲛⲉϥⲥⲁⲩⲛⲉ] Kirchner: ⲇⲉ ϩⲱ̣̂ [...] ⲧⲁϩⲟ̣ [ⲁ]ⲃ̣ⲁⲗ ⲡ̣[...] ⲛⲉⲧⲉ̣ ⲛⲟⲩ. [...] ϭⲉ ⲛ̄ⲅⲕⲱⲧ̣[...] Williams — 4 ⲛⲅ̄ⲕⲱⲧ[ⲉ ϩⲁ ⲡⲣⲁ ⲛⲛⲉⲓ] Kasser — 5-7 ⲧⲉⲉⲓ ⲧⲉ ⲑ̣[ⲉ ± 8 ⲟⲩ]ϫⲉⲉⲓ· ⲙ̄ⲛ̄[± 8]ⲣⲟ[± 2] ⲉⲕⲁⲟⲩ̣[± 4 ⲉⲩϩ]ⲙ̣ⲁⲥⲧ: ⲧⲉⲉⲓ ⲧⲉ ⲑ̣[ⲉ...ⲟⲩ]ϫⲉⲉⲓ· ⲙⲛ̣̄[...]ⲓ̣ⲟ̣[.] ⲉⲕⲁⲟⲩ[..ϩ]ⲙ̣ⲁⲥⲧ Malinine: ⲧⲉⲉⲓ ⲧⲉ ⲑ̣[ⲉ ⲅⲁⲣ ⲉⲧⲉⲕⲛⲁⲟⲩ]ϫⲉⲉⲓ· ⲙⲛ̣̄ [ⲛⲉⲕϣⲃⲏⲣ ⲛ]ⲧ̣ⲑ̣[ⲉ ⲉⲧ] ⲉⲕⲁⲟⲩ[ⲁⲛϩⲥ ⲉⲩϩ]ⲙ̣ⲁⲥⲧ̄ Schenke: ⲧⲉⲉⲓ ⲧⲉ ⲑ[ⲉ ⲅⲁⲣ ⲉⲕⲛⲁⲟⲩ]ϫⲉⲉⲓ· ⲙⲛ̄[ⲛⲉⲕⲥⲛⲏⲩ] ⲛ̣̄ⲑ̣[ϩⲉ] ⲉⲕⲁⲟ̣ⲩ̣[ⲛ̄ ⲡⲱⲛ̄ϩ

P. [2]

cependant[0], lui aus[si ± 13] atteindre [± 10] ceux qui [± 9] cherche [± 9]. C'est ainsi que [± 8 sa-]lut et [± 12] [± 4]. Et[0] [alors que] les douze disciples[0] étaient une [fois] tous assis ensemble, et qu'ils se rappelaient ce que le Sauveur[0] avait dit à chacun d'eux, soit en secret, soit ouvertement, et qu'ils le fixaient[0] dans des livres - pour ma part[0], j'écrivais ce qui se trouve dans ce [livre]-, voici que le Sauveur[0] apparut. Il est passé parmi [nous, nous] lui [étions atten]tifs, et cinq cent cinquante jours après qu'il fut ressuscité d'entre les morts, nous lui avons dit: «Es-tu parti, t'es-tu éloigné de nous?» Et[0] Jésus dit: «Non, mais[0] je m'en vais au lieu[0] d'où je suis venu. Si vous voulez venir avec moi, venez!» Tous répondirent

ⲉⲩϩ]ⲙⲁⲥⲧ̄ Kipgen: ⲧⲉⲉⲓ ⲧⲉ ⲑ̣[ⲉ ⲉⲧⲕⲛⲁϫⲓ ⲙⲡⲟⲩ]ϫⲉⲉⲓ· ⲙⲛ̣̄[ⲛⲥⲱⲥ ⲛⲉⲉⲓ ⲧⲏ]ⲣ̣ⲟⲩ [ⲁⲛ] ⲉⲕⲁⲟⲩ̣[ⲁⲛⲉϩϥ ⲉⲩϩ]ⲙⲁⲥⲧ̄ Kirchner: ⲙⲛ̣̄[...]ⲣ̣ⲟ̣.[.] ⲉⲕⲁⲟⲩ [...ⲛⲉⲩϩ]ⲙⲁⲥⲧ̄ Williams — 7 \`ⲇⲉ´ ajouté au-dessus de la ligne — 8 ϩ!ⲟ̣ⲩ[ⲥⲁ]ⲡ Kirchner: ⲉ̣ⲧ̣ⲟ̣ⲩ[ ] Malinine: ϩ!ⲟ̣ⲩ[ⲥⲁⲡ] Schenke — 14 ⲉⲩⲣ̄ⲧⲁϣ[ⲉ] ⲙ̣̄: ⲉⲩⲣ̄ⲧⲁⲥ̣[ⲥⲉ ⲙ̄] Malinine: ⲉⲩⲣ̄ⲧⲁϣ[(ⲉ) ⲙ̄] Schenke: ⲉⲩⲣ̄ⲧⲁϣ[ⲉ ⲙ̄] Kirchner: ⲉⲩⲣ̄ⲧⲁⲥ̣ⲥ̣ⲉ̣ ⲙ̣̄ Williams — 15 ⲁ[ⲛⲁⲕ ⲇⲉ] Malinine: ⲁⲩ̣[ⲱ ⲉ] Kirchner — 16-17 ⲡ[ⲓϫⲱⲙⲉ] Schenke: ⲡ[ⲛϫⲁ]ⲉⲓⲥ Malinine: ⲡ[(ⲁ)ϫⲱⲙⲉ] Kasser: ⲡ[ⲏ ⲡⲉ] Kirchner: ⲡ[ⲁϫⲱⲙⲉ] Williams — 17 ⲁϥⲟⲩⲱⲛϩ̣ ⲁ̣ⲃ̣[ⲁⲗ ⲉ] Kirchner: ⲁϥⲟⲩⲱⲛ̄[ϩ̄ ⲁⲃⲁⲗ] Malinine: ⲁϥⲟⲩⲱⲛ[ϩ ⲁⲃⲁⲗ ⲉ] Schenke — 18 ϩⲓⲧⲟⲟ[ⲧⲛ̄ ⲁϩⲛ̄ϭ]ⲱϣ[ⲧ] Malinine: ϩⲓ̈ⲧⲟⲟ[ⲧⲛ ⲁ]ϩ[ⲛϭ]ⲱϣ[ⲧ] Kirchner: ϩⲓⲧⲟⲟ[ⲧⲛ] ⲉ̣[ⲛϭ]ⲱϣ[ⲧ] Williams: ϩⲓⲧⲟⲟ[ⲧⲛ] ⲁ[ⲛϭ]ⲱϣ[ⲧ] Mueller — 26 ⲁϩⲟⲩⲱϣ̄ⲃ̄ codex: lire ⲁϩⲟⲩⲟⲩⲱϣ̄ⲃ̄

ⲧⲏⲣⲟⲩ ⲡⲁϫⲉⲩ ϫⲉ ϣⲡⲉ ⲕⲣ̣̄[ⲕ]ⲉ̣
ⲗⲉⲩⲉ ⲛⲉⲛ ⲧⲛ̄ⲛ̄ⲛⲏⲟⲩ ⲡⲁϫⲉϥ [ϫⲉ]
ϩⲁⲙⲏⲛ ϯϫⲟⲩ ⲙ̄ⲙⲁⲥ ⲛⲏⲧⲛ̄ ϫ̣[ⲉ]
ⲙⲛ ⲗⲁⲁⲩⲉ ⲁⲛⲏϩⲉ ⲛⲁⲃⲱⲕ ⲁϩⲟ[ⲩⲛ]
ⲁⲧⲙⲛⲧⲣ̄ⲣⲟ ⲛ̄ⲙ̄ⲡⲏⲩⲉ · ⲉⲉⲓϣⲁⲛ̣[ⲣ̄]
ⲕⲉⲗⲉⲩⲉⲓ ⲛⲉϥ · ⲁⲗⲗⲁ ⲁⲃⲁⲗ ϫⲉ
ⲧⲉⲧⲛ̄ⲙⲏϩ ⲛ̄ⲧⲱⲧⲛ̄ · ⲁⲣⲓⲥⲩⲅⲭⲱⲣⲓ
ⲛⲏⲓ̈ ⲛ̄ⲓ̈ⲁⲕⲱⲃⲟⲥ ⲙⲛ̄ ⲡⲉⲧⲣⲟⲥ
ϫⲉⲕⲁⲥⲉ ⲉⲉⲓⲛⲁⲙⲁϩⲟⲩ ⲁⲩϣ̣
ⲛ̄ⲧⲁⲣⲉϥⲙⲟⲩⲧⲉ ⲁⲡⲓⲥⲛⲉⲩ
ⲁϥϫⲓⲧⲟⲩ ⲛ̄ⲥⲁ ⲟⲩⲥⲁ̂ ⲁϥⲟⲩⲉϩⲥⲁ
ϩⲛⲉ ⲙ̄ⲡⲕⲉ · ϣⲱϫ̄ⲡ · ⲁⲧⲣⲟⲩⲥⲣ̄ϥⲉ̣
ⲁⲛⲉⲧⲟⲩⲥⲣⲁⲃⲧ · ⲁⲣⲁⲩ ⲡⲁϫⲉϥ ⲛ̣̄
ϭⲓ ⲡⲥⲱⲣ · ϫⲉ ⲁϩⲟⲩⲛⲁⲉ ⲛⲏⲧⲛ̄

27-28 ⲕⲣ̄[ⲕ]ⲉ̣ⲗⲉⲩⲉ: ⲕ[ⲣ̄ⲕ]ⲉ̣ⲗⲉⲩⲉ Malinine: ⲕⲣ̄ⲕ̣ⲉ̣ⲗⲉⲩⲉ Kirchner — 28 [ϫⲉ] Malinine: ϫ̣[ⲉ] Kirchner — 29 ϫ̣[ⲉ] Malinine — 30 ⲁϩⲟ[ⲩⲛ] Malinine: ⲁϩⲟⲩ̣[ⲛ] Cameron — 31-32 ⲉⲉⲓϣⲁⲛ̣[ⲣ]ⲕⲉⲗⲉⲩⲉⲓ Kirchner: ⲉⲉⲓϣⲁ[ⲣ̄]ⲕⲉⲗⲉⲩⲉⲓ Malinine. Le ⲓ de ⲕⲉⲗⲉⲩⲉⲓ semble avoir été ajouté après une première écriture. Le ⲉ du ⲛⲉϥ qui suit semble avoir été écrit sur l'emplacement d'une lettre effacée.

en disant: «Si tu nous (l')ordonnes[0], nous viendrons!» Il dit: «En vérité[0], je vous le dis: jamais personne n'entrera dans le Royaume des cieux si je lui en donne l'ordre[0], mais parce que vous êtes emplis. Quant à vous, laissez[0]-moi Jacques et Pierre, afin que je les emplisse!» Et après qu'il eût appelé ces deux-là, il les prit à part (et) il ordonna aux autres de vaquer à leurs occupations. Le Sauveur[0] dit: «Vous avez été pris en pitié,

[ⲅ̅]

[± 13]ⲛ̣̅ϣⲱⲡⲉ
[± 4 ⲙⲁⲑⲏⲧ]ⲏⲥ ⲁ̣[ϩ]ⲟⲩⲥϩⲉ
[ⲉⲓ ± 8] ϫⲁⲙⲉ· ϩⲱⲥ·
[± 10 ⲁ]ⲣⲱⲧⲛ̅ ⲁⲛ
[± 8 ⲙⲉ]ⲗⲉⲧⲏ· ⲁⲩⲱ
[ⲛ]ⲑⲉ̣[± 5 ⲁϩ]ⲟ̣ⲩⲥⲱⲧⲙ̅
ⲁⲩⲱ ⲛ[ⲑⲉ ± 3] ⲙ̣̅ⲡ̣ⲟⲩⲣ̅ⲛⲟⲓ̈
ϩⲓ̈ⲉ ⲧⲉ̣ⲧ̣ⲛ̣̅ⲟⲩⲱϣⲉ ⲁⲙⲟⲩϩ
ⲉⲛ· ⲁⲩⲱ ⲡⲉⲧⲛ̅ϩⲏⲧ ⲧⲁϩ̅ⲥ̅ ϩⲓ̈ⲉ·
ⲧⲉⲧⲛ̅ⲟⲩⲱϣⲉ ⲉⲛ ⲁⲣ̅ⲛⲏⲫⲉ·
ϣⲓⲡⲉ ϭⲉ ⲗⲟⲓⲡⲟⲛ ⲉⲣⲉⲧⲛ̅ⲣⲁⲉⲓⲥ
ⲁⲩⲱ ⲉⲣⲉⲧⲛ̅ⲛ̅ⲕⲁⲧⲕⲉ· ⲉⲣⲓ ⲡⲙⲉ
ⲉⲩⲉ· ϫⲉ ⲛ̅ⲧⲱⲧⲛ̅· ϩⲁⲧⲉⲧⲛ̅ⲛⲉⲩ
ⲁⲡϣⲏⲣⲉ ⲙ̅ⲡⲣⲱⲙⲉ· ⲁⲩⲱ ⲡⲉⲉⲓ
ⲁⲧⲉⲧⲛ̅ϣⲉϫⲉ ⲛⲙ̅ⲙⲉϥ ⲁⲩⲱ
ⲡⲉⲉⲓ ⲁⲧⲉⲧⲛ̅ⲥⲱⲧⲙ̅ ⲁⲣⲁϥ· > >
ⲟ̣ⲩⲁ̣ⲉⲓ ⲛ̅ⲛⲉⲛⲧⲁϩⲛⲉⲩ ⲁⲡϣⲏ
ⲣ[ⲉ ⲙ̅ⲡⲣ]ⲱ̣ⲙⲉ ⲥⲉⲛⲁϣⲱⲡⲉ
ⲙ̅ⲙⲁⲕⲁⲣⲓⲟⲥ· ⲛ̅ϭⲓ ⲛⲉⲧⲉⲙ̅
ⲡⲟⲩⲛⲉⲩ ⲁⲡⲣⲱⲙⲉ· ⲁⲩⲱ ⲛⲉ
ⲧⲉⲙ̅ⲡⲟⲩⲧⲱϩ ⲛⲙ̅ⲙⲉϥ ⲁⲩ
ⲱ ⲛⲉⲧⲉⲙ̅ⲡⲟⲩϣⲉϫⲉ ⲛ̅ⲙ̣ⲙⲉϥ
ⲁⲩⲱ ⲛⲉⲧⲉⲙ̅ⲡⲟⲩⲥⲱⲧⲙ̅ ⲁ
ⲗⲁⲁⲩⲉ ⲛ̅ⲧⲟⲟⲧϥ̅ ⲡⲱⲧⲛ̅ ⲡⲉ
ⲡⲱⲛ̅ϩ ⲙ̅ⲙⲉ ϭⲉ ϫⲉ ⲁϥⲣ̅ⲡⲁ
ϩⲣⲉ ⲁⲣⲱⲧⲛ̅ ⲉⲣⲉⲧⲛ̅ϣⲱⲛⲉ
[ϫ]ⲉⲕⲁⲥ ⲉⲣⲉⲧⲛⲁⲣ̅ ⲣ̅ⲣⲟ· ⲟⲩⲁ
ⲉⲓ· ⲛ̅ⲛⲉⲛⲧⲁϩⲙ̅ⲧⲁⲛ ⲁⲃⲁⲗ·
ϩⲙ̅ ⲡⲉⲩϣⲱⲛⲉ· ϫⲉ ⲥⲉⲛⲁⲧ

1-3 [± 13]ⲛ̣̅ϣⲱⲡⲉ [± 4 ⲙⲁⲑⲏⲧ]ⲏⲥ ⲁ̣[ϩ]ⲟⲩⲥϩⲉ[ⲉⲓ ± 8] ϫⲁⲙⲉ·: [...]ϣⲱⲡⲉ [... ⲙⲁⲑⲏⲧ]ⲏⲥ [ⲁϩ]ⲟⲩⲥϩⲉ[ⲉⲓ...]ϫⲁⲙⲉ· Malinine: [ⲁⲙ̅ⲙⲉ ϫⲉ ⲉⲣⲉ ⲡⲕⲉϣⲱϫ]ⲡ̣ ϣⲱⲡⲉ [ϩⲱⲥ ⲛⲉⲡⲣⲟⲫⲏⲧ]ⲏⲥ ⲁ̣[ϩ]ⲟⲩⲥϩⲉ[ⲉⲓ ⲙⲙⲁⲥ ϩⲛ ⲛⲉⲩ]ϫⲁⲙⲉ· Schenke: [ϩⲙ ⲡⲓⲱⲧ ⲛϫⲓ ⲛⲁϣⲉϫⲉ] ⲉ̣ϣⲱⲡⲉ [ⲡⲕⲉϣⲱϫⲡ ⲙⲙⲁⲑⲏⲧ]ⲏⲥ ⲁ̣[ϩ]ⲟⲩⲥϩⲉ[ⲉⲓ ⲛⲛⲁϣⲉϫⲉ ϩⲛⲛⲉⲩ]ϫⲁⲙⲉ· Kirchner: [...] ϣⲱⲡⲉ [...]ⲏⲥ ⲁ[ϩ]ⲟⲩⲥϩⲉ [...]ϫⲁⲙⲉ· Williams — 3-5 ϩⲱⲥ [± 10 ⲁ]ⲣⲱⲧⲛ̅ ⲁⲛ [± 8 ⲙⲉ]ⲗⲉⲧⲏ: ϩⲱⲥ [...]ⲣⲱⲧⲛ̅ ⲁⲛ [...ⲙⲉ]ⲗⲉⲧⲏ: Malinine: ϩⲱⲥ[ⲧⲉ ⲛⲧⲉⲧⲛⲁⲣⲏϩ ⲁ]ⲣⲱⲧⲛ̅ ⲁⲛ[ⲛⲟⲏⲧⲱⲥ ⲅⲁⲣ ⲉⲩⲉⲣ ⲙⲉ]ⲗⲉⲧⲏ Schenke: ϩⲱⲥ [ⲉⲁⲩⲣ ⲛⲟⲓ ⲁⲣⲏϩ ⲁ]ⲣⲱⲧⲛ̅ ⲁⲛ[ⲟⲛⲧⲱⲥ ⲅⲁⲣ ⲁⲩⲣ ⲙⲉ]ⲗⲉⲧⲏ Kirchner: ϩⲱⲥ· [...ⲁ]ⲣⲱⲧⲛ̅ ⲁⲛ [...]ⲗⲉⲧⲏ·

P. [3]

[± 13] devenir [± 4] discip]les[0]. Ils écrivi-[rent ± 8] livres comme si[0] [± 10] à vous aussi [± 8] soin[0] et [com]me [± 5] ils ont entendu et de la même [façon ± 3] ils n'ont pas compris[0]. Ne voulez-vous pas être emplis? Et votre coeur est ivre. Ne voulez-vous pas devenir sobres[0]? Désormais[0] donc, ayez honte alors que vous êtes éveillés et que vous êtes endormis. Souvenez-vous que, vous, vous avez vu le Fils de l'homme. Et lui, vous lui avez parlé et lui, vous l'avez écouté! Malheur à ceux qui ont vu le Fils de l'homme! Ils seront heureux[0] ceux qui n'ont pas vu l'homme, qui ne se sont pas joints à lui, qui ne lui ont pas parlé et qui n'ont rien entendu de lui! À vous est la Vie! Sachez donc qu'il vous a guéris alors que vous étiez malades, pour que vous deveniez rois. Malheur à ceux qui se sont remis de leur maladie parce qu'

Williams — 5-7 ⲁⲩⲱ [ⲛ]ⲑⲉ̣[± 5] ⲁϩ]ⲟⲩⲥⲱⲧⲙ̄ ⲁⲩⲱ ⲛ[ⲑⲉ ±3] ⲙ̣̄ⲡ̣ⲟⲩⲣ̄ⲛⲟⲓ̈: ⲁⲩⲱ [.]ⲑⲉ̣ [...]ⲟⲩⲥⲱⲧⲙ̄ ⲁⲩⲱ ⲛ̣[...]ⲟⲩ ⲣ̄ ⲛⲟⲓ̈ Malinine: ⲁⲩⲱ [ⲛ]ⲑⲉ̣ [ⲛⲛⲁⲑⲏⲧ ⲛ]ⲟ̣ⲩⲥⲱⲧⲙ̄ ⲁⲩⲱ ⲛ̣[ⲑⲉ ⲛⲛⲁⲗ] ⲛ̣ⲟⲩⲣ̄ ⲛⲟⲓ̈ Schenke: ⲁⲩⲱ [ⲛ]ⲑⲉ̣ [ⲛ̄ϩⲉⲛⲕⲟⲩⲟ ⲙ̄ⲡ]ⲟⲩⲥⲱⲧⲙ̄ ⲁⲩⲱ ⲛ̣[ⲑⲉ ⲛ̄ⲛⲉⲑⲏⲧ ⲙ̄]ⲡ̣ⲟⲩⲣ̄ⲛⲟⲓ̈ Kipgen: ⲁⲩⲱ [ⲛ]ⲑⲉ̣ [ⲛⲛⲁⲑⲏⲧ ⲁϩ]ⲟⲩⲥⲱⲧⲙ̄ ⲁⲩⲱ ⲛ[ⲑⲉ ⲛⲛⲁⲗ] ⲙ̣ⲡⲟⲩⲣ̄ ⲛⲟⲓ̈ Kirchner — 8 ⲧⲉ̣[ⲧ]ⲛ̣ⲟⲩⲱϣⲉ: ⲧⲉ[ⲧⲛ̄]ⲟⲩⲱϣⲉ Malinine: ⲧⲉ̣ⲧ̣ⲛ̣ⲟⲩⲱϣⲉ Kirchner — 9 ⲧⲁϩⲥ cod: ⲧⲁϩ<ⲉ> Malinine — 16 Chevrons en fin de ligne — 17 ⲟ̣ⲩⲁ̣ⲉⲓ: ⲟⲩ[ⲁ]ⲉⲓ Malinine: ⲟⲩⲁ̣ⲉⲓ Kirchner — 17-18 ⲁⲡϣⲏⲣ[ⲉ ⲙ̄ⲡⲣ]ⲱ̣ⲙⲉ Malinine — 27 [ϭ]ⲉⲕⲁⲥ Malinine: ϫⲉⲕⲁⲥ Kirchner — 29 ⲥⲉⲛⲁⲧ le ⲥ est écrit par-dessus un ⲛ non complètement formé

ⲥⲧⲁⲩ ⲁⲛ ⲁⲡϣⲱⲛⲉ · ⲛⲉⲉⲓⲉ
ⲧⲟⲩ ⲛⲉⲧⲉⲙ̅ⲡⲟⲩϣⲱⲛⲉ ⲁⲩⲱ
ⲁϩⲟⲩⲥⲟⲩⲱⲛ ⲡ̅ⲙ̅ⲧⲁⲛ ⲉⲙⲡⲁ
ⲧⲟⲩϣⲱⲛⲉ · ⲧⲱⲧⲛ̅ ⲧⲉ ⲧⲙ̅ⲛ̅ⲧ̅
{ⲧ}ⲣ̅ⲣⲟ ⲙ̅ⲡⲛⲟⲩⲧⲉ · ⲉⲧⲃⲉ ⲡⲉⲉⲓ †
ϫⲟⲩ ⲙ̅ⲙⲁⲥ ⲛⲏⲧⲛ̅ ϫⲉ ϣⲱⲡⲉ ⲉⲣⲉ
ⲧⲙ̅ⲙⲏϩ ⲁⲩⲱ ⲙ̅ⲡⲣ̅ⲕⲉ ⲧⲟⲡⲟⲥ ϩⲛ̅
ⲧⲏⲛⲉ ⲉϥϣⲟⲩⲉⲓⲧ · ⲉϥⲁϣ ⲥⲱⲃⲉ
ⲛ̅ⲥⲱⲧⲛ̅ ⲛ̅ϭⲓ ⲡⲉⲧⲛ̅ⲛⲏⲩ ⲧⲟⲧⲉ
ⲁⲡⲉⲧⲣⲟⲥ ⲟⲩⲱϣⲃ̅ ϫⲉ ⲉⲓⲥ ϣⲁ
ⲙⲛ̅ⲧ ⲛ̅ⲥⲁⲡ · ⲁⲕϫⲟⲟⲥ ⲛⲉⲛ > >—

31 <ⲛ>ⲛⲉⲧⲉ Kirchner — 33-34 ⲧⲙ̅ⲛ̅ⲧ{ⲧ}ⲣ̅ⲣⲟ Malinine: ⲧⲙ̅ⲛ̅ⲧ̅ⲧⲣ̅ⲣⲟ codex — 37 <ⲉⲓⲙⲏⲧⲓ> ⲉϥⲁϣ ⲥⲱⲃⲉ Schenke — 40 Chevrons en fin de ligne.

ils retourneront de nouveau à la maladie! Bienheureux ceux qui n'ont pas été malades et qui ont connu le soulagement avant d'êtres malades! À vous est le Royaume de Dieu! C'est pourquoi je vous dis: soyez emplis et ne laissez aucune place[0] vide en vous! Il pourra se moquer de vous, celui qui viendra». Alors[0] Pierre répondit: «Voilà trois fois que tu nous as dit:

[ⲁ̄]

ϫⲉ ϣ[ⲱ]ⲡ̣ⲉ ⲉⲣ̣[ⲉⲧⲙ̄ⲙⲏϩ ⲁⲗⲗⲁ]
ⲧⲛ̄ⲙⲏ̣ϩ· ϩⲁⲡ̣[ⲥ̄ⲱ̄ⲣ̄ ⲟⲩⲱϣⲃ ⲡⲁ]
ϫⲉϥ ϫⲉ ⲉⲧ[ⲃⲉ ⲡⲉⲉⲓ ⲁϩⲓϫⲟⲟⲥ]
ⲛⲏⲧⲛ̄ ϫⲉ [ϣⲱⲡⲉ ⲉⲣⲉⲧⲙ̄ⲙⲏϩ ϫⲉ]
ⲕⲁⲥ ⲛ̄ⲛⲉ[ⲧⲛ̄ϭⲱϫϥ ⲛⲉⲧϭⲱϫϥ]
ⲛ̄ⲇⲉ ⲥⲉⲛ̣[ⲁⲟⲩϫⲉⲉⲓ] ⲉⲛ· ⲛⲁⲛ[ⲟⲩ]
ⲡⲙⲟⲩϩ ⲅⲁⲣ ⲁ̣[ⲩ]ϣ̣ [ⲡϭⲱ]ϫ̄ϥ̄ ϩⲁⲩ· ⲕⲁⲧⲁ
ⲧϩⲉ ϭⲉ ⲉⲛⲁⲛⲟⲩ ⲧⲣ̣ⲉ̣ⲕ̣ϭⲱϫ̄ϥ̄ ⲁⲩⲱ
ⲧⲣⲉⲕⲙⲟⲩϩ ϩⲱⲱϥ ϩⲁⲩ ⲧⲉⲉⲓ ⲧⲉ
ⲧϩⲉ· ϣⲁϥϭⲱϫ̄ⲃ̄ ⲛ̄ϭⲓ ⲡⲉⲧⲙⲏϩ ⲁⲩⲱ
ⲙⲁ<ϥ>ⲙⲟⲩϩ ⲛ̄ϭⲓ ⲡⲉⲧϭⲁϫ̄ϥ̄ ⲛ̄ⲑⲉ
ⲉϣⲁϥⲙⲟⲩϩ ⲛ̄ϭⲓ ⲡⲉⲧϭⲁϫ̄ϥ̄· ⲁⲩⲱ
ⲡⲉⲧⲙⲏϩ ϩⲱⲱϥ ϣⲁϥϫⲱⲕ ⲁⲃⲁⲗ
ⲙ̄ⲡⲣⲱϣⲉ ϣ̄ϣⲉ ϭⲉ ⲁϭⲱϫ̄ⲃ̄
ϩⲱⲥ ⲉⲩⲛ̄ ϭⲁⲙ· ⲁⲙⲟⲩϩ ⲧⲏⲛⲉ ⲁⲩⲱ
ⲁⲙⲟⲩϩ· ϩⲱⲥ ⲉⲩⲛ̄ ϭⲁⲙ ⲁϭⲱϫⲃ̣
ϫⲉⲕⲁⲥ ⲉⲣⲉⲧⲛⲁϭⲙϭⲁ̣[ⲙ ⲁⲙⲟ]ⲩ[ϩ] ⲁ̣
ⲣⲱⲧⲛ̄ ⲛ̄ⲛⲟⲩϩⲟⲩⲟ ϣⲱⲡ̣ⲉ̣ ϩⲉ
ⲉⲣⲉⲧⲙ̄ⲙⲏϩ ⲁⲃⲁⲗ ϩⲙ̄ ⲡⲡⲛⲉⲩⲙⲁ
ⲉⲣⲉⲧⲛ̄ϭⲁϫ̄ϥ̄ ⲛⲇⲉ ⲁⲃⲁⲗ ϩⲙ̄
ⲡⲗⲟⲅⲟⲥ ⲡⲗⲟⲅⲟⲥ ⲛ̄ⲅⲁⲣ ⲡⲉ ⲧⲯⲩ
ⲭⲏ ⲟⲩⲯⲩⲭⲏ ⲁⲛ ⲧⲉ ⲁϩⲓ̈ⲟⲩⲱ
ϣⲃ̄ ⲇⲉ ⲡⲁϫⲏⲓ̈ ⲛⲉϥ ϫⲉ ⲡϫⲁⲉⲓⲥ
ⲟⲩⲛ̄ ϭⲁⲙ ⲙ̄ⲙⲁⲛ ⲁⲡⲓⲑⲉ ⲛⲉⲕ
ϣⲡⲉ ϩⲛⲉⲕ ⲁϩⲛ̄ⲕⲱⲉ ⲅⲁⲣ ⲛ̄
ⲥⲱⲛ ⲛⲛⲉⲛⲉⲓⲁϯ ⲛ̄ϩⲁⲟⲩⲧ·
ⲙⲛ̄ ⲛⲉⲛⲙⲉⲉⲩ ⲙⲛ̄ ⲛⲉⲛϯⲙⲉ
ⲁϩⲛ̄ⲟⲩⲁϩⲛ̄ ⲛ̄ⲥⲱⲕ ϯ ⲑϩⲉ ϭ̣[ⲉ]
ⲛⲉⲛ ⲁⲧⲙ̄ⲧⲣⲟⲩⲡⲓⲣⲁⲍⲉ ⲙ̄ⲙⲁⲛ
ⲁⲃⲁⲗ ϩⲓ̈ⲧⲟⲟⲧϥ̄ ⲙ̄ⲡⲇⲓⲁⲃⲟⲗⲟⲥ· ⲉ
ⲑⲁⲩ ⲁϥⲟⲩⲱϣ̄ⲃ̄ ⲛ̄ϭⲓ ⲡϫⲁⲉⲓⲥ

1-2 ϣ[ⲱⲡ]ⲉ ⲉⲣ̣[ⲉⲧⲙ̄ⲙⲏϩ ⲁⲗⲗⲁ]ⲧⲛ̄ⲙⲏ̣ϩ·: ϣ[ⲱⲡ]ⲉ ⲉ[ⲣⲉⲧⲙ̄ⲙⲏϩ] ⲧⲛ̄ⲙⲏϩ· Malinine: ϣ[ⲱⲡ]ⲉ ⲉ[ⲣⲉⲧⲙⲙⲏϩ ⲁⲗⲗⲁ] ⲧⲛ̄ⲙⲏϩ Schenke: ϣ[ⲱⲡ]ⲉ ⲉ[ⲣⲉⲧⲙ̄ⲙⲏϩ ⲁⲗⲗⲁ ⲁⲛⲁⲛ] ⲧⲛ̄ⲙⲏϩ Kipgen: ϣ[ⲱ]ⲡ̣ⲉ ⲉⲣ̣[ⲉⲧⲙⲙⲏϩ ⲁⲗⲗⲁ] ⲧⲛ̄ⲙⲏϩ Kirchner — 2-3 ϩⲁⲡ̣[ⲥ̄ⲱ̄ⲣ̄ ⲟⲩⲱϣⲃ ⲡⲁ]ϫⲉϥ Kirchner: ϩⲁⲡ̣[..ⲡⲁ]ϫⲉϥ Malinine: ϩⲁ ⲡ[ⲡⲛⲉⲩⲙⲁ ⲡⲁ]ϫⲉϥ Zandee: ϩⲁⲡ̣[ⲥ̄ⲱ̄ⲣ̄ⲟⲩⲱϣⲃ ⲡⲁ]ϫⲉϥ Schenke: ϩⲁⲡ[ϫⲁⲉⲓⲥ ⲇⲉ ⲟⲩⲱϣ̄ϥ̄ ⲡⲁ]ϫⲉϥ Kipgen — 3 ⲉⲧ[ⲃⲉ ⲡⲉⲉⲓ ⲁϩⲓϫⲟⲟⲥ] Schenke: ⲉⲧ[...] Malinine: ⲉⲧ[ⲃⲉ ⲡⲉⲉⲓ ϯϫⲟⲩ ⲙⲙⲁⲥ] Kipgen: ⲉⲧⲃ̣[ⲉ ⲡⲉⲉⲓ ϯϫⲟⲩ ⲙⲙⲁⲥ] Kirchner: ⲉⲧⲃ̣[ⲉ ⲡⲉⲉⲓ ⲁϩⲓϫⲟⲟⲥ] Williams — 4-5 [...ϫⲉ]ⲕⲁⲥ Malinine: [ϣⲱⲡⲉ ⲉⲣⲉⲧⲙ̄ⲙⲏϩ ϫⲉ]ⲕⲁⲥ Schenke — 5 ⲛ̄ⲛⲉ[ⲧⲛ̄ϭⲱϫ̄ϥ̄

P. [4]

“Soyez [emplis!”, mais [0]] nous sommes emplis». Le [Sauveur [0] répondit, il] dit: «C’est [pourquoi je vous ai] dit: [«Soyez emplis» a-]fin que vous ne [soyez pas diminués]. Car [0] [ceux qui sont diminués] ne [seront pas sauvés]. Bonne, en effet [0], est la plénitude et mauvaise, la diminution. De même [0], donc, que ta diminution est bonne et que ta plénitude, au contraire, est mauvaise, ainsi celui qui est empli diminue et celui qui est diminué, il ne s’emplit pas, comme s’emplit celui qui est diminué et celui qui est empli, lui aussi, il devient parfait suffisamment. Il est donc nécessaire de diminuer dans la mesure où [0] il est possible d’être emplis et de vous emplir dans la mesure où [0] il est possible de diminuer, afin que vous puissiez vous [emplir] davantage. Soyez donc emplis de l’Esprit [0], mais [0] diminués de la raison [0]: car [0] la raison [0] est l’âme [0], elle est aussi psychique [0]». Je répondis (+ δέ) et lui dis: «Seigneur, nous pouvons t’obéir [0], si tu le veux, car nous avons abandonné nos pères mâles, nos mères et nos villages (et) nous t’avons suivi. Indique-nous donc la façon de ne pas être éprouvés [0] par le Diable [0] mauvais». Le Seigneur répondit

ⲛⲉⲧϭⲱϫϥ̄] Schenke: ⲛ̄ⲛⲉ[ⲧⲛ̄...ⲛ̄ⲧⲁⲩ] Malinine — 6 ⲥⲉⲛ̣[ⲁⲟⲩϫⲉⲉⲓ] ⲉⲛ· ⲛⲁⲛ[ⲟⲩ] Malinine: (ⲛⲁⲛⲟ̣[ⲩ]) Kirchner: ⲥⲉⲛ[ⲁϫⲱⲕ ⲁⲃⲁⲗ] ⲉⲛ· ⲛⲁⲛ[ⲟⲩ] Kipgen — 7 ⲁ[ⲩ]ⲱ̣ [ⲡϭⲱ]ϫϥ̄ Malinine — 8 ⲧⲣⲉ̣[ⲕ]ϭⲱϫϥ̄ Malinine: ⲧⲣⲉⲕ̣ϭⲱϫϥ̄ Kirchner — 11ⲙⲁ-<ϥ>ⲙⲟⲩϩ Malinine: ⲙⲁⲩⲙⲟⲩϩ codex, Kirchner — 17 ⲉⲣⲉⲧⲛⲁϭⲙ̄ϭⲁ̣[ⲙ ⲁⲙⲟ]ⲩ[ϩ] ⲁ̣: ⲉⲣⲉⲧⲛⲁϭⲙϭ[ⲁⲙ..ⲁ] Malinine: ⲉⲣⲉⲧⲛⲁϭⲙϭⲁ̣[ⲙ] [ⲛ̄] [ϫ]! [ⲁ] Kirchner ⲛ̣̄ⲙ̣[ⲟⲩϩ] Williams — 18 ϣ̣ⲱⲡ̣ⲉ̣: [ϣ]ⲱ[ⲡⲉ] Malinine: ϣⲱ̣[ⲡⲉ] Williams — 21-22 ⲡⲉ ⲧⲯⲩⲭⲏ codex: ⲡ<ⲁ>ⲧⲯⲩⲭⲏ Schenke — 22 ⲁⲛ ⲧⲉ codex: <ⲉ>ⲛ ⲧⲉ Schenke: ⲁⲛ ⲡⲉ Kirchner — 28 ϯ ⲑϩⲉ ϭ̣[ⲉ] Malinine: ϯⲑⲉⲥ̣ ou ⲑⲉⲉ̣[ⲥ] Kasser: ϯⲑϩⲉⲥ̣ Mueller

ⲡⲁϫⲉϥ ϫⲉ ⲉϣ ⲡⲉ ⲡⲉⲧⲛ̅ϩⲙⲁⲧ
ⲉⲣⲉⲧⲛ̅ⲉⲓⲣⲉ ⲙ̅ⲡⲟⲩⲱϣⲉ ⲙ̅ⲡⲓⲱⲧ·
ⲉⲩⲧⲙ̅ϯ ⲛⲏⲧⲛ̅ ⲁⲃⲁⲗ ϩⲓ̈ⲧⲟⲟⲧϥ̅ ϩⲛ̅
ⲟⲩⲙⲉⲣⲟⲥ ⲛ̅ⲇⲱⲣⲉⲁ· ϩⲙ̅ ⲡⲧⲣⲟⲩ
ⲡⲓⲣⲁⲍⲉ ⲙ̅ⲙⲱⲧⲛ̅ ⲁⲃⲁⲗ ϩⲓ̈ⲧⲟⲟⲧϥ̅
ⲙ̅ⲡⲥⲁⲧⲁⲛⲁⲥ ⲉϣⲱⲡⲉ· ⲇⲉ
ⲉⲩⲗⲱϫϩ̅ ⲙ̅ⲙⲱⲧⲛ̅ ⲁⲃⲁⲗ ϩⲓ̈ⲧⲟ
ⲟⲧϥ̅ ⲙ̅ⲡⲥⲁⲧⲁⲛⲁⲥ· ⲁⲩⲱ ⲉⲩ
ⲡⲏⲧ· ⲛⲥⲁ ⲧⲏⲛⲉ ⲁⲩⲱ ⲛ̅ⲧⲉⲧⲛ̅ⲣ̅ ⲡⲉϥ

35 ⲛ̅ⲇⲱⲣⲉⲁ codex: ⲛ̅<ⲧ>ⲇⲱⲣⲉⲁ Schenke

et dit: «Quelle sera votre récompense, étant donné que vous faites la volonté du Père, (et) que vous ne recevez (rien) de lui en part° de don° tandis que vous êtes éprouvés° par Satan°? Mais° si vous êtes opprimés par Satan° et persécutés et que vous faites sa (*sc.* du Père)

[ⲉ̄]

ⲟⲩⲱ̣ϣⲉ ϯ[ϫⲟⲩ] ⲙ̄ⲙⲁⲥ ϫⲉ ϥⲛⲁ
ⲙ̄ⲣ̄ⲣⲉ ⲧⲏⲛⲉ ⲁⲩⲱ ϥⲛⲁϣⲱϣ
ⲧⲏⲛⲉ̣ ⲛ̣ⲙ̣̄ⲙⲏⲉⲓ ⲁⲩⲱ ϥⲛⲁⲙⲉⲩ
ⲉ ⲁ[ⲣⲱⲧ]ⲛ̣ ϫⲉ ϩⲁⲧⲉⲧⲛ̄ϣⲱⲡⲉ
ⲙ̄ⲙ[ⲣⲣⲉ]ⲓ̣ⲧ· ϩⲣⲏï ϩⲛ̄ ⲧⲉϥⲡⲣⲟⲛⲟⲓⲁ
ⲕⲁⲧⲁ̣ ⲧⲉⲧⲛ̄[ⲡ]ⲣⲟϩⲁⲓⲣⲉⲥⲓⲥ ϩïⲉ·
ⲛ̄ⲧⲉⲧⲛ̄ⲛⲁⲗⲟ ⲉⲛ· ⲉⲣⲉⲧⲛ̄ⲟⲉⲓ
ⲙ̄ⲙⲁⲉⲓⲥⲁⲣⲝ ⲁⲩⲱ ⲉⲣⲉⲧⲛ̄ⲣ̄·
ϩⲁϯⲉ ϩⲏⲧϥ ⲛ̄ⲙⲡⲁⲑⲟⲥ ⲏ ⲛ̄ⲧⲉ
ⲧⲛ̄ⲥⲁⲩⲛⲉ ⲉⲛ ϫⲉ ⲙ̄ⲡⲁⲧⲟⲩⲣ̄ϩⲩ̈
ⲃⲣⲓⲍⲉ ⲙ̄ⲙⲱⲧⲛ̄· ⲁⲩⲱ ⲙ̄ⲡⲁⲧⲟⲩ
ⲣ̄ⲕⲁⲧⲏⲅⲟⲣⲓ ⲙ̄ⲙⲱⲧⲛ̄ ϩⲛⲛ ⲟⲩϫⲓ
ⲛ̄ϭⲁⲛ̄ⲥ̄· ⲟⲩⲇⲉ ⲙ̄ⲡⲁⲧⲟⲩⲱⲧ̄ⲡ̄
ⲧⲏⲛⲉ ⲁϩⲟⲩⲛ· ⲁⲩϣⲧⲉⲕⲟ· ⲟⲩⲧⲉ
ⲉⲙⲡⲁⲧⲟⲩϭⲁⲉⲓⲉ ⲧⲏⲩⲧⲛ̄ ϩⲛ̄ ⲟⲩ
ⲙⲛ̄ⲧⲁⲛⲟⲙⲟⲥ· ⲟⲩⲧⲉ ⲙ̄ⲡⲁⲧⲟⲩ
ⲣⲥ̣⳨ⲟ̣[ⲩ] ⲙ̄ⲙⲱⲧ̄ⲛ̄ ϩⲛ̄ⲛ ⲟⲩⲙⲛ̄ⲧ̄
ⲗⲟⲅⲟⲥ ⲟⲩⲧⲉ ⲙ̄ⲡⲁⲧⲟⲩⲧⲱⲙ̄ⲥ̄
ⲧⲏⲛⲉ ϩⲛ̄ⲛ ⲟⲩϣⲟⲩ ⲛ̄ⲧⲁϩⲉ ϩⲱⲱⲧ
ⲁⲃⲁⲗ ϩïⲧⲟⲟⲧϥ̄ ⲙ̄ⲡ̄ⲡⲟⲛⲏⲣⲟⲥ·
ⲧⲉⲧⲛ̄ⲧⲟⲗⲙⲁ· ⲁϯ ⲥⲟ ⲁⲩⲥⲁⲣⲝ
ⲱ̂ ⲛⲉⲧⲉ ⲡⲡ̄ⲛ̄ⲁ̄ ⲟⲉⲓ ⲛ̄ⲥⲁⲃ̄ⲧ̄ ⲉϥ
ⲕⲱⲧⲉ ⲁⲣⲁⲩ ⲉⲣⲉⲧⲛ̄ϣⲁⲛⲙⲁⲕ
ⲙⲕ̄· ⲁⲡⲕⲟⲥⲙⲟⲥ ϫⲉ ⲟⲩⲏⲣ' ⲡⲉ
ⲁⲧⲉⲧⲛ̄ϩⲁⲉⲓⲉ· ⲁⲩⲱ ϫⲉ ⲙ̄ⲛ̄ ⲛ̄ⲥⲱ
ⲧⲛ̄ ⲁⲛ ⲟⲩⲏⲣ ⲡⲉ· ⲧⲉⲧⲛⲁϭⲛ̄ⲧ̄ⲥ̄·
ⲉⲣⲉⲡⲉⲧⲛⲃⲓⲟⲥ ⲟⲩϩⲟⲟⲩ ⲛ̄ⲟⲩⲱⲧ
ⲡⲉ ⲁⲩⲱ ⲛⲉⲧ̄ⲙ̄ⲡⲁⲑⲟⲥ ⲉⲩ{ⲛ}ⲟⲩ
ⲛⲟⲩ ⲛ̄ⲟⲩⲱⲧ' ⲧⲉ· ⲛ̄ⲁⲅⲁⲑⲟⲥ ⲅⲁⲣ
ⲛ̄ⲥⲉⲛⲁⲉⲓ ⲉⲛ ⲁϩⲟⲩⲛ ⲁⲡⲕⲟⲥⲙⲟⲥ·
ⲉⲣⲓⲕⲁⲧⲁⲫⲣⲟⲛⲓ ϭⲉ ⲙ̄ⲡⲙⲟⲩ

1 ϯ[ϫⲟⲩ] Malinine — 3 ⲧⲏⲛⲉ̣ ⲛ̣ⲙ̣̄ⲙⲏⲉⲓ Kirchner: ⲧⲏⲛ[ⲉ ⲛ]ⲙ̣ⲙⲏⲉⲓ Malinine: ⲧⲏⲛⲉ̣ ⲛ̣ⲙ̣̄ⲏⲉⲓ Williams — 4 ⲁ[ⲣⲱⲧ]ⲛ̣ Malinine: ⲁⲧ̣[ⲏⲛ]ⲉ̣ Kirchner — 5 ⲙ̄ⲙ[ⲣⲣⲉ]ⲓⲧ̣ Malinine — 6 ⲧⲉⲧⲛ̄[ⲡ]ⲣⲟϩⲁⲓⲣⲉⲥⲓⲥ Malinine — 16-17 ⲙⲡⲁⲧⲟⲩⲣⲥ̣⳨ⲟ̣[ⲩ] Malinine — 17-18 ⲟⲩⲙⲛⲧⲗⲟⲅⲟⲥ codex: • ⲟⲩⲙⲛⲧ<ⲁⲧ>ⲗⲟⲅⲟⲥ Malinine: ⲟⲩⲙⲛⲧ<ⲁ>ⲗⲟⲅⲟⲥ Schenke, Williams — 19 ⲟⲩϣⲟⲩ codex: ⲟⲩϣⲟⲟⲩ Kasser: ⲟⲩϣⲱⲥ Schenke: ⲟⲩϣ<ⲱⲥ> Kirchner — 25 ⲁⲧⲉⲧⲛ̄ϩⲁⲉⲓⲉ codex: ϩⲁⲧⲉⲧⲛ̄ϩⲏ Schenke: <ϩ>ⲁⲧⲉⲧⲛ̄ϩ<ⲏ> Kirchner — 28-29 ⲉⲩ{ⲛ}ⲟⲩⲛⲟⲩ Malinine: ⲉⲩⲛⲟⲩⲛⲟⲩ codex — 29 ⲛ̄ⲁⲅⲁⲑⲟⲥ codex: ϩⲛ̄ⲁⲡⲁⲑⲏⲧⲟⲥ Schenke: <ϩ>ⲛ̄ⲁ<ⲡ>ⲁⲑ<ⲏⲧ>ⲟⲥ Kirchner

P. [5]

volonté, je le [dis]: il vous aimera et il vous rendra égaux à moi et il pensera à [votre] sujet que vous êtes devenus bien-[aimés] dans sa providence[0] selon[0] votre choix[0]. Ne cesserez-vous donc pas d'aimer la chair[0] et de craindre la souffrance[0]? Ou[0] ne savez-vous pas que vous n'avez pas encore été maltraités[0] ni encore accusés[0] injustement ni[0] encore enfermés dans une prison, ni[0] encore condamnés illégalement[0], ni[0] encore crucifiés[0] sous un (faux) prétexte[0], ni ensevelis dans le parfum, comme moi-même (je l'ai été) par le Malin[0]? Vous osez[0] ménager la chair[0], ô[0] vous, pour qui l'Esprit[0] est un mur qui vous entoure! Si vous réfléchissez sur le monde[0], depuis combien de temps il existait au moment où vous êtes tombés, et combien de temps, après vous, il demeurera encore, vous trouverez que votre vie[0] est éphémère et que vos souffrances[0] sont d'une seule heure. Les bons[0], en effet[0], n'entreront pas dans le monde[0]. Méprisez[0] donc la mort

ⲁⲩⲱ ⲛ̄ⲧⲉⲧⲛ̄ϥⲓ ⲣⲁⲟⲩϣ ⲁⲡⲱⲛⲉϩ
ⲁⲣⲓ ⲡⲙⲉⲉⲩⲉ ⲙ̄ⲡⲁⲥⲧⲁⲩⲣⲟⲥ
ⲁⲩⲱ ⲡⲁⲙⲟⲩ ⲁⲩⲱ ⲧⲉⲧⲛ̄ⲛⲁ
ⲱⲛ̄ϩ̄ ⲁϩⲓ̈ⲟⲩⲱϣ̄ⲃ̄ ⲛ̄ⲇⲉ ⲡⲁ
ϫⲏⲓ̈ ⲛⲉϥ ϫⲉ ⲡϫⲁⲉⲓⲥ ⲙ̄
ⲡⲱⲣ’ ⲁⲧⲉⲩⲟ ⲁⲣⲁⲛ ⲙ̄ⲡⲥ⳨ⲟⲥ·
ⲙⲛ̄ ⲡⲙⲟⲩ ⲛⲉⲉⲓ ⲅⲁⲣ ⲥⲉⲟⲩⲏⲟⲩ

37 Sous ⲁⲧⲉ est écrit ⲁⲣⲁⲛ

et souciez-vous de la Vie.
Rappelez-vous ma croix ^{0}
et ma mort, et vous
vivrez». Je répondis (+ δέ) et
lui dis: «Seigneur,
ne nous parle pas de la croix ^{0}
et de la mort; celles-ci, en effet ^{0}, sont loin

[ⲋ̄]

ⲙ̄ⲙⲁⲕ ⲁϥⲟ̣[ⲩⲱ]ϣⲃ̄ ⲛ̄ϭⲓ ⲡϫⲁⲉ̣ⲓ̣ⲥ
ⲡⲁϫⲉϥ ϫⲉ ϩⲁⲙⲏⲛ ϯϫⲟⲩ ⲙ̄ⲙⲁⲥ
ⲛⲏⲧⲛ̄ ϫⲉ ⲙ̣ⲛ̄ ⲗⲁⲁⲩⲉ ⲛ̣ⲁⲟⲩϫⲉ
ⲉⲓ ⲉⲓⲙⲏⲧⲓ ⲛ̄ⲥⲉⲡⲓ[ⲥ]ⲧ̣[ⲉⲩⲉ] ⲁ̣ⲡⲁⲥ⳨ⲟⲥ
ⲛⲉⲛⲧⲁ[ϩ]ⲡⲓⲥⲧⲉⲩ[ⲉ ⲅⲁ]ⲣ̣ ⲁⲡⲁⲥ
⳨ⲟⲥ · ⲧⲱⲟⲩ ⲧⲉ ⲧⲙ̄ⲛ̄[ⲧ̄]ⲉⲣⲟ ⲙ̄ⲡ
{ⲡ}ⲛⲟⲩⲧⲉ ϣⲱ̣ⲡⲉ ϭⲉ ⲉⲣⲉⲧⲛ̄ϣⲓ
ⲛⲉ ⲛ̄ⲥⲁ ⲡⲙⲟⲩ ⲛ̄ⲑϩⲉ ⲛⲛⲉⲧⲙⲁ
ⲟⲩⲧ' ⲉⲧϣⲓⲛⲉ ⲛ̄ⲥⲁ ⲡⲱⲛ̄ϩ · ϣⲁϥ
ⲟⲩⲱⲛ̄ϩ ⲅⲁⲣ ⲁⲛⲉⲧ̄ⲙ̄ⲙⲉⲩ ⲛ̄ϭⲓ ⲡⲉ
ⲧⲟⲩϣⲓⲛⲉ ⲛ̄ⲥⲱϥ · ⲉⲩ ⲛ̄ⲇⲉ ⲡⲉⲧⲟ
ⲉⲓ ⲛⲉⲩ ⲛ̄ⲣⲁⲟⲩϣ ϩⲙ̄ ⲡ<ⲧ>ⲣⲉⲧⲉⲧⲛ̄ⲕⲱ
ⲧⲉ ⲛ̄ⲧⲱ̄ⲧ̄ⲛ̄ ϩⲁ ⲡⲣⲁ ⲙ̄ⲡⲙⲟⲩ ϥⲛⲁ
ⲧⲁⲙⲱ̄ⲧ̄ⲛ̄ ⲁⲧⲙ̄ⲛ̄ⲧ̄ⲥⲱ̄ⲧ̄ⲡ̄ · ⲉⲙⲙ̄ⲁ̄
ϯϫⲟⲩ ⲙ̄ⲙⲁⲥ ⲛⲏⲧⲛ̄ ϫⲉ {ⲛⲉ}ⲙⲛ̄ ⲗ̄ⲁⲩⲉ
ⲛⲁⲟⲩϫⲉⲉⲓ · ⲛ̄ⲛⲉⲧⲣ̄ ϩⲁϯⲉ ϩⲏⲧϥ̄
ⲙ̄ⲡⲙⲟⲩ · ⲧⲙ̄ⲛ̄ⲧ̄ⲣ̄ⲟ ⲛ̣̄ⲅⲁⲣ ⲙ̄ⲡⲙⲟⲩ̣ ·
ⲧⲁ ⲛⲉⲧⲟⲩⲙⲟⲩⲟⲩⲧ · ⲙ̄ⲙⲁⲩ ⲧⲉ
ϣⲱⲡⲉ ⲉⲣⲉⲧⲛ̄ⲥⲁⲧ̄ⲡ̄ ⲁⲣⲁⲉⲓ · ⲧⲛ̄
ⲧⲛ̄ ⲧⲏⲛⲉ ⲁⲡϣⲏⲣⲉ ⲙ̄ⲡⲉⲡⲛ̄ⲁ̄ ⲉⲧ
ⲟⲩⲁⲁⲃ · ⲧⲟⲧⲉ ⲁϩⲓ̈ϣⲛⲧϥ̄ ⲁⲛⲁⲕ
ϫⲉ ⲡϫⲁⲓ̈ⲥ ⲛ̄ⲉϣ ⲛ̄ⲥⲙⲁⲧ · ⲉⲛⲁϣⲣ̄
ⲡⲣⲟⲫⲏⲧⲉⲩⲉ · ⲛ̄ⲛⲉ̣ⲉⲓ ⲉⲧⲣ̄ⲁⲝⲓ
ⲟⲩ ⲙ̄ⲙⲁⲛ ⲁⲧⲣ̄ⲛ̄ⲣ̄ⲡⲣⲟⲫⲏⲧⲉⲩⲉ
ⲛⲉⲩ · ⲛⲁϣⲱⲟⲩ ⲅⲁⲣ ⲛ̄ϭⲓ ⲛⲉⲧⲣ̄ⲁⲓ
ⲧⲓ ⲙ̄ⲙⲁⲛ ⲁⲩⲱ ⲉⲧϭⲱϣ̄ⲧ̄ ⲁⲃⲁⲗ
ϩⲏⲧⲛ̄ ⲁⲧⲣⲟⲩⲥⲱⲧⲙ̄ ⲁⲩⲗⲟⲅⲟⲥ
ⲁⲃⲁⲗ ϩⲓ̈ⲧⲟⲟⲧⲛ̄ ⲁϩⲁⲡϫⲁⲉⲓⲥ
ⲟⲩⲱϣ̄ⲃ̄ ⲡⲉϫⲁϥ · ϫⲉ ⲛ̄ⲧⲉⲧⲛ̄
ⲥⲁⲩⲛⲉ ⲉⲛ · ϫⲉ ⲁⲩⲛⲟⲩϩⲉ ⲛ̄ⲧⲁⲡⲉ
ⲛ̄ⲧⲉⲡⲣⲟⲫⲏⲧⲓⲁ ⲙⲛ̄ ⲓ̈ⲱϩⲁⲛⲛⲏⲥ
ⲁⲛⲁⲕ ⲛ̄ⲇⲉ ⲡⲁϫⲏⲓ̈ ϫⲉ ⲡϫⲁⲓ̈ⲥ
{ϫⲉ} ⲙⲏⲧⲓ ⲟⲩⲛ̄ ϣϭⲁⲙ · ⲁϥⲉⲓ ⲛ̄

1 ⲁϥⲟ[ⲩⲱ]ϣⲃ̄ Kirchner: ⲁϥⲟ[ⲩⲱϣ]ⲃ̄ Malinine — 4 ⲛ̄ⲥⲉⲡⲓ[ⲥ]ⲧ̣[ⲉⲩⲉ] ⲁ̣ⲡⲁⲥ⳨ⲟⲥ: ⲛ̄ⲥⲉⲡⲓ[ⲥ]ⲧ[ⲉⲩⲉ ⲁ]ⲡⲁⲥ⳨ⲟⲥ Malinine: ⲛ̄ⲥⲉⲡⲓⲥ̣ⲧ[ⲉⲩⲉ] Kirchner — 5 ⲛⲉⲛⲧⲁ[ϩ]ⲡⲓⲥ-ⲧⲉⲩ[ⲉ ⲅⲁ]ⲣ̣: ⲛⲉⲛⲧⲁ[ ]ⲡⲓⲥⲧⲉⲩ[ⲉ ⲇⲉ] Malinine: ⲛⲉⲛⲧⲁ[ϩ]ⲡⲓⲥⲧⲉⲩⲉ̣ [ⲅⲁ]ⲣ̣ Kirchner — 6-7 ⲧⲙ̄ⲛ̄[ⲧ]ⲉⲣⲟ ⲙ̄ⲡ{ⲡ}ⲛⲟⲩⲧⲉ Malinine: ⲧⲙⲛ̄ⲧ̣ⲉⲣⲟ ⲙ̄ⲡ{ⲡ}ⲛⲟⲩⲧⲉ Cameron: ⲧⲙⲛ̄[ⲧ]ⲉⲣⲟ ⲙ̄ⲡⲡⲛⲟⲩⲧⲉ codex — 12-13 ⲡ<ⲧ>ⲣⲉⲧⲉⲧⲛ̄ⲕⲱⲧⲉ Malinine: ⲡⲣⲉⲧⲉⲧⲛ̄ⲕⲱⲧⲉ codex —

P. [6]

de toi!» Le Seigneur répondit et dit: «En vérité°, je vous le dis: Personne ne sera sauvé, s°'il n'a [foi]° en ma croix°. Car° ceux qui auront cru° en ma croix°, à eux est le Royaume de Dieu. Soyez donc à la recherche de la mort comme les morts qui cherchent la Vie, car° à ceux-là se révèle ce qu'ils cherchent. Mais° de quoi se soucient-ils? Si vous examinez la mort, elle vous enseignera l'élection. Car je vous le dis: personne ne sera sauvé de ceux qui craignent la mort. En effet°, le royaume de la mort appartient à ceux qui se tuent. Soyez meilleurs que moi, rendez-vous semblables au Fils de l'Esprit° Saint!» Alors° je lui demandai, moi: «Seigneur, comment pourrons-nous prophétiser° pour ceux qui nous demandent° de prophétiser° pour eux? Nombreux, en effet°, sont ceux qui nous sollicitent° et qui tendent l'oreille vers nous pour entendre une parole° de notre part». Le Seigneur répondit et dit: «Ne savez-vous pas qu'on a tranché la tête de la prophétie° avec Jean?» Mais° moi, je dis: «Seigneur, est-il donc° possible d'enlever

14 ⲉⲙⲙ̄ⲁ̄ codex: <ⲥ>ⲉⲙⲙⲁ Schenke — 15 {ⲛⲉ}ⲙⲛ̄ ⲗⲁⲩⲉ Malinine: ⲛⲉⲙⲛ̄ⲗ̄ⲁⲩⲉ codex — 16 ϩⲏⲧϥ̄: ϩⲏⲧ[ϥ̄] Malinine — 17 ⲧ̄ⲙⲛ̄ⲧ̄ⲣⲟ ⲛ̣̄ⲅⲁⲣ: ⲧⲙ̄ⲛ̄ⲧ̄ⲣ̄<ⲣ>ⲟ [ⲛ̄]ⲅⲁⲣ Malinine — 17-18 ⲙ̄ⲡⲙⲟⲩ ⲧⲁ codex: ⲙ̄ⲡ<ⲛ>ⲟⲩⲧ<ⲉ> Malinine: <ⲛ̄>ⲙⲡ<ⲏ>ⲟⲩ<ⲉ> Schenke: ⲙ̄ⲡ<ⲛ>ⲟⲩ̣<ⲧⲉ> ⲧⲁ Kirchner — 33 {ϫⲉ} Malinine

ⲧⲁⲡⲉ ⲛ̄ⲧⲉⲡⲣⲟⲫⲏⲧⲓⲁ ⲡⲁϫⲉ ⲡϫⲁⲉⲓⲥ ⲛⲏⲓ̈ ϫⲉ ϩⲟⲧⲁⲛ ⲉⲣⲉⲧⲛ̄ ϣⲁⲛⲙ̄ⲙⲉ ϫⲉ ⲉⲩ ⲡⲉ ⲁ̂ⲡⲉ ⲁⲩⲱ ϫⲉ ϣⲁⲣⲉⲧⲡⲣⲟⲫⲏⲧⲓⲁ ⲣ̄ ⲡⲃ̄ⲗ̄ ⲛ̄ⲧⲁ ⲡⲉ · ⲉⲣⲓⲛⲟⲉⲓ ϫⲉ ⲉⲩ ⲡⲉ ⲁϩⲟⲩϥⲓ

36 ⲉⲩ ⲡⲉ ⲁⲡⲉ codex: ⲉⲩ ⲡⲉ <ⲡϣⲉϫⲉ ϫⲉ> ⲁⲡⲉ Kirchner — 38 ⲉⲩ ⲡⲉ ⲁϩⲟⲩϥⲓ codex: ⲉⲩ ⲡⲉ <ϫⲉ> ⲁϩⲟⲩϥⲓ Kirchner

la tête de la prophétie[0]?» Le Seigneur me dit: «Si[0] vous savez ce qu'est "la tête", et que la prophétie[0] sort de la tête, comprenez[0] ce que signifie: "On lui a enlevé

ⲍ̄

ⲧⲉⲥⲁⲡ̣ⲉ · ⲁϩ[ⲓ̈ⲣ̄] ϣⲁⲣⲡ ⲉⲉⲓϣⲉ
ϫⲉ ⲛ̄ⲙ̄ⲙⲏⲧⲛ̄ ϩⲣⲏⲓ̈ ϩⲛ̄ ϩⲙ̄ⲡⲁⲣⲁ
ⲃⲟⲗⲏ ⲁⲩⲱ ⲛⲉⲣⲉⲧ̄ⲛ̄ⲣⲛⲟⲉⲓ
ⲉⲛ · ϯ[ⲛ]ⲟⲩ ⲁⲛ ϯϣⲉϫⲉ ⲛⲙ̄
ⲙⲏ[ⲧⲛ̄ ϩ]ⲛ̣̄ ⲟⲩⲱⲛ̄ϩ ⲁⲃⲁⲗ ⲁⲩⲱ
ⲛ̄ⲧⲉⲧ̣ⲛ̄ⲣ̄/ⲁⲓⲥⲑⲁⲛⲉ ⲉⲛ ⲁⲗⲗⲁ
ⲛ̄ⲧⲱⲧⲛ̄ ⲛⲉⲣⲉⲧ̄ⲛ̄ϣⲟⲟⲡ ⲛⲏⲓ̈
ⲛ̄ⲛⲟⲩⲡⲁⲣⲁⲃⲟⲗⲏ ϩⲣⲏⲓ̈ ϩⲛ̄ ϩⲙ̄
ⲡⲁⲣⲁⲃⲟⲗⲏ · ⲁⲩⲱ ⲙ̄ⲫⲁⲛⲉⲣⲟⲥ
ϩⲣⲏⲓ̈ ϩⲛⲛ ⲟⲩⲱⲛ̄ϩ ⲁⲃⲁⲗ ϭⲉⲡⲏ
ⲁⲧⲣⲉⲧ̄ⲛ̄ⲟⲩϫⲉⲉⲓ · ⲉⲩⲥⲁⲡⲥⲡ
ⲉⲛ ⲙ̄ⲙⲱⲧⲛ̄ ⲁⲗⲗⲁ ⲛ̄ⲧⲱⲧⲛ̄
ⲟⲩⲣⲁⲧ · ⲟⲩⲁⲉⲧ · ⲧⲏⲛⲉ ⲁⲩⲱ
ϣ̄ⲡⲉ ⲟⲩⲛ̄ ϭⲁⲙ ⲁⲣⲓ ϣⲁⲣⲡ̄ ⲁⲣⲁ
ⲉⲓ · ϩⲱⲱⲧ · ⲧⲉⲉⲓ ⲅⲁⲣ ⲧⲉ ⲑϩⲉ ·
ⲉⲧⲉⲣⲉ ⲡⲓⲱⲧ · ⲛⲁⲙ̄ⲣ̄ⲣⲉ ⲧⲏⲛⲉ
ϣⲱⲡⲉ̣ ⲉⲣⲉⲧⲛ̄ⲙⲁⲥⲧⲉ ⲛ̄ⲑⲩ
ⲡⲟⲕⲣⲓⲥⲓⲥ ⲁⲩⲱ ⲡⲙⲉⲩⲉ ⲛ̄ϩⲏⲧ ·
ⲉⲑⲁⲩ ⲡⲙⲉⲩⲉ ⲅⲁⲣ ⲛ̄ϩⲏⲧ · ⲛ̄ⲧⲁϥ
ⲡⲉ ⲉϣⲁϥϫⲡⲉ ⲑⲩⲡⲟⲕⲣⲓⲥⲓⲥ ·
ⲑⲩⲡⲟⲕⲣⲩⲥⲓⲥ ϩⲱⲱⲥ ⲟⲩⲏⲟⲩ ⲁ
ⲃⲁⲗ ⲛ̄ⲧⲙⲏⲉ · ⲙ̄ⲡⲱⲣ ⲁϩⲱⲕ̄ⲙ̄
ⲛ̄ⲧⲙ̄ⲛ̄ⲧⲣ̄ⲣⲟ ⲛ̄ⲙ̄ⲡⲏⲩⲉ ·
ⲉⲥⲧ̄ⲛ̄ⲧⲁⲛⲧ' ⲛⲅⲁⲣ ⲁⲩ<ϣ>ⲗ̄ϩ̄ ⲛⲃ̄ⲛ̄
ⲛⲉ · ⲉⲛⲧⲁϩⲁⲛⲉϥⲕⲁⲣⲡⲟⲥ ϩⲉϯⲉ
ⲙ̄ⲡⲉϥⲕⲱⲧⲉ · ⲁϥⲧⲉⲩⲟ ⲁⲃⲁⲗ ⲛ̄
ϩⲉⲛϭⲱⲃⲉ ⲁⲩⲱ ⲛ̄ⲧⲁⲣⲟⲩϯ ⲟⲩⲱ
ⲁϩⲟⲩⲧⲣⲉⲧⲁⲧⲉ ϣⲁⲩⲉⲓⲉ · ⲧⲉ
ⲉⲓ ⲁⲛ ⲧⲉ ⲑⲉ ⲙ̄ⲡⲕⲁⲣⲡⲟⲥ ⲛ̄ⲧⲁϩ
ϣⲱⲡⲉ · ⲁⲃⲁⲗ ϩⲛ̄ ϯⲛⲟⲩⲛⲉ ⲛ̄
ⲟⲩⲱⲧ' ⲛ̄ⲧⲁⲣⲟⲩⲧⲁⲕⲛ̄ϥ ⲁⲩ
ϫⲡⲟ ⲛ̄ϩⲛ̄ⲕⲁⲣⲡⲟⲥ ϩⲓ̈ⲧⲛ̄ ϩⲁϩ ·
ⲛⲉⲛⲁⲛⲟⲩⲥ ⲙ̄ⲙⲉⲛ ⲡⲉ · ⲉⲛⲉ
ⲟⲩⲛ̄ ϣϭⲁⲙ ϯⲛⲟⲩ ⲁⲣ̄ ⲛⲓⲧⲱ

1 ⲁϩ[ⲓ̈ⲣ̄]ϣⲁⲣⲡ Malinine — 4 ϯ[ⲛ]ⲟⲩ Malinine — 4-5 ⲛ̄ⲙ̄ⲙⲏ[ⲧⲛ̄ ϩ]ⲛ̣̄ Malinine: ⲛ̄ⲙ̄ⲙⲏⲧ̣[ⲛ] ϩⲛ̣̄ Kirchner: ⲛ̄ⲙ̄ⲙⲏⲧ[ⲛ ϩ]ⲛ̄ Williams — 6 ⲛⲧⲉⲧ̣ⲛ̄ⲣ̄ⲁⲓⲥⲑⲁⲛⲉ codex: ⲛ̄ⲧⲉ[ⲧ]ⲛ̄ⲣ̄ⲁⲓⲥⲑⲁⲛⲉ Malinine — 10 ⲟⲩⲱⲛ̄ϩ Malinine: ⲟⲩⲟⲟⲛ̄ϩ Kipgen — 24 ⲁⲩ<ϣ>ⲗ̄ϩ̄ Malinine: ⲁⲩⲱⲗ̄ϩ̄ codex — 24-26 ⲛⲃ̄ⲛ̄ⲛⲉ · ⲉⲛⲧⲁϩⲁⲛⲉϥⲕⲁⲣⲡⲟⲥ ϩⲉϯⲉ ⲙ̄ⲡⲉϥⲕⲱⲧⲉ

P. 7

la tête"», Je vous ai d'abord parlé en paraboles [0] et vous ne compreniez [0] pas. Maintenant à nouveau, je vous parle en langage clair et vous ne saisissez [0] pas. Or [0], vous, vous étiez pour moi une parabole [0] en (langage) parabolique [0], et clairs [0] en (langage) clair. Hâtez-vous de vous sauver, sans qu'on vous en prie. Mais [0] préparez-vous vous-mêmes et, si c'est possible, devancez-moi, moi-même. Car [0] c'est de cette façon que le Père vous aimera. Haïssez l'hypocrisie [0] et la pensée mauvaise! Car [0] c'est la pensée (mauvaise) qui engendre l'hypocrisie [0]. L'hypocrisie [0], elle, est éloignée de la vérité. Ne laissez pas dépérir le Royaume des cieux! Car [0] il ressemble à une branche de dattier dont les fruits [0] se sont répandus autour d'elle. Elle a produit des feuilles et lorsqu'elles ont éclos, elles ont fait se dessécher la moëlle. Ainsi en est-il du fruit [0] qui a été produit à partir de cette racine unique: lorsqu'il fut planté, des fruits [0] ont été engendrés par beaucoup (*sc.* de pousses). Ce serait certes [0] une bonne chose, s'il y avait maintenant possibilité de produire pour toi

codex: ⲛ<ⲧ>ⲃⲛ̄ⲛⲉ ⲉⲛⲧⲁϩⲁⲛⲉ<ⲥ> ⲕⲁⲣⲡⲟⲥ ϩⲉϯⲉ ⲙ̄ⲡⲉ<ⲥ>ⲕⲱⲧⲉ Schenke: ⲛ<ⲛⲟⲩ>ⲃⲛ̄ⲛⲉ... Kirchner — 26 ⲁϥⲧⲉⲩⲟ codex: ⲁ<ⲩ>ⲧⲉⲩⲟ Kirchner — 31 ⲛ̄ⲧⲁ-ⲣⲟⲩⲧⲁⲕ̄ⲛ̄ϥ̄ codex: ⲧⲁⲕ<ⲙ̄>ϥ Zandee: ⲧⲁⲕ{ⲛ̄}ϥ Till — 32 ϩⲓ̈ⲧⲛ ϩⲁϩ codex: ϩⲓ̈ⲧⲛ̄ ϩⲁϩ <ⲛⲕⲱⲃ>? Schenke

ϭⲉ ⲃ̅ⲃⲣ̅ⲣⲉ · ⲛⲉⲕ ⲁϭⲛⲧ̅ⲥ̅ · ⲉⲡⲉ<ⲓ> ⲁϩⲓ̈ϫⲓ ⲉⲁⲩ ϩⲓ̈ ⲛⲉⲉⲓ ϩⲁⲑⲏ ⲙ̅ⲡⲓ ⲟⲩⲁⲉⲓϣ · ⲉⲧⲃⲉ ⲉⲩ ⲧⲉⲧⲛ̅ⲣ̅ⲕⲁ ⲧⲉϫⲉ ⲙ̅ⲙⲁⲉⲓ ⲉⲉⲓϭⲉⲡⲏ ⲁⲃⲱⲕ

35 ⲛⲉⲕ ⲁ<ϫ>ⲛⲧⲥ cf. comm: ⲛⲉⲕ ⲁϭⲛⲧⲥ codex: ⲛⲉⲕ<ⲛ>ⲁϭⲛⲧⲥ Schenke: ⲛⲉⲕ<ⲛⲉⲕⲛ>ⲁϭⲛⲧⲥ̅ Kirchner: ⲛⲉⲕ<ⲛⲉⲕ>ⲁϭⲛⲧ̅ⲥ̅ Williams // ⲉⲡⲉ<ⲓ> Malinine: ⲉⲡϭⲉ codex: ⲉⲡⲉ<ⲥ><ⲉⲁⲩ...> Schenke

de nouveaux plants sans elle. Puisque[0] j'ai déjà été glorifié en cela avant ce temps, pourquoi me retenez[0]-vous, alors que j'ai hâte de partir?

ⲏ̣̅

ⲙⲛ̅ⲛ̅ⲥ̣ⲁ ⲡϩ[ⲁⲓ]ⲉ ⲅ̣ⲁⲣ ϩⲁⲧⲉⲧⲛ̅ϯ
ⲁⲛⲁⲅⲕⲏ ⲁⲣⲁⲉⲓ· ⲁⲧⲣⲁϭⲱ ϩⲁⲧⲛ̅ ⲧⲏ
ⲛⲉ· ⲛ̅ⲕⲉⲙⲛ̅ⲧϣⲙⲏ̣<ⲛ> ⲛ̅ϩⲟⲟⲩ ⲉ
ⲧⲃⲉ ⲙ̅ⲡⲁⲣⲁⲃⲟⲗⲏ ⲛ̣ⲉ̣ⲥⲣⲱϣⲉ ⲡⲉ
ⲛ̅ϩⲉⲛⲣⲱⲙⲉ· ⲁⲩⲥⲱ[ⲧⲙ̅] ⲛ̅ⲥⲁ ⲧⲥⲉ
ⲃⲟ· ⲁⲩⲱ ⲛⲥⲉⲣ̅ⲛⲟⲓ̈ ⲛ̅ⲛ̅ϣ[ⲟ]ⲟⲥ ⲁⲩⲱ
ⲡϫⲟ ⲁⲩⲱ ⲡⲕϣ̣ⲧ· ⲁⲩⲱ ⲛ̅ϩⲃ̅ⲥ̅ ⲛ̅ⲙ̅
ⲡⲁⲣⲑⲉⲛⲟⲥ· ⲁⲩⲱ ⲡⲃⲉⲕⲉ ⲛ̅ⲛⲉⲣ
ⲅⲁⲧⲏⲥ ⲁⲩⲱ ⲛⲉⲕⲉⲓⲁϯ ⲁⲩⲱ ⲧⲥϩⲓ̈
ⲙⲉ· ϣⲱⲡⲉ ⲛ̅ⲣⲉϥϭⲉⲡⲏ ϩⲁ ⲡⲣⲁ
ⲙ̅ⲡⲗⲟⲅⲟⲥ ⲡⲗⲟⲅⲟⲥ ⲛ̅ⲅⲁⲣ· ϣⲁ
ⲣⲡ̅ ⲙⲉⲛ ⲡⲉϥⲣⲁ ⲡⲉ ⲧⲡⲓⲥⲧⲓⲥ
ⲡⲙⲁϩⲥⲛⲉⲩ ⲡⲉ ⲧⲁⲅⲁⲡⲏ ⲡⲙⲁϩ
ϣⲁⲙⲛ̅ⲧ ⲡⲉ ⲛⲉϩⲃⲏⲩⲉ· ⲉϣⲁϥϣⲱ
ⲡⲉ ⲅⲁⲣ ⲁⲃⲁⲗ ϩ̅ⲛ ⲛⲉⲉⲓ ⲛ̅ϭⲓ ⲡⲱⲛ̅ϩ
ⲡⲗⲟⲅⲟⲥ ⲛ̅ⲅⲁⲣ ⲉϥⲧⲛ̅ⲧⲱⲛ ⲁⲩ
ⲃⲗ̅ⲃⲓⲗⲉ ⲛ̅ⲥⲟⲩⲟ· ⲡⲉ̣ⲉⲓ ⲛ̅ⲧⲁⲣⲉⲟⲩ
ⲉⲉⲓ ϫⲁϥ· ⲁϥⲧⲁⲛϩⲟⲩⲧϥ̅· ⲁⲩⲱ ⲛ̅
ⲧⲁⲣⲉϥⲣⲱⲧ ⲁϥⲙⲣ̅ⲣⲓⲧϥ̅· ⲉⲁϥⲛⲉⲩ
ⲁϩⲁϩ ⲃ̅ⲃⲗ̅ⲃⲓⲗⲉ· ⲁⲡⲙⲁ ⲛ̅ⲟⲩⲉⲓⲉ· ⲁⲩⲱ
ⲛ̅ⲧⲁⲣⲉϥⲣ̅ ϩⲱⲃ· ⲁϥⲟⲩϫⲉⲉⲓ· ⲉⲁϥ
ⲧⲥⲉⲛⲁϥ ⲛ̅ⲛⲟⲩϩⲣⲉ· ⲡⲁⲗⲓⲛ ⲁϥ
ϣⲱϫⲡ̅· ⲁϫⲟ· ⲧⲉⲉⲓ ⲁⲛ ⲧⲉ· ⲑⲉ
ⲉⲧⲉ ⲟⲩⲛ̅ ϭⲁⲙ ⲙ̅ⲙⲱⲧⲛ̅ ⲛ̅ϫⲓ ⲁ
ⲣⲱⲧⲛ̅ ⲛ̅ⲧⲙⲛ̅ⲧⲣ̅ⲣⲟ ⲛ̅ⲙ̅ⲡⲏⲩⲉ·
ⲧⲉⲉⲓ ⲉⲣⲉⲧⲛ̅ⲧⲙ̅ϫⲓⲧⲥ̅ ϩⲓ̈ⲧⲛ̅ ⲟⲩⲅⲛⲱ
ⲥⲓⲥ· ⲛ̅ⲧⲉⲧⲛⲁϣ ϭⲓⲛ̅ⲧ̅ⲥ̅ ⲉⲛ· ⲉⲧⲃⲉ
ⲡⲉⲉⲓ ϯϫⲟⲩ ⲙ̅ⲙⲁⲥ ⲛ̅ⲛⲏⲧⲛ̅ ϫⲉ
ⲉⲣⲓⲛⲏⲫⲉ· ⲙ̆ⲡⲱⲣ’ ⲁⲣ̅ⲡⲗⲁⲛⲁ
ⲁⲩⲱ ϩⲁϩ ⲛ̅ⲥⲁⲡ ⲁϩⲓ̈ϫⲟⲟⲥ ⲛⲏⲧⲛ̅ ⲙⲛ̅
ⲛⲉⲧⲛ̅ⲉⲣⲏⲩ· ⲁⲩⲱ ⲁⲛ ⲛ̅ⲧⲁⲕ ⲟⲩⲁ
ⲉⲉⲧⲕ̅ ⲱ ⲓ̈ⲁⲕⲕⲱⲃⲟⲥ ⲁϩⲓ̈ϫⲟ
ⲟⲥ ϫⲉ ⲟⲩϫⲉⲉⲓ· ⲁⲩⲱ ⲁϩⲓ̈ϩⲱⲛ

1 ⲙⲛ̅ⲛ̅ⲥ̣ⲁ ⲡϩ[ⲁⲓ]ⲉ Kasser: ⲙⲛ̅ⲛ̅[ⲥⲁ] ⲡϩ[ⲟⲟⲩ]ⲉ̣ Malinine: ⲡϩ[ⲙ]ⲉ̣ Schenke: ⲡϩ[ⲓⲥ]ⲉ Kirchner — 3 ⲛⲕⲉⲙⲛ̅ⲧϣⲙⲏ̣<ⲛ> ou ϣⲙ<ⲏ>ⲛ̣ ⲛ̅ϩⲟⲟⲩ Malinine: <ⲛ̅ⲉⲃⲟⲧⲉ> Robinson — 4 ⲛ̣ⲉ̣ⲥⲣⲱϣⲉ: [ⲛⲉ]ⲥⲣⲱϣⲉ Malinine — 5 ⲁⲩⲥⲱ[ⲧⲙ̅] Malinine: ⲁ<ⲧⲣⲟ>ⲩⲥⲱ[ⲧⲙ] Williams — 5-6 ⲧⲥⲉⲃⲟ codex: <ⲡ>ⲧⲥⲉⲃⲟ Schenke —

P. 8

Après la fin, en effet°, vous m'avez contraint° à rester auprès de vous encore dix-huit jours à cause des paraboles°. C'était suffisant pour des hommes: ils ont écouté l'enseignement et ils ont compris° «les Bergers», «la Semence», «la Construction», «les Lampes des vierges°», «le Salaire des travailleurs°», «les Didrachmes et la Femme». Soyez empressés pour le verbe°. Car° le verbe°, certes°, son état est premièrement la foi°, le deuxième, c'est la charité°, le troisième, ce sont les oeuvres. C'est d'elles, en effet°, que provient la Vie. Car° le verbe° ressemble à un grain de froment: une fois que quelqu'un l'a semé, il y a mis sa confiance, et, quand il a poussé, il l'a aimé, parce qu'il a vu de nombreux grains à la place d'un (seul), et lorsqu'il a travaillé, il fut sauvé, l'ayant rangé comme nourriture. En outre°, il (en) a réservé pour semer. C'est ainsi également qu'il vous est possible de recevoir le Royaume des cieux. Celui-ci, à moins de le recevoir par la Connaissance°, vous ne pourrez le trouver. Voilà pourquoi je vous dis: Soyez vigilants°, n'errez° pas! Et à maintes reprises, je vous ai dit, à vous et à vos compagnons, et également à toi-même, Jacques, je (l')ai dit: "Sauve-toi". Et je t'ai

6 ⲛ̄ⲛϣ[ⲟ]ⲟⲥ Malinine — 11 ⲡⲗⲟⲅⲟⲥ ⲛ̄ⲅⲁⲣ, au-dessus du ⲗ on distingue ϣⲉ effacé — 11-12 ϣⲁⲣⲡ̄ ⲙⲉⲛ ⲡⲉϥⲣⲁ ⲡⲉ ⲧⲡⲓⲥⲧⲓⲥ codex: <ⲡⲉϥ> <ⲣⲁ ⲛ̄ϣⲁⲣⲡ̄> ⲡⲉ ⲧⲡⲓⲥⲧⲓⲥ Kirchner — 17 ⲡⲉ̣ⲉⲓ: ⲡ[ⲉ]ⲉⲓ Malinine — 31 ⲛⲉⲧⲛ̄ⲉⲣⲏⲩ <ϫⲉ ⲟⲩϫⲉⲉⲓ> Schenke — 31-33 ⲁⲩⲱ ⲁⲛ ⲛ̄ⲧⲁⲕ ⲟⲩⲁⲉⲉⲧⲕ̄ ⲱ ⲓ̈ⲁⲕⲕⲱⲃⲟⲥ {ⲁϩⲓ̈ϫⲟⲟⲥ ϫⲉ ⲟⲩϫⲉⲉⲓ ⲁⲩⲱ} ⲁϩⲓ̈ϩⲱⲛ Schenke

ⲁⲧⲟⲟⲧⲕ̄ ⲁⲧⲣⲉⲕⲟⲩⲁϩⲕ̄ ⲛ̄ⲥⲱⲉⲓ
ⲁⲩⲱ ⲁϩⲓ̈ⲧⲥⲉⲃⲉ ⲉⲓⲉⲧⲕ ⲁⲃⲁⲗ
ⲁⲑⲩⲡⲟⲑⲉⲥⲓⲥ ⲛ̄ⲛⲁϩⲣ̄ⲛ̄ ⲛ̄ⲛ̄ⲁⲣⲭⲱⲛ
ⲉⲛⲉⲩ ϫⲉ ⲁⲛⲁⲕ ⲁϩⲓ̈ⲉⲓ̂ ⲁⲡⲓⲧⲛ̄
ⲁⲩⲱ ⲁϩⲓ̈ϣⲉϫⲉ ⲁⲩⲱ ⲁϩ<ⲓ>ⲣ̄ⲥⲕⲩⲗⲗⲉ
ⲙ̄ⲙⲁⲉⲓ ⲁⲩⲱ ⲁϩⲓ̈ϥⲓ ⲙ̄ⲡⲁⲕⲗⲁⲙ’

38 ⲁϩ<ⲓ>ⲣ̄ⲥⲕⲩⲗⲗⲉ Malinine

ordonné de me suivre,
et je t'ai instruit
de la conduite[0] (à tenir) en présence des magistrats[0].
Voyez: Je suis descendu,
j'ai parlé, j'ai été maltraité[0],
j'ai porté ma couronne,

ⲑ̄

ⲛ̄ⲧⲁⲣⲓⲛⲟⲩϩⲙ̄ ⲙ̄ⲙⲱⲧⲛ̄ ⲁϩⲓ̈
ⲉⲓ ⲅⲁⲣ ⲁⲡⲓⲧⲛ̄ ⲁⲧⲣⲁⲟⲩⲱϩ ⲛ̄ⲙ̄
ⲙⲏⲧⲛ̄ ϫⲉⲕⲁⲥⲉ· ⲉ<ⲣⲉⲧ>ⲛⲁⲟⲩ
ⲱϩ ⲛ̣̄ⲙ̄ⲙⲏⲓ̈ ϩⲱⲧ· ⲧⲏⲛⲉ ⲁⲩⲱ
ⲛ̄ⲧⲁⲣⲓϭⲓⲛⲉ ⲛ̄ⲛⲉⲧⲛ̄ⲛⲏⲉⲓ· ⲉ
ⲙⲛ̄ ⲙⲉⲗⲱⲧ̣ ϩⲓ̈ⲱⲟⲩ ⲛ̄ⲧⲁϩⲓ̈ⲟⲩ
ⲏϩ ϩⲛ̄ⲛ ⲛⲏⲉⲓ ⲉⲧⲛⲁϣ ϣⲁⲡ̄ⲧ̄
ⲁⲣⲁⲩ ⲙ̄ⲡⲥⲁⲡ ⲉⲉⲓϣⲁⲛⲉ̄ⲓ̄ ⲁ
ⲡⲓⲧⲛ̄ ⲉⲧⲃⲉ ⲡⲉⲉⲓ ⲡⲉⲓⲑⲉ
ⲛⲏⲉⲓ ⲱ̂ ⲛⲁⲥⲛⲏⲩ ⲉⲣⲓⲛⲟⲉⲓ ϫⲉ
ⲉⲩ ⲡⲉ· ⲡⲛⲁϭ ⲛ̄ⲟⲩⲁⲉⲓⲛ ⲡⲓⲱⲧ’
ⲣ̄ⲭⲣⲓⲁ ⲉⲛ ⲙ̄ⲙⲁⲉⲓ· ⲙⲁⲣⲉ
ⲓ̈ⲱⲧ ⲅⲁⲣ ⲣ̄ⲭⲣⲉⲓⲁ ⲛ̄ϣⲏⲣⲉ ⲁⲗ
ⲗⲁ ⲡϣⲏⲣⲉ ⲡⲉ ⲉϣⲁϥⲣ̄ⲭⲣⲉⲓⲁ
ⲙ̄ⲡⲓⲱⲧ ⲉⲉⲓⲡⲏⲧ· ⲁⲣⲉⲧ̄ϥ̄ ⲙ̄
ⲡⲉⲧⲙ̄ⲙⲉⲩ ⲛ̄ϥ̄ϣⲁⲁⲧ· ⲛ̄ⲅⲁⲣ
ⲙ̄ⲙⲱⲧⲛ̄ ⲉⲛ ⲛ̄ϭⲓ ⲡⲓⲱⲧ· ⲙ̄ⲡϣⲏ
ⲣⲉ· ⲥⲱⲧⲙ̄ ⲛ̄ⲥⲁ ⲡⲗⲟⲅⲟⲥ·
ⲉⲣⲓⲛⲟⲉⲓ ⲛ̄ⲧⲅⲛⲱⲥⲓⲥ· ⲙ̄ⲣ̄ⲣⲉ ⲡⲱ
ⲱⲛ̄ϩ̄ ⲁⲩⲱ ⲙⲛ̄ ⲗⲁⲩⲉ ⲛⲁⲡⲱⲧ
ⲛ̄ⲥⲁ ⲧⲏⲛⲉ· ⲟⲩⲧⲉ ⲙⲛ̄ ⲗⲁⲩⲉ
ⲛⲁⲗⲱϫ̄ϩ̄ ⲙ̄ⲙⲱⲧⲛ̄ ϩⲓ̈ⲃⲁⲗ
ⲛ̄ⲥⲁⲃⲏⲗ ⲁⲣⲱⲧ̄ⲛ̄ ⲟⲩⲁⲉⲧ· ⲧⲏⲛⲉ
ⲱ̂ ⲛ̄ⲧⲁⲗⲁⲓⲡⲱⲣⲟⲥ ⲱ̂ ⲛ̄
ⲕⲁⲕⲟⲇⲁⲓⲙⲱⲛ ⲱ̂ ⲛ̄
ϩⲩ̈ⲡⲟⲕⲣⲓ̈ⲧⲏⲥ ⲛ̄ⲧⲙⲏⲉ·
ⲱ̂ ⲛ̄ⲣ̄ⲙ̄ⲛ̄ⲛⲟⲩϫ ⲛ̄ⲧⲅⲛⲱⲥⲓⲥ·
ⲱ̂ <ⲙ̄>ⲡⲁⲣⲁⲃⲁⲧⲏⲥ ⲙⲡⲛⲉⲩⲙⲁ
ϩⲓ̈ⲉ ϣⲁ ϯⲛⲟⲩ ⲁⲛ ⲧⲉⲧ̄ⲛ̄ⲣ̄ϩⲩⲡⲟ
ⲙⲓⲛⲉ ⲁⲥⲱⲧⲙ̄ ⲉϣϣⲉ ⲁⲣⲱ
ⲧⲛ̄ ⲁϣⲉϫⲉ ϫⲓⲛ̄ⲛ̄ ϣⲁⲣⲡ̄ ϩⲓ̈ⲉ
ϯⲛⲟⲩ ⲁⲛ ⲧⲉⲧ̄ⲛ̄ⲣ̄ϩⲩ̈ⲡⲟⲙⲓⲛⲉ ⲁⲛ
ⲕⲁⲧⲕⲉ ⲉϣϣⲉ ⲁⲣⲱⲧ̄ⲛ̄ ⲁⲣⲁⲓ̈ⲥ
ϫⲓⲛⲛ̄ ϣⲁⲣⲡ̄ ϫⲉⲕⲁⲥⲉ ⲉⲥⲛⲁ·
ϣⲉⲡ ⲧⲏⲛⲉ· ⲁⲣⲁⲥ ⲛ̄ϭⲓ ⲧⲙⲛ̄ⲧ̄ⲣ̄ⲣⲟ
ⲛ̄ⲙⲡⲏⲩⲉ

3-4 ⲉ<ⲣⲉⲧ>ⲛⲁⲟⲩⲱϩ Malinine: ⲉⲧⲣⲉⲛⲁⲟⲩⲱϩ codex — 6 ⲙⲉⲗⲱⲧ: ⲙⲉⲗⲱ[ⲧ] Malinine — 16 ⲡⲉⲧⲙ̄ⲙⲉⲩ <ⲟⲩⲁϩ ⲛ̄ⲥⲁ ⲙ̄ⲡϣⲏⲣⲉ> Schenke — 17 ⲙ̄ⲡϣⲏⲣⲉ <ⲁⲗⲗⲁ

P. 9

lorsque je vous ai sauvés. Je suis descendu, en effet[0], pour habiter avec vous, afin que, vous aussi, vous demeuriez avec moi. Et ayant trouvé vos maisons sans toit, j'ai demeuré dans les maisons qui pourraient me recevoir au moment où je descendrais. C'est pourquoi obéissez-moi ô[0] mes frères. Comprenez[0] ce qu'est la grande Lumière. Le Père n'a pas besoin[0] de moi. Un père, en effet[0], n'a pas besoin[0] de son fils, mais[0] c'est le fils qui a besoin[0] du père. C'est vers lui que je me hâte, car[0] le Père du Fils n'a pas besoin de vous. Écoutez le verbe[0], comprenez[0] la Connaissance[0], aimez la Vie, et personne ne vous persécutera, ni[0] personne ne vous opprimera hormis vous seuls. Ô[0] misérables[0], ô[0] infortunés[0], ô[0] contrefacteurs[0] de la Vérité, ô[0] falsificateurs de la Connaissance[0], ô transgresseurs[0] de l'Esprit[0]! Maintenant encore, vous persistez[0] à écouter, alors qu'il vous convient de parler depuis le début? Maintenant encore, vous persistez[0] à dormir alors qu'il vous faut veiller depuis le début afin que le Royaume des cieux vous acceuille.

ⲛ̄ⲧⲱⲧⲛ̄ ⲙ̄ⲙⲁϥ> Schenke — 28 <ⲙ̄>ⲡⲁⲣⲁⲃⲁⲧⲏⲥ Malinine: ⲡⲁⲣⲁⲃⲁⲧⲏⲥ codex // ⲙ̄ⲡⲛⲉⲩⲙⲁ codex, lire ⲙ̄ⲡⲡⲛⲉⲩⲙⲁ: ⲙ̄<ⲡⲉ>ⲡⲛⲉⲩⲙⲁ Malinine — 36 Le mot ⲛ̄ⲙⲡⲏⲩⲉ est à demi entouré d'une ligne décorative (chevrons)

ⲓ̅

ⲥⲉ ⲙⲙⲁⲛ ϯϫⲟⲩ ⲙ̅ⲙⲁⲥ ⲛⲏⲧ̅ⲛ̅
ϫⲉ ⲥⲙⲁⲧ̅ⲛ̅ ⲁⲧⲣⲉⲟⲩⲡⲉⲧⲟⲩⲁ
ⲁⲃ· ⲉⲓ ⲁⲡⲓⲧ̅ⲛ̅ ⲁⲩϫⲱϩ̅ⲙ̅ ⲁⲩⲱ ⲛ̅
ⲧⲉⲟⲩⲣ̅ⲙ̅ⲛ̅ⲟⲩⲁⲉⲓⲛ ⲉⲓ̂ ⲁⲡⲓⲧ̅ⲛ̅
ⲁⲡⲕⲉⲕⲉⲓ ⲛ̅ϩⲟⲩⲟ ⲁⲣⲱⲧ̅ⲛ̅ ⲁⲣ̅ ⲣ̅
ⲣⲟ ⲏ̆ ⲁⲧⲙ̅ⲉⲓⲣⲉ· ⲁϩⲓ̈ⲣ̅ ⲡⲙⲉⲩⲉ
ⲛ̅ⲛⲉⲧⲛ̅ⲣ̅ⲙⲉⲓⲉ̣ ⲙ̅ⲛ̅ ⲡⲉⲧⲛ̅ϩⲏⲃⲉ
ⲁⲩⲱ ⲧⲉⲧ̅ⲛ̅ⲗⲩⲡⲏ· ⲥⲉⲟⲩⲏⲟⲩ ⲙ̅
ⲙⲁⲛ ϯⲛⲟⲩ ϭⲉ ⲱ ⲛⲉⲧϣⲟⲟⲡ
ⲙ̅ⲡⲃ̅ⲗ̅ ⲛ̅ⲧⲉⲕⲗⲏⲣⲟⲛⲟⲙⲓⲁ ⲙ̅
ⲡⲓⲱⲧ· ⲣⲓⲙⲉ ϩ̅ⲙ̅ ⲡⲙⲁ ⲉⲧⲉϣϣⲉ
ⲁⲩⲱ ⲛ̅ⲧⲉⲧ̅ⲛ̅ⲣ̅ ϩⲏⲃⲉ ⲁⲩⲱ ⲛ̅ⲧⲉ
ⲧ̅ⲛ̅ⲧⲁϣⲉ ⲁⲉⲓϣ ⲙ̅ⲡ̅ⲡⲉⲧⲛⲁⲛⲟⲩϥ
ϩⲱⲥ ⲉⲣⲉⲡϣⲏⲣⲉ ⲛⲛⲁ·· ⲁϩⲣⲏⲓ̈ ⲕⲁ
ⲗⲱⲥ· ⲥⲉ· ⲙ̅ⲙⲁⲛ· ϯϫⲟⲩ ⲙ̅ⲙⲁⲥ
ⲛⲏⲧ̅ⲛ̅ ϫⲉ ⲉⲛⲉⲛⲧⲁϩⲟⲩⲧ̅ⲛ̅ⲛⲁⲟⲩⲧ
ϣⲁ ⲛⲉⲧⲥⲱⲧ̅ⲙ̅ ⲁⲣⲁⲉⲓ· ⲁⲩⲱ ⲉ
ⲛⲉⲛⲧⲁⲉⲓϣⲉϫⲉ ⲙ̅ⲛ̅ ⲛⲉⲧⲙ̅·
ⲙⲉⲩ· ⲛⲉⲉⲓⲛⲁⲃⲱⲕ ⲉⲛ ⲁϩⲣⲏⲉⲓ
ⲁⲛⲏϩⲉ ϩⲓ̈ϫ̅ⲙ̅ ⲡⲕⲁϩ ⲧⲉⲛⲟⲩ ϭⲉ
ⲗⲟⲓⲡⲟⲛ ϣⲓⲡⲉ ⲁϫ̅ⲛ̅ ⲛⲉⲧ̅ⲙ̅ⲙⲉⲩ
ⲉⲓⲥ ϩⲏⲏⲧⲉ ϯⲛⲁⲟⲩⲁⲉⲓⲉ· ⲁⲣⲱⲧ̅ⲛ̅
ⲛ̅<ⲧⲁ>ⲃⲱⲕ ⲁⲩⲱ ⲛϯⲟⲩⲱϣⲉ ⲉⲛ’
ⲁϭⲱ ⲁⲡⲉϩⲟⲩⲟ ϩⲁⲧ̅ⲛ̅ ⲧⲏⲛ̀ⲉ· ⲛ̅ⲑⲉ
ϩⲱⲧ ⲧⲏⲩⲧ̅ⲛ̅ ⲉⲧⲉⲙ̅ⲡⲉⲧ̅ⲛ̅ⲟⲩ
ⲱϣⲉ· ϯⲛⲟⲩ ϭⲉ ⲟⲩⲱϩ ⲧⲏⲛⲉ
ⲛ̅ⲥⲱⲓ̈ ϩ̅ⲛ̅ ⲟⲩϭⲉⲡⲏ· ⲉⲧⲃⲉ ⲡⲉⲉⲓ
ϯϫⲟⲩ ⲙⲙⲁⲥ ⲛⲏⲧ̅ⲛ̅ ⲉⲧⲃⲉ ⲧⲏⲛⲉ
ⲛ̅ⲧⲁϩⲓⲉⲓ ⲁⲡⲓⲧ̅ⲛ̅ ⲛ̅ⲧⲱⲧ̅ⲛ̅ ⲡⲉ
ⲙ̅ⲙⲉⲣⲉϯ· ⲛ̅ⲧⲱⲧ̅ⲛ̅ ⲡⲉ ⲛⲉ
ⲧⲛⲁϣⲱⲡⲉ ⲛ̅ⲁⲓⲧⲓⲟⲥ ⲙ̅ⲡⲱⲛ̅ϩ̅
ϩ̅ⲛ̅ ϩⲁϩ· ⲉⲣⲓⲡⲁⲣⲁⲕⲁⲗⲉⲓ ⲙ̅ⲡⲓⲱ`ⲧ´
ⲧⲱⲃϩ̅ ⲙ̅ⲡⲛⲟⲩⲧⲉ· ⲛ̅ϩⲁϩ ⲛ̅ⲥⲁⲡ

16 ϫⲉ <ⲉⲓⲙⲏⲧⲓ> Schenke — 17-18 ⲉⲛⲉⲛⲧⲁⲉⲓ <ⲟⲩⲉϣ>ϣⲉϫⲉ Schenke — 21 <ϩ>ⲁϫ̅ⲛ̅ Mueller — 23 <ⲧⲁ>ⲃⲱⲕ ou ⲛ̅<ⲧⲁ>ⲃⲱⲕ Malinine: ⲛ̅ϯⲃⲱⲕ codex — 28 ⲛⲏⲧ̅ⲛ̅ <ϫⲉ> Kirchner — 32 ⲙ̅ⲡⲓⲱ`ⲧ´ Le ⲧ est ajouté au-dessus de la ligne

P. 10

Oui vraiment, je vous le dis: il est plus facile à un (homme) pur de tomber dans l'impureté et à un homme de lumière de tomber dans l'obscurité qu'à vous de régner ou[0] non. Je me suis souvenu de vos larmes, de votre deuil, et de votre chagrin[0]: ils sont loin de nous. Maintenant donc, ô[0] (vous) qui êtes hors de l'héritage[0] du Père, pleurez là où il le faut, gémissez et proclamez le bien puisque[0] le Fils monte bel et bien[0]! Oui vraiment, je vous le dis: si j'avais été envoyé vers ceux qui m'écoutent et si je leur avais parlé, je ne serais jamais descendu sur la terre. Maintenant donc, ayez-en honte désormais[0]. Voici que je m'éloignerai de vous; je partirai et je ne veux plus demeurer davantage avec vous de même que, vous aussi, vous ne (l') avez pas voulu. Maintenant donc, suivez-moi en toute hâte. C'est pourquoi je vous le dis, c'est pour vous que je suis descendu. C'est vous les bien-aimés. C'est vous qui allez devenir cause[0] de la Vie en plusieurs. Invoquez[0] le Père, suppliez Dieu souvent

ⲁⲩⲱ ϥⲛⲁϯ ⲛⲏⲧⲛ̄ ⲟⲩⲙⲁⲕⲁⲣⲓⲟⲥ
ⲡⲉ ⲡⲉⲛⲧⲁϥⲛ· ⲉⲩ ⲁⲣⲱⲧⲛ̄ ⲛⲙ̄ⲙⲉϥ
ⲉⲩⲧⲁϣⲉ ⲁⲉⲓϣ ⲙ̄ⲙⲁϥ ϩⲛ̄ ⲛ̄ⲁⲅ
ⲅⲉⲗⲟⲥ ⲁⲩⲱ ⲉⲩϯ ⲉⲁⲩ ⲛⲉϥ ϩⲛ̄
ⲛⲉⲧⲟⲩⲁⲁⲃ· ⲡⲱⲧⲛ̄ ⲡⲉ ⲡⲱⲛ̄ϩ
ⲣⲉϣⲉ ⲁⲩⲱ ⲧⲉⲗⲏⲗ ⲙ̄ⲙⲱⲧⲛ̄ ϩⲱⲥ

34-36 ⲟⲩⲙⲁⲕⲁⲣⲓⲟⲥ... ⲉⲩⲧⲁϣⲉ codex: <ⲛ̄ⲧⲱⲧⲛ̄ ϩⲉⲛⲙⲁⲕⲁⲣⲓⲟⲥ ⲛⲉⲛⲧⲁⲩⲛⲉⲩ> ⲁⲣⲱⲧⲛ̄ ⲛⲙ̄ⲙⲉϥ ⲟⲩⲙⲁⲕⲁⲣⲓⲟⲥ ⲡⲉ ⲡⲉⲛⲧⲁϥⲛⲉⲩ <ⲁⲣⲁϥ> ⲉⲩⲧⲁϣⲉ Schenke.

et il vous exaucera. Bienheureux[0]
celui qui vous a vus avec lui,
alors qu'il était proclamé parmi les an-
ges[0] et qu'il était glorifié parmi
les saints! À vous est la Vie!
Réjouissez-vous et exultez comme[0]

ⲓⲁ

ϣⲏⲣⲉ ⲙ̄ⲡⲛⲟⲩⲧⲉ· ⲧⲟⲩϫⲟ ⲙ̣̄[ⲡ]ⲟⲩ
ⲱϣⲉ ϫⲉⲕⲁⲥⲉ ⲉⲣⲉⲧⲛⲁⲟⲩ̣ϫⲉ
ⲉⲓ· ϫⲓ ϫⲡⲓⲟ ⲁⲃⲁⲗ ϩⲓ̈ⲧⲟⲟⲧ· ⲁⲩⲱ
ⲛ̄ⲧⲉⲧⲛ̄ⲧⲟⲩϫⲉ ⲧⲏⲛⲉ ϯⲥⲁⲡⲥ̄ⲡ̄
ϩⲁⲣⲱⲧ̄ⲛ̄ ϩⲁⲧ̄ⲙ̄ ⲡⲓⲱⲧ· ⲁⲩⲱ ϥⲛⲁ
ⲕⲉ ϩⲁϩ ⲛⲏⲧⲛ̄ ⲁⲃⲁⲗ· ⲁⲩⲱ ⲛ̄ⲧⲁⲣ̄ⲛ̄
ⲥⲱⲧⲙ̄ ⲁⲛⲉⲉⲓ ⲁⲛϣⲱⲡⲉ ⲛ̄ϣⲓⲗⲁ
ⲣⲟⲥ ⲛⲉⲁϩ<ⲛ̄>ⲱⲕⲙ̄ `ⲛ̄'ⲅⲁⲣ ⲡⲉ· ⲁ
ϩⲣⲏⲓ̈ ⲁϫⲛ̄ ⲛⲉⲛⲧⲁⲛϫⲟⲟⲩ ⲛ̄ϣⲁ
ⲣ̄ⲡ̄ ⲛⲧⲁⲣⲉϥⲛⲉⲩ ⲇⲉ ⲁⲣⲁⲛ ⲉⲛ̄
ⲣⲉϣⲉ ⲡⲁϫⲉϥ ϫⲉ ⲟⲩⲁⲉⲓ ⲛⲏⲧ̄ⲛ̄
ⲱ ⲛⲉⲧϣⲁⲁⲧ· ⲛ̄ⲛⲟⲩⲡⲁⲣⲁⲕⲗⲏ
ⲧⲟⲥ· ⲟⲩⲁⲉⲓ ⲛⲏⲧ̄ⲛ̄ ⲱ ⲛⲉⲧⲣ̄ⲭⲣⲓⲁ
ⲛ̄ⲛⲟⲩϩⲙⲁⲧ· ⲥⲉⲛⲁϣⲱⲡⲉ ⲙ̄
ⲙⲁⲕⲁⲣⲓⲟⲥ ⲛ̄ϭⲓ ⲛⲉⲛⲧⲁ`ϩ'ⲟⲩⲣ̄ⲡⲁⲣ
ϩⲏⲥⲓⲁⲍⲉ ⲙ̄ⲙⲁⲩ ⲁⲩⲱ ⲁϩⲟⲩϫⲡⲟ
ⲛⲉⲩ ⲙ̄ⲡϩⲙⲁⲧ ⲟⲩⲁⲉⲧⲟⲩ· ⲧⲛ̄ⲧⲛ̄
ⲧⲏⲛⲉ ⲁϩⲛ̄ϣⲙ̄ⲙⲁⲉⲓ ϫⲉ ⲉⲩϣⲟ
ⲟⲡ ⲛ̄ⲛⲉϣ ⲛ̄ϩⲉ· ⲛ̄ⲛⲁϩⲣ̄ⲛ̄ ⲧⲉⲧⲛ̄
ⲡⲟⲗⲓⲥ· ⲉⲧⲃⲉ ⲉⲩ ⲧⲉⲧⲛ̄ϣⲧⲣ̄ⲧⲁⲣ̄ⲧ̄
ⲉⲣⲉⲧⲛ̄ⲛⲟⲩϫⲉ ⲙ̄ⲙⲱⲧ̄ⲛ̄ ⲁⲃⲁⲗ·
ⲟⲩⲁⲉⲧ' ⲧⲏⲛⲉ· ⲁⲩⲱ ⲧⲉⲧⲛ̄ⲟⲩ
ⲁⲉⲓⲉ· ⲁⲧⲉⲧⲛ̄ⲡⲟⲗⲓⲥ· ⲁϩⲣⲱⲧⲛ̄
ⲡⲉⲧⲙ̄ⲙⲁ ⲛ̄ϣⲱⲡⲉ ⲧⲉⲧⲛ̄ⲕⲱⲉ·
ⲙ̄ⲙⲁϥ ⲁⲃⲁⲗ ⲟⲩⲁⲉⲧ· ⲧⲏⲛⲉ ⲉⲣⲉ
ⲧⲛ̄ⲥⲁⲃⲧⲉ ⲙ̄ⲙⲁϥ ⲛ̄ⲛⲉⲧⲟⲩⲱϣⲉ
ⲁⲟⲩⲏϩ· ⲛ̄ϩⲏⲧ̄ϥ̄ ⲱ̂ ⲛⲉⲧⲟⲩⲁ
ⲁⲧ· ⲁⲩⲱ ⲛⲉⲧⲡⲏⲧ· ⲁⲃⲁⲗ· ⲟⲩⲁⲉⲓ
ⲛⲏⲧⲛ̄ ϫⲉ ⲥⲉⲛⲁⲧⲉϩⲉ ⲧⲏⲛⲉ· ⲏ̆
ⲙⲉϣⲉⲕⲉ· ⲉⲣⲉⲧⲙ̄ⲙⲉⲩⲉ ⲁⲡⲓⲱⲧ'
ϫⲉ ⲟⲩⲙⲁⲉⲓⲣⲱⲙⲉ ⲡⲉ ⲏ̆ ⲉϣⲁϥ
ⲡⲓⲑⲉ ⲁϫⲛ̄ ϩⲛ̄ⲥⲁⲡⲥ̄ⲡ̄ ⲏ ⲉϣⲁϥⲣ̄
ⲭⲁⲣⲓⲍⲉ ⲛ̄ⲟⲩⲉⲉⲓ ϩⲁ ⲟⲩⲉⲉⲓ· ⲏ ⲉ
ϣⲁϥⲣ̄ⲁⲛⲉⲭⲉ ⲛ̄ⲟⲩⲉⲉⲓ· ⲉϥϣⲓ

1-2 ⲙ̄[ⲡ]ⲟⲩⲱϣⲉ Kasser: ⲙ̄[ⲡⲉϥ ?]ⲟⲩⲱϣⲉ Malinine: ⲙ̄[ⲡϥ]ⲟⲩⲱϣⲉ Williams — 8 ⲛⲉⲁϩ<ⲛ̄>ⲱⲕⲙ̄ Malinine: ⲛⲉⲁϩⲙ̄ⲱⲕⲙ codex // `ⲛ̄'ⲅⲁⲣ Le ⲛ̄ est ajouté au-dessus de la ligne — 9 ⲛⲉⲛⲧⲁⲛϫⲟⲟⲩ codex: ⲛⲉⲛⲧⲁ<ϥ>ϫⲟⲟⲩ Kirchner, Mueller — 15-16 ⲛⲉⲛⲧⲁ`ϩ'ⲟⲩⲣ̄ⲡⲁⲣϩⲏⲥⲓⲁⲍⲉ Le ϩ est ajouté au-dessus de la ligne — 30 ⲉⲣⲉⲧⲙ̄ⲙⲉⲩⲉ codex:

P. 11

fils de Dieu. Sauvegardez [la] volonté afin que vous soyez sauvés. Acceptez de moi un blâme et sauvez-vous. J'intercède pour vous auprès du Père et il vous pardonnera beaucoup». Et lorsque nous avons entendu cela, nous sommes devenus joyeux[0], car[0] nous avions été attristés de ce que nous avions dit d'abord. Mais[0] lorsqu'il nous vit nous réjouir, il dit: «Malheur à vous, qui avez besoin d'un défenseur[0]. Malheur à vous, qui avez besoin[0] de la grâce. Bienheureux[0] seront-ils ceux qui auront parlé avec assurance[0] et se seront acquis pour eux-mêmes la grâce! Rendez-vous semblables à des étrangers. Car comment sont-ils face à votre ville[0]? Pourquoi êtes-vous troublés, puisque vous vous bannissez vous-mêmes et vous vous éloignez de votre ville[0]? Pourquoi abandonnez-vous vous-mêmes votre demeure, la préparant pour ceux qui veulent y habiter? Ô[0] (vous) qui êtes bannis et fugitifs, malheur à vous, parce que vous serez repris! Ou[0], peut-être, pensez-vous du Père qu'il est ami des hommes, ou[0] qu'il se laisse persuader[0] par des prières, ou[0] qu'il fait grâce[0] à l'un pour l'autre, ou[0] qu'il soutient[0] quelqu'un

ⲉⲣⲉⲧⲙ̄ⲙⲉⲩⲉ <ⲉⲛ> Mueller — 31 ⲣⲱⲙⲉ Le ⲙ est écrit par-dessus un ⲡ — 31-32 ⲉϣⲁϥⲡⲓⲑⲉ codex: ⲉϣⲁϥ<ⲣ̄>ⲡⲓⲑⲉ Williams — 33-34 ⲉϣⲁϥⲣ̄ⲁⲛⲉⲭⲉ Le ϥ est écrit par-dessus un ⲣ —

ⲛⲉ · ϥⲥⲁⲩⲛⲉ ⲅⲁⲣ ⲙ̄ⲡⲟⲩⲱϣⲉ · ⲁⲩⲱ
ⲙⲛ̄ ⲡⲉⲧⲉⲣⲉⲧⲥⲁⲣⲝ ⲣ̄ⲭⲣⲓⲁ ⲙ̄
ⲙⲁϥ · ϫⲉ ⲛ̄ⲧⲁⲥ ⲉⲛ ⲡⲉ · ⲉⲧⲉⲡⲓⲑⲩ
ⲙⲓ ⲁⲧⲯⲩⲭⲏ ⲁϫⲛ̄ ⲧⲯⲩⲭⲏ ⲅⲁⲣ ·
ⲙⲁⲣⲉⲡⲥⲱⲙⲁ ⲣ̄ ⲛⲁⲃⲉⲓ ⲛ̄ⲑϩⲉ ·

35 ⲙ̄ⲡⲟⲩⲱϣⲉ codex: lire ⲙ̄ⲡⲟⲩⲟⲩⲱϣⲉ — 37 <ⲏ ⲙⲉϣⲉⲕⲉ ⲉⲣⲉⲧⲙ̄ⲙⲉⲩⲉ> ϫⲉ Schenke

qui cherche? Il connaît, en effet[0], leur volonté et
aussi ce dont la chair[0] a besoin[0],
parce que ce n'est pas elle qui
désire l'âme[0]. Sans l'âme[0], en effet[0],
le corps[0] ne pèche pas, de même que

ⲓ̅ⲃ̅

ⲉⲧ̣ⲉ ⲙⲁⲣⲉⲧⲯⲩⲭⲏ ⲟⲩϫⲉⲉⲓ ⲁϫⲙ̣̄
ⲡ̣̅ⲛ̅ⲁ̅ ⲉⲣⲉϣⲁⲛ̄ⲧⲯⲩⲭⲏ ⲇⲉ ⲟⲩ
ϫⲉ⸌ⲉⲓ⸍ ⲁϫⲙ̄ ⲡⲉⲑⲁⲩ ⲁⲩⲱ ⲛ̅ϥ̅ⲟⲩ
ϫⲉⲉⲓ ⲛ̄ϭⲓ ⲡⲕⲉⲡ̅ⲛ̅ⲁ̅ ϣⲁⲣⲉⲡⲥⲱⲙⲁ
ϣⲱⲡⲉ ⲛ̄ⲁⲧⲛⲁⲃⲉⲓ ⲡⲉⲡ̅ⲛ̅ⲁ̅ ⲛ̄ⲅⲁⲣ ⲡⲉ
ⲉϣⲁϥ̅ⲧ̅<ⲛ>ϩⲟ ⲛ̄ⲧⲯⲩⲭⲏ ⲡⲥⲱⲙⲁ ϩⲱ
ⲱϥ ⲡⲉ· ⲉϣⲁϥⲙⲟⲩⲟⲩⲧ· ⲙ̄ⲙⲁⲥ
ⲉⲧⲉ ⲛ̄ⲧⲁⲥ ⲙ̄ⲙⲛ̄ ⲙ̄ⲙⲁⲥ ⲡⲉⲧⲙⲟⲩⲟⲩⲧ
ⲙ̄ⲙⲁⲥ ϩⲁⲙⲏⲛ ϯϫⲟⲩ ⲙ̄ⲙⲁⲥ ⲛⲏⲧⲛ̄ ϫⲉ
ⲛ̄ϥⲛⲁⲕⲁ ⲡⲛⲁⲃⲉⲓ ⲉⲛ ⲁⲃⲁⲗ· ⲛ̄ⲧⲯⲩ
ⲭⲏ· ⲛ̄ⲗⲁⲩⲉ· ⲟⲩⲧⲉ ⲧⲁⲓⲧⲓⲁ ⲛ̄
ⲧⲥⲁⲣⳁ ⲙⲛ̄ ⲗⲁⲩⲉ ⲅⲁⲣ· ϩⲛ̄ ⲛⲉⲛⲧⲁϩ
ⲣ̄ⲫⲟⲣⲓ ⲛ̄ⲧⲥⲁⲣⳁ ⲛⲁⲟⲩϫⲉⲉⲓ ⲉⲣⲉ
ⲧⲙ̄ⲙⲉⲩⲉ ⲛ̄ⲅⲁⲣ ϫⲉ ⲛ̄ⲧⲁϩⲁϩⲁϩ ϭⲓ
ⲛⲉ ⲛ̄ⲧⲙⲛ̅ⲧ̅ⲉⲣⲟ ⲛ̄ⲙ̄ⲡⲏⲩⲉ ⲛⲉⲉⲓ
ⲉⲧϥ̄ ⲙ̄ⲡⲉⲛⲧⲁϥⲛⲉⲩ ⲁⲣⲁϥ ⲉϥⲟⲉⲓ
ⲙ̄ⲙⲁϩϥⲧⲁⲩ ⲛ̄ϩⲣⲏ̈ⲓ̈ ϩⲛ̄ ⲙ̄ⲡⲏⲩⲉ ⲛⲉ
ⲉⲓ ⲛ̄ⲧⲁⲣⲛ̄ⲥⲁⲧⲙⲟⲩ ⲁϩⲛ̅ⲣ̅ⲗⲩⲡⲓ ⲛ̄ⲧⲁ
ⲣⲉϥⲛⲉⲩ ⲇⲉ ⲁⲣⲁⲛ ϫⲉ ⲁϩⲛ̅ⲣ̅ⲗⲩⲡⲉⲓ
ⲡⲁϫⲉϥ· ϫⲉ ⲉⲧⲃⲉ ⲡⲉⲉⲓ ϯϫⲟⲩ ⲙ̄
ⲙⲁⲥ ⲛ̄ⲛⲏⲧⲛ̄ ϫⲉⲕⲁⲥ ⲉⲣⲉⲧⲛⲁ
ⲥⲟⲩⲱⲛ ⲧⲏⲛⲉ ⲧⲙ̅ⲛ̅ⲧ̅ⲉⲣⲟ ⲅⲁⲣ
ⲛⲙ̄ⲡⲏⲩⲉ ⲉⲥⲉⲓⲛⲉ ⲛ̄ⲛⲟⲩϩ̅ⲙ̅ⲥ̅· ⲉ
ⲁϥⲣⲱⲧ ϩⲛ̄ⲛ ⲟⲩⲥⲱϣⲉ· ⲁⲩⲱ ⲡⲉ
ⲉⲓ ⲛ̄ⲧⲁⲣⲉϥϫⲉⲧⲉ· ⲁϥⲥⲓⲧⲉ ⲙ̄ⲡⲉϥ
ⲕⲁⲣⲡⲟⲥ ⲁⲩⲱ ⲁⲛ ⲁϥⲙⲟⲩϩ ⲛ̄ⲧⲥⲱ
ϣⲉ ⲛ̄ϩⲛ̄ϩ̅ⲙ̅ⲥ̅· ⲁⲕⲉⲣⲁⲙⲡⲉ· ⲛ̄ⲧⲱ
ⲧⲛ̄ ϩⲱⲧ· ⲧⲏⲛⲉ ϭⲉⲡⲏ· ⲁⲧⲣⲉⲧ̅ⲛ̅ⲱϩ̅ⲥ̅
ⲛⲏⲧⲛ̄ ⲛ̄ⲛⲟⲩϩ̅ⲙ̅ⲥ̅· ⲛ̄ⲱⲛ̅ϩ̅· ϫⲉⲕⲁ
ⲥⲉ ⲉⲣⲉⲧⲛⲁⲙⲟⲩϩ ⲁⲃⲁⲗ ϩⲛ̄ ⲧⲙ̅ⲛ̅ⲧ̅
ⲣ̄ⲣⲟ· ⲁⲩⲱ ⲉⲫⲟⲥⲟⲛ ⲙⲉⲛ ⲉⲉⲓϣⲟⲟⲡ
ϩⲁⲧⲉ ⲧⲏⲛⲉ· ⲡⲣⲟⲥⲉⲭⲉ ⲁⲣⲁⲉⲓ
ⲁⲩⲱ ⲛ̄ⲧⲉⲧ̅ⲛ̅ⲡⲉⲓⲑⲉ ⲛⲏⲉⲓ· ⲡⲥⲁ
ⲡ ⲛ̄ⲇⲉ· ⲉϯⲛⲁⲟⲩⲁⲉⲓⲉ ⲁⲣⲱⲧⲛ̄

1-2 ⲁϫⲙ̣̄ ⲡ̣ⲛⲁ codex: ⲁϫⲙ̄ [ⲡⲉ] [ⲡ̅]ⲛ̅ⲁ̅ Malinine: ⲁϫⲙ̣̄ [ⲡ]ⲡ̣̅ⲛ̅ⲁ̅ Kirchner — 6 ⲉϣⲁϥⲧ-<ⲛ>ϩⲟ Malinine: ⲉϣⲁϥⲧⲁϩⲟ codex, Williams. Le ⲁ de ⲧⲁϩⲟ est écrit par-dessus un ⲛ̄ à demi effacé — 8 ⲡⲉⲧⲙⲟⲩⲟⲩⲧ Le premier ⲩ semble écrit sur un ϥ ou sur une lettre non complètement terminée (ⲟ) — 16 ⲙ̄ⲡⲉⲛⲧⲁϥⲛⲉⲩ codex: ⲙ̄ⲡⲉⲛⲧⲁⲩⲛⲉⲩ Schenke —

P. 12

l'âme[0] n'est pas sauvée sans l'esprit[0]. Mais[0], si l'âme[0] est sauvée sans le mal, et si est sauvé également l'esprit[0], le corps[0] devient sans péché. Car[0] c'est l'esprit[0] qui vivifie l'âme[0]. C'est au contraire le corps[0] qui la tue, c'est-à-dire que c'est elle-même qui se tue. En vérité[0] je vous le dis: Il ne pardonnera le péché à aucune âme[0], ni le grief[0] à la chair[0], car[0] aucun de ceux qui auront porté[0] la chair[0] ne sera sauvé. Vous pensez sans doute[0] que beaucoup ont trouvé le Royaume des cieux. Bienheureux celui qui s'est vu quatrième dans les cieux»! Quand nous entendîmes cela, nous nous attristâmes[0]. Et[0] lorsqu'il vit que nous nous attristions[0], il dit: «C'est pourquoi je vous le dis: afin que vous vous connaissiez. Car[0] le Royaume des cieux est semblable à un épi de blé qui a poussé dans un champ et, lorsque celui-ci a mûri, il a répandu son fruit[0] et de nouveau il a rempli le champ d'épis pour une autre année. Vous-mêmes aussi, empressez-vous de faucher pour vous un épi de vie, afin que vous soyez emplis du Royaume. Et aussi longtemps[0] (+ μέν) que je suis avec vous, attachez-vous[0] à moi et obéissez[0]-moi. Mais[0] quand je m'éloignerai de vous,

ⲉⲣⲓ ⲡⲁⲙⲉⲉⲩⲉ · ⲉⲣⲓ ⲡⲁⲙⲉⲉⲩⲉ ⲇⲉ
ⲁⲃⲁⲗ ϫⲉ ⲛⲉⲉⲓϣⲟⲟⲡ ϩⲁⲧⲛ̄ ⲧⲏⲛⲉ
ⲙ̄ⲡⲉⲧⲛ̄ⲥⲟⲩⲱⲛⲧ' ⲥⲉⲛⲁϣⲱ
ⲡⲉ ⲙ̄ⲙⲁⲕⲁⲣⲓⲟⲥ ⲛ̄ϭⲓ ⲛⲉⲛⲧⲁϩ
ⲥⲟⲩⲱⲛ̄ⲧ̄ · ⲟⲩⲁⲉⲓ ⲛ̄ⲛⲉⲉⲓ ⲛ̄ⲧⲁϩ
ⲥⲱⲧⲙ̄ ⲁⲩⲱ ⲙ̄ⲡⲟⲩⲣ̄ⲡⲓⲥⲧⲉⲩⲉ · ⲥⲉ
ⲛⲁϣⲱⲡⲉ · ⲙ̄ⲙⲁⲕⲁⲣⲓⲟⲥ ⲛ̄ϭⲓ ⲛⲉ

36 ϫⲉ <ⲉ>ⲛⲉⲉⲓϣⲟⲟⲡ Schenke — 37 <ⲁⲩⲱ> ⲙ̄ⲡⲉⲧⲛ̄ⲥⲟⲩⲱⲛⲧ Malinine

souvenez-vous de moi! Et[0] souvenez-vous de moi parce que j'étais auprès de vous sans que vous m'ayez connu. Bienheureux[0] seront ceux qui m'ont connu! Malheur à ceux qui ont entendu et qui n'ont pas cru[0]! Bienheureux[0] seront ceux

ⲓ̄ⲅ̄

ⲧⲉ ⲙ̄ⲡⲟⲩⲛⲉⲩ ⲁ̣[ⲗ]ⲗ̣ⲁ ⲁ̣[ⲩⲛⲁϩⲧⲉ]
ⲁⲩⲱ ⲉⲧⲓ ⲁⲛ ϯⲣ̣̄[ⲡⲓ]ⲑⲉ ⲙ̣̄ⲙ̣[ⲱ]
ⲧⲛ̄ ϯⲟⲩⲱⲛ̄ϩ̄ ⲅⲁ[ⲣ] ⲁⲃⲁⲗ ⲛ̄ⲛⲏⲧ̄ⲛ̣̄
ⲉⲉⲓⲕⲱⲧ · ⲛ̄ⲛⲟⲩⲏⲉⲓ̈ ⲉϥⲣ̄ ϣⲉⲩ̣[ⲛ̄]
ⲛⲏⲧⲛ̄ · ⲙ̄ⲡϣⲁ · ϫ̣ⲉⲣⲉⲧⲛ̄ϫⲓ ϩⲁⲉⲓ
ⲃⲉⲥ ϩⲁⲣⲁϥ · ⲛ̄ⲑ̣[ϩ]ⲉ ⲉⲧϥⲛⲁϣ ⲱ
ϩⲉ ⲁⲣⲉⲧϥ̄ ⲙ̄ⲡⲏⲉ[ⲓ̈] ⲛ̣̄ⲛ̄ⲉⲧϩⲓ̈ⲧⲟⲩⲱ̄ⲧ̄ⲛ̄
ⲉϥⲣ̄ⲕⲓⲛⲇⲩⲛⲉⲩⲉ [ⲁ]ϩ̣ⲁⲉⲓⲉ · ⲥⲉ ⲙ̄
ⲙⲁⲛ ϯϫⲟⲩ ⲙ̄ⲙ[ⲁⲥ] ⲛ̄ⲛⲏ̄ⲧ̄ⲛ̄ ϫⲉ ⲟⲩ
ⲁⲉⲓ ⲛ̄ⲛⲉⲉⲓ · ⲛ̄[ⲧⲁ]ϩⲟⲩⲧⲛ̄ⲛⲁⲟⲩⲧ ·
ⲁⲡⲓⲧⲛ̄ ⲁⲡⲉⲉⲓⲙ[ⲁ] ⲉⲧⲃⲏⲧⲟⲩ · ⲥⲉⲛⲁ
ϣⲱⲡⲉ ⲙ̄ⲙⲁⲕⲁⲣ[ⲓⲟⲥ] ⲛ̄ϭⲓ ⲛⲉⲧⲛ̄ⲛⲏ
ⲟⲩ ⲁϩⲣⲏⲓ̈ ⲁⲣⲉⲧϥ ⲙ̣̄ⲡⲓⲱⲧ' ⲉⲧⲓ ϯ
ϫⲡⲓⲟ ⲙ̄ⲙ̣ⲱ̄ⲧ̄ⲛ̄ ⲱ̂ ⲛⲉⲧϣⲟⲟⲡ · ⲧⲛ̄
ⲧⲛ̄ ⲧⲏⲛⲉ ⲁⲛⲉⲧⲉ ⲛⲥⲉϣⲟⲟⲡ' ⲉⲛ
ϫⲉⲕⲁⲥ ⲉⲣⲉⲧⲛⲁϣⲱⲡⲉ ⲙ̄ⲛ̄ ⲛⲉⲧⲉ
ⲛ̄ⲥⲉϣⲟⲟⲡ ⲉⲛ · ⲙ̄ⲡⲱⲣ · ⲁⲧⲣⲉ ·
ⲧⲙⲛ̄ⲧ̄ⲣ̣̄ⲣⲟ ⲛⲙ̄ⲡⲏⲩⲉ ⲣ̄ ϫⲁⲉⲓⲉ ⲛ̄
ϩⲏⲧ · ⲧⲏⲛⲉ · ⲙ̄ⲡⲱⲣ ⲁϫⲓⲥⲉ ⲛ̄ϩⲏⲧ ·
ⲁϫⲙ̄ ⲡⲓⲟⲩⲁⲉⲓⲛ ⲛ̄ⲣⲉϥ`ⲣ̄' ⲟⲩⲁⲉⲓⲛ ⲁⲗⲗⲁ
ϣⲱⲡⲉ ⲛ̄ⲧⲉⲉⲓⲙⲓⲛⲉ · ⲁϩⲟⲩⲛ ⲁⲣⲱ
ⲧⲛ̄ ⲟⲩⲁⲉⲧ' ⲧⲏⲛⲉ ⲛ̄ⲧⲁϩⲉ ϩⲱⲱⲧ ·
ⲁϩⲟⲩⲛ ⲁⲣⲱⲧⲛ̄ ⲁϩⲓ̈ⲧⲉⲉⲓⲧ' ⲛⲏ
ⲧⲛ̄ ϩⲁ ⲡⲥⲁϩⲟⲩⲉ ϫⲉⲕⲁⲥⲉ ⲛ̄ⲧⲱ
ⲧⲛ̄ / ⲉⲣⲉⲧⲛⲁⲟⲩϫⲉⲉⲓ · >>>>—
ⲡⲉⲧⲣⲟⲥ ⲛ̄ⲇⲉ ⲁϥⲟ̣ⲩⲱϣ̄ⲃ̄ ⲛ̄
ⲛⲁϩⲣⲛ̄ ⲛⲉⲉⲓ ⲡⲁ[ϫ]ⲉϥ ϫⲉ ϩⲛ̄
ⲥⲁⲡ ⲙⲉⲛ ⲕⲣ̄ⲡⲣⲟ̣ⲧⲣⲉⲡⲉ ⲙ̄
ⲙⲁⲛ ⲁϩⲟⲩⲛ ⲁⲧⲙⲛ̄ⲧ̄ⲣ̄ⲣⲟ ⲛ̄ⲙ̄
ⲡⲏⲩⲉ · ϩⲉⲛⲕⲉⲥⲁⲡ ⲁⲛ ⲕⲥⲧⲟ
ⲙ̄ⲙⲁⲛ ⲁⲃⲁⲗ · ⲡϫⲁⲉⲓⲥ ϩⲛ̄ⲥⲁⲡ

1 ⲁ̣[ⲗ]ⲗ̣ⲁ ⲁ̣[ⲩⲛⲁϩⲧⲉ]: ⲁ̣[ⲗⲗ]ⲁ [ⲁⲩⲛⲁϩⲧⲉ] Malinine: ⲁⲩ̣[ⲛⲁϩⲧⲉ] Cameron, Williams: ⲁ[ⲩ]ⲧ̣ⲁⲛ̣[ϩⲟⲩⲧ] Kirchner —2-3 ϯⲣ̣[ⲡⲓ]ⲑⲉ ⲙ̣̄ⲙ̣[ⲱ]ⲧⲛ̄: ϯ[ⲣ̄ⲡⲓ]ⲑⲉ [ⲙ̄ⲙⲱ]ⲧⲛ̄ Malinine: ϯⲣ̣[ⲡ]ⲓ̣ⲑⲉ̣ ⲙⲙ[ⲱ]ⲧⲛ̄ Kirchner —3 ⲅⲁ[ⲣ] Malinine —3-4 ϣⲉⲩ̣[ⲛ̄]ⲛⲏⲧⲛ̄ Kirchner: ϣⲉ[ⲩⲛ̄]ⲛⲏⲧⲛ Malinine: ϣⲉⲩ ⲛⲏⲧⲛ̄ Williams — 5 ϫ̣ⲉⲣⲉⲧⲛ̄ϫⲓ lire ϫ̣ⲉ ⲉⲣⲉⲧⲛ̄ϫⲓ: [ϫ]ⲉⲣⲉⲧⲛ̄ϫⲓ Malinine: ⲉ̣ⲣⲉⲧⲛ̄ϫⲓ Kirchner: [.] ⲉⲣⲉⲧⲛ̄ϫⲓ Williams — 6 Le ϥ de ϩⲁⲣⲁϥ est écrit par-dessus un ⲥ — 7 ⲙ̄ⲡⲏⲉ [ⲓ̈] ⲛ̣̄ⲛⲉⲧϩⲓ̈ⲧⲟⲩⲱⲧⲛ̄ Kirchner: ⲙ̄ⲡⲏⲉ[ⲓ̈

P. 13

qui n'ont pas vu, mais^{0} qui [ont cru]! Et de nouveau^{0} encore, je vous [convaincs^{0}], car^{0} je me révèle à vous bâtissant une maison qui vous est utile, puisque vous trouvez abri près d'elle, de même qu'elle pourra soutenir la maison de vos voisins, si elle menaçait^{0} de s'écrouler. Oui en vérité, je vous le dis: Malheur à ceux à cause de qui j'ai été envoyé ici-bas! Bienheureux^{0} ceux qui vont remonter auprès du Père! À nouveau^{0}, je vous réprimande, ô^{0} (vous) qui existez. Rendez-vous semblables à ceux qui n'existent pas, afin que vous soyez avec ceux qui n'existent pas. Ne permettez pas que le Royaume des cieux devienne désert en vous! Ne soyez pas orgueilleux, à propos de la Lumière illuminatrice, mais^{0} soyez tels envers vous-même que moi-même (j'ai été) envers vous! Je me suis livré pour vous à la malédiction, afin que vous aussi soyez sauvés».

Alors^{0} Pierre répondit à cela, il dit: «Tantôt (+ μέν), tu nous exhortes^{0} au Royaume des cieux; tantôt, aussi, tu nous (en) détournes, Seigneur. Tantôt (+ μέν),

ⲛ̄]ⲛ̄ⲉⲧϩⲓ̈ⲧⲟⲩⲱⲧⲛ̄ Malinine — 8 [ⲁ]ϩⲁⲉⲓⲉ Kirchner: [ⲁϩ]ⲁⲉⲓⲉ Malinine — 9 ⲙ̄ⲙ[ⲁⲥ] Malinine — 10 ⲛ̄[ⲧⲁ]ϩⲟⲩⲧⲛ̄ⲛⲁⲟⲩⲧ Malinine — 11 ⲁⲡⲉⲉⲓⲙ[ⲁ] Malinine — 12 ⲙ̄ⲙⲁ-ⲕⲁⲣ[ⲓⲟⲥ] Malinine — 13 ⲙ̣̄ⲡⲓⲱⲧ Kirchner: [ⲙ̄]ⲡⲓⲱⲧ Malinine — 20 ⲛ̄ⲣⲉϥ`ⲣ̄' Le ⲣ est ajouté au-dessus de la ligne — 25 Un trait oblique, équivalent à ⲕⲁⲓ, précède ⲉⲣⲉⲧⲛⲁⲟⲩϫⲉⲉⲓ et une ligne décorative avec chevrons suit — 27 ⲡⲁ[ϫ]ⲉϥ Malinine

ⲙⲉⲛ ⲕⲣ̄ⲡⲓⲑⲉ ⲁⲩⲱ ⲕⲥⲱⲕ` ⲙ̄ⲙⲁⲛ ⲁϩⲟⲩⲛ ⲁⲧⲡⲓⲥⲧⲓⲥ ⲁⲩⲱ ⲕϣⲡⲱⲡ ⲛⲉⲛ ⲙ̄ⲡⲱⲛ̄ϩ̄ ϩⲛⲕⲉⲥⲁⲡ ⲁⲛ ⲕϩⲃⲁⲣ ⲃⲣ̄ ⲙ̄ⲙⲁⲛ ⲁⲃⲁⲗ ⲛ̄ⲧⲙⲛ̄ⲧ̄ⲉⲣⲟ ⲛ̄ⲙ̄ⲡⲏⲅⲉ ⲁⲡϫⲁⲉⲓⲥ ⲇⲉ ⲟⲩⲱϣⲃ̄ ⲡⲁϫⲉϥ ⲛⲉⲛ ϫⲉ ⲁϩⲓ̈ϯ ⲛⲏⲧⲛ̄ ⲛ̄ⲧⲡⲓⲥⲧⲓⲥ ⲛ̄ϩⲁϩ ⲛ̄ⲥⲁⲡ · ⲛ̄ϩⲟⲩⲟ ⲇⲉ ⲁϩⲓ̈ⲟⲩⲁⲛⲉϩⲧ̄ ⲛⲉⲕ ⲁⲃⲁⲗ ·

tu nous persuades[0] et tu nous attires à la foi[0], et tu nous promets la Vie; tantôt, aussi, tu nous repousses hors du Royaume des cieux». Mais[0] le Seigneur répondit, il nous dit: «Je vous ai donné la foi[0] à maintes reprises; bien plus (+ δέ) je me suis manifesté à toi,

ⲓ̅ⲁ̅

[ⲱⲓ̈ⲁ]ⲕⲕ[ⲱ]ⲃⲟⲥ ⲁⲩⲱ ⲙ̄ⲡⲉⲧⲛ̄
ⲥ̣ⲟⲩⲱⲛ̄ⲧ̣̄ ⲡⲁⲗⲓⲛ ⲁⲛ ϯⲛⲟⲩ ϯ
ⲛⲉⲩ ⲁⲣⲱ[ⲧ]ⲛ̄· ⲉⲣⲉⲧⲛ̄ⲣⲉϣⲉ ⲛ̄ϩⲁϩ
ⲛ̄ⲥⲁⲡ· ⲁⲩⲱ̣ ⲉⲣⲉⲧⲛ̄ϣⲁⲛⲣ̄ϣⲓⲗⲁⲣⲟⲥ
ⲁϩⲣⲏⲓ̈ ⲁϫⲙ̄ [ⲡ]ϣⲡⲱⲡ ⲙ̄ⲡⲱⲛⲉϩ
ϣⲁⲣⲉⲧⲛ̄ⲱ[ⲕ]ⲙ̄ ⲇⲉ· ⲁⲩⲱ ⲛ̄ⲧⲉⲧⲛ̄ⲣ̄
ⲗⲩⲡⲓ ⲉⲩϣ[ⲁ]ⲛ̣ⲧⲥⲉⲃⲉ ⲧⲏⲛⲉ ⲁⲃⲁⲗ
ⲁⲧⲙⲛ̄ⲧⲣ̄ⲣ̣[ⲟ] ⲛ̄ⲧⲱⲧⲛ̄ ⲛ̄ⲇⲉ ⲛ̄ϩⲣⲏⲓ̈
ϩⲛ̄ ⲧⲡⲓⲥⲧⲓⲥ [ⲙⲛ̄] ⲡⲥⲁⲩⲛⲉ· ϩⲁⲧⲉⲧⲛ̄ϫⲓ
ⲁⲣⲱⲧⲛ̄· ⲙ̣̄ⲡ̣ⲱⲛ̄ϩ· ⲉⲣⲓⲕⲁⲧⲁⲫⲣⲟⲛⲓ
ϭⲉ· ⲙⲡ̄ⲧ̄ⲥ̣̄[ⲧ]ⲟ̣ ⲁⲃⲁⲗ· ⲉⲣⲉⲧⲛ̄ϣⲁⲛ
ⲥⲱⲧⲙ̄ ⲁⲣⲁ[ϥ] ⲛ̄ⲧⲉⲧⲛ̄ⲥⲱⲧⲙ̄ ⲛ̄ⲇⲉ
ⲁⲡⲉϣⲡⲱⲡ̣ ⲧ̣ⲉⲗⲏⲗ ⲙ̄ⲙⲱⲧⲛ̄ ⲛ̄ϩⲟⲩⲟ
ⲥⲉ· ⲙ̄ⲙⲁ[ⲛ] ϯϫⲟⲩ ⲙ̄ⲙⲁⲥ ⲛⲏⲧⲛ̄
ϫⲉ ⲡⲉⲧⲛⲁϫⲓ ⲁⲣⲁϥ ⲙ̄ⲡⲱⲛ̄ϩ ⲁⲩⲱ
ⲛ̄ϥⲡⲓⲥⲧⲉⲩⲉ· ⲁⲧⲙⲛ̄ⲧⲣ̄ⲣⲟ ⲛ̄ϥⲛⲁ
ⲉⲓ ⲉⲛ ⲁⲃⲁⲗ ⲛ̄ϩⲏⲧⲥ̄· ⲁⲛⲏϩⲉ· ⲟⲩⲧⲉ
ⲕⲁⲛ ⲉⲣⲉϣⲁⲛⲡⲓⲱⲧ ⲟⲩⲱϣⲉ
ⲁⲡⲱⲧ ⲛ̄ⲥⲱϥ ⲛⲉⲉⲓ ϯⲛⲁϫⲟⲟⲩ ⲛ̄
ⲛⲏⲧⲛ̄ ϣⲁ ⲡⲓⲙⲁ· ϯⲛⲟⲩ ⲇⲉ ⲉⲉⲓⲛⲁ
ⲃⲱⲕ ⲁϩⲣⲏⲓ̈ ⲁⲡⲧⲟⲡⲟⲥ ⲛ̄ⲧⲁϩⲓ̈ⲉⲓ ⲙ̄
ⲙⲁϥ· ⲛ̄ⲧⲱⲧⲛ̄ `ⲛ̄´ⲇⲉ ⲛ̄ⲧⲁⲣⲓϭⲉⲡⲏ
ⲁⲃⲱⲕ ϩⲁⲧⲉⲧⲛ̄ⲛⲁϫ̄ⲧ̄ ⲁⲃⲁⲗ· ⲁⲩⲱ
ⲁⲡⲙⲁ ⲛ̄ⲧⲉⲧⲛ̄ⲧϩⲡⲁⲉⲓ ⲁⲃⲁⲗ ϩⲁ
ⲧⲉⲧⲛ̄ⲣ̄ⲇⲓⲱⲕⲉ ⲛ̄ⲥⲱⲉ͡ⲓ· ⲉⲣⲓ
ⲡⲣⲟⲥⲉⲭⲉ· ⲇⲉ ⲁⲡⲉⲁⲩ ⲉⲧϭⲱϣⲧ̄
ⲁⲃⲁⲗ ϩⲏⲧ ⲁⲩⲱ ⲉϩⲁⲧⲉⲧⲛ̄ⲟⲩⲏⲛ
ⲁⲡⲉⲧⲛ̄ϩⲏ̣ⲧ̣· ⲥⲱⲧⲙ̄ ⲁⲛϩⲩ̈ⲙⲛⲟⲥ
ⲉⲧϭⲱϣⲧ̄ ⲁϩⲣⲏⲓ̈ ⲛ̄ϩⲣⲏⲓ̈ ϩⲛ̄ ⲙ̄ⲡⲏⲩⲉ
ⲁⲛⲁⲅⲕⲏ̣ ⲅⲁⲣ· ⲁⲣⲁⲉⲓ ⲙ̄ⲡⲟⲟⲩ ⲁ
ⲧⲣⲁⲙⲟⲩϩ· ⲛ̄ⲥⲁ ⲟⲩⲛⲉⲙ ⲙ̄ⲡⲁⲓ̈ⲱⲧ·
ⲡϩⲁⲉ ⲇⲉ ⲛ̄ϣⲉϫⲉ ⲁϩⲓ̈ϫⲟⲟϥ ⲛⲏ

1 [ⲱ ⲓ̈ⲁ]ⲕⲕ[ⲱ]ⲃⲟⲥ Malinine — 3 ⲁⲣⲱ[ⲧ]ⲛ̄ Malinine — 4 ⲁⲩ[ⲱ] Malinine — 5 [ⲡ]ϣⲡⲱⲡ Malinine — 6 ϣⲁⲣⲉⲧⲛ̄ⲱ[ⲕ]ⲙ̄ Malinine — 7 ⲉⲩϣ[ⲁ]ⲛ̣ⲧⲥⲉⲃⲉ Kirchner: ⲉⲩϣ[ⲁⲛ]ⲧⲥⲉⲃⲉ Malinine — 8 ⲁⲧⲙⲛ̄ⲧⲣ̄ⲣ̣[ⲟ] Malinine — 9 [ⲙⲛ̄] Malinine — 10 ⲙ̣̄ⲡ̣ⲱⲛ̄ϩ: ⲙ̄[ⲡ]ⲱⲛ̄ϩ Malinine — 11 ⲙⲡ̄ⲧⲥ̣̄[ⲧ]ⲟ̣ Kirchner: ⲙⲡⲧⲥ[ⲧⲟ] Malinine — 12 ⲁⲣⲁ[ϥ] Malinine — 13 ⲁⲡⲉϣⲡⲱⲡ̣ ⲧ̣ⲉⲗⲏⲗ: ⲁⲡⲉϣⲡⲱ[ⲡ ⲧ]ⲉⲗⲏⲗ Malinine —

P. 14

[ô[0] Ja]cques, et vous ne m'avez pas connu. À nouveau[0], maintenant encore, je vous vois vous réjouir de nombreuses fois; et alors que vous êtes joyeux[0] à cause de la promesse de la Vie, vous vous attristez, d'autre part[0], et vous vous affligez[0], si l'on vous instruit au sujet du Royaume. Mais[0] vous, par la foi[0] et la Connaissance, vous avez reçu pour vous la Vie. Méprisez[0] donc le rejet, si vous en entendez (parler); mais[0] si vous entendez la promesse, exultez davantage. Oui, en vérité, je vous le dis: celui qui recevra la Vie et qui croira[0] au Royaume ne le quittera jamais, pas même si[0] le Père voulait l'(en) chasser. Ces choses-là, je veux vous les dire jusqu'à ce point. Mais[0] maintenant, je vais remonter vers le lieu[0] d'où je suis venu. Mais[0] vous, quand je me suis hâté de partir, vous m'avez rejeté et, au lieu de m'accompagner, vous m'avez poursuivi[0]. Prêtez plutôt[0] attention[0] à la gloire qui m'attend et, quand vous aurez ouvert votre coeur, écoutez les hymnes[0] qui (m')attendent là-haut dans les cieux. Car[0] il m'est nécessaire[0] aujourd'hui que je m'emplisse à la droite de mon Père. Or[0] la dernière parole, je vous l'ai dite.

14 ⲙ̄ⲙⲁ[ⲛ] Malinine — 22 \`ⲛ´ⲇⲉ Le ⲛ est ajouté au-dessus de la ligne — 27 ϩⲏⲧ: ϩⲏ[ⲧ] Malinine — 29 ϩⲛ Le ϩ a vraisemblablement été ajouté en second lieu — 30 ⲁⲛⲁⲅⲕⲏ̣: ⲁⲛⲁⲅⲕ[ⲏ] Malinine — 31 ⲧⲣⲁⲙⲟⲩϩ codex: ⲧⲣⲁ<ϩⲙⲁⲥⲧ> Malinine // ⲛ̄ⲥⲁ codex: <ⲙ̄ⲡⲥⲁ ⲛ>ⲟⲩⲛⲉⲙ Malinine

ⲧⲛ̄ ϯⲛⲁⲡⲱⲣ̅ϫ̅ ⲁⲣⲱⲧⲛ̄ ⲁϩⲁⲟⲩ
ϩⲁⲣⲙⲁ ⲅⲁⲣ ⲙ̄ⲡⲛ̄ⲁ̄ ϥⲓ ⲙ̄ⲙⲁⲉⲓ ⲁϩⲣⲏⲓ̈
ⲁⲩⲱ ϫⲓⲛ̄ ϯⲛⲟⲩ ϯⲛⲁⲕⲁⲁⲕⲧ̄ ⲁ
ϩⲏⲩ· ϫⲉⲕⲁⲥⲉ ⲉⲉⲓⲛⲁϯ ϩⲓ̈ⲱⲱⲧ·
ⲉⲣⲓⲡⲣⲟⲥⲉⲭⲉ ⲇⲉ· ϩⲙ̄ⲙⲁⲕⲁⲣⲓⲟⲥ
ⲛⲉ ⲛⲉⲉⲓ ⲛ̄ⲧⲁϩ̄ⲣ̄ⲉⲩⲁⲅⲅⲉⲗⲓⲍⲉ
ⲙ̄ⲡϣⲏⲣⲉ ⲉⲙⲡⲁⲧϥ̄ⲉ͡ⲓ ⲁⲡⲓⲧⲛ̄
ϫⲉⲕⲁⲥ ⲉⲉⲓϣⲁⲛⲉ͡ⲓ ⲉⲉⲓⲛⲁⲃⲱⲕ
ⲁϩⲣⲏⲓ̈ ϩⲙ̄ⲙⲁⲕⲁⲣⲓⲟⲥ ⲛ̄ϣⲁⲙⲛ̄ⲧ̄

Je vais me séparer de vous. Un
char° spirituel° m'a en effet° enlevé
et dès maintenant je vais me dévêtir
pour me revêtir.
Mais° attention°! Bienheureux°
sont ceux qui ont annoncé la Bonne Nouvelle°
du Fils avant qu'il fût descendu
de telle sorte que, si je venais, je puisse monter!
Trois fois bienheureux°

ⲓ̄ⲉ̄

ⲛ̄ⲥⲁⲡ ⲛⲉ ⲛⲉⲉⲓ̣ ⲛⲧ[ⲁϩⲟⲩ]
ⲧⲁϣⲉ ⲁⲉⲓϣ ⲙ̄ⲙⲁⲩ ϩⲓ̈ⲧⲛ̄ ⲡϣⲏ̣[ⲣⲉ]
ⲉⲙⲡⲁⲧⲟⲩϣⲱⲡⲉ· ϫⲉⲕⲁⲥⲉ ⲉⲣ̣[ⲉ]
ⲟⲩⲙⲉⲣⲟⲥ ϣⲱⲡⲉ ⲛⲏⲧⲛ̄ ⲛⲙ̄
ⲙⲉⲩ· ⲛⲉⲉⲓ ⲛ̄ⲧⲁⲣⲉϥϫⲟⲟⲩ
ⲁϥⲃⲱⲕ ⲁⲛⲁⲛ ⲛ̄ⲇⲉ ⲁⲛϭⲱⲗ̄ϫ̄ ⲡⲉⲧ
ⲁⲛⲁⲕ ⲙ̄ⲛ̄ ⲡⲉⲧⲣⲟⲥ ⲁⲛϣⲱⲡ ϩⲙⲁⲧ
ⲁⲩⲱ ⲁϩⲛ̄ϫⲁⲩ ⲙ̄ⲡ̄ⲛ̄ϩⲏⲧ· ⲁϩⲣⲏⲉⲓ
ⲁⲙⲡⲏⲟⲩⲉ ⲁⲛⲥⲱⲧⲙ̄ ϩⲣⲏⲉⲓ ϩ̄ⲛ̄
ⲛⲉⲛⲙⲉϣϫⲉ ⲁⲩⲱ ⲁⲛⲛⲉⲩ ϩⲣⲏⲓ̈
ϩⲛ̄ ⲛⲉⲛⲃⲉⲗ ⲁⲡϩⲣⲁⲩ ⲛ̄ϩ̄ⲙ̄ⲡⲟⲗⲉ
ⲙⲟⲥ ⲁⲩⲱ ⲟⲩⲥⲙⲏ ⲛ̄ⲥⲁⲗⲡⲓⲅⲝ
ⲙⲛ̄ ⲟⲩⲛⲁϭ ⲛ̄ϣ̄ⲧⲁⲣⲧ̄ⲣ̄· ⲁⲩⲱ ⲛ̄
ⲧⲁⲣ̄ⲛ̄{ⲟⲩ}ⲟⲩⲱⲧ̄ⲃ̄ ⲁϩⲣⲏⲓ̈ ⲙ̄ⲡ̄ⲃ̄ⲗ̄ ⲙ̄
ⲡⲙⲁ ⲉⲧⲙ̄ⲙⲉⲩ ⲁϩⲛ̄ϫⲁⲩ ⲙ̄ⲡ̄ⲛ̄
ⲛⲟⲩⲥ ⲁϩⲣⲏⲓ̈ ⲛ̄ϩⲟⲩⲟ ⲁⲩⲱ ⲁϩⲛ̄
ⲛⲉⲩ ϩⲛ̄ ⲛⲉⲛⲃⲉⲗ· ⲁⲩⲱ ⲁⲛⲥⲱⲧⲙ̄
ϩⲣⲏⲓ̈ ϩⲛ ⲛⲉⲛⲙⲉϣϫⲉ· ⲁϩ̄ⲛ̄ϩⲩⲙⲛⲟⲥ
ⲙⲛ̄ ϩ̄ⲛ̄ⲥⲙⲟⲩ ⲛ̄ⲛ̄ⲁⲅⲅⲉⲗⲟⲥ ⲁⲩⲱ
ⲉⲩⲧⲉⲗⲏⲗ ⲛ̄ϩⲉⲛⲁⲅⲅⲉⲗⲟⲥ ⲁⲩⲱ
ϩⲉⲛⲙⲛ̄ⲧⲛⲁϭ ⲛⲙⲡⲏⲩⲉ ⲛⲉⲩ
ⲣ̄ϩⲩⲙⲛⲉⲓ ⲡⲉ ⲁⲩⲱ ⲁⲛ· ⲁⲛ ϩⲱⲱⲛ
ⲁⲛⲧⲉⲗⲏⲗ ⲙ̄ⲙⲁⲛ ⲙⲛ̄ⲛ̄ⲥⲁ ⲛⲉⲉⲓ
ⲁⲛ ⲁϩ̄ⲛ̄ⲟⲩⲱϣⲉ· ⲁϫⲁⲩ ⲙ̄ⲡⲉⲛ
ⲡⲛ̄ⲁ̄· ⲁⲡⲥⲁ ⲛⲧⲡⲉ ⲁⲣⲉⲧϥ̄ ⲛ̄ⲧⲙⲛⲧ
ⲛⲁϭ ⲁⲩⲱ ⲛ̄ⲧⲁⲣⲛϣⲉ· ⲁϩⲣⲏⲓ̈ ⲙ̄ⲡⲟⲩ
ⲕⲁⲁⲛ· ⲁⲛⲉⲩ· ⲟⲩⲧⲉ ⲁⲥⲱⲧⲙ̄ ⲁ
ⲗⲁⲩⲉ· ϩⲁⲡⲕⲉϣⲱϫⲡ̄ ⲅⲁⲣ ⲙ̄
ⲙⲁⲑⲏⲧⲏⲥ ⲙⲟⲩⲧⲉ ⲁⲣⲁⲛ ⲁϩⲟⲩ
ϣⲓⲛⲧⲛ̄ ϫⲉ ⲉⲩ ⲡⲉ ⲛ̄ⲧⲁϩⲁⲧⲉⲧⲛ̄
ⲥⲱⲧⲙ̄ ⲁⲣⲁϥ ⲁⲃⲁⲗ ϩⲓ̈ⲧⲟⲟⲧϥ ⲙ̄
ⲡⲥⲁϩ· ⲁⲩⲱ ϫⲉ ⲉⲩ ⲡⲉ ⲛ̄ⲧⲁϥ

1-2 ⲛⲉ(ⲉⲓ̣) ⲛⲉⲉⲓ̣ ⲛ̄ⲧ[ⲁϩⲟⲩ]ⲧⲁϣⲉ codex, Malinine (le scribe a rayé le ⲉⲓ du premier ⲛⲉⲉⲓ̣): ⲛⲉ ⲛⲉⲉⲓ̣ [ⲉ]ⲛⲧ[ⲁϩⲟⲩ]ⲧⲁϣⲉ Wisse — 2 ⲡϣⲏ̣[ⲣⲉ] Kirchner: ⲡϣ[ⲏⲣⲉ] Malinine — 3-4 ⲉⲣ̣[ⲉ]ⲟⲩⲙⲉⲣⲟⲥ Kirchner: ⲉ[ⲣⲉ]ⲟⲩⲙⲉⲣⲟⲥ Malinine — 13-14 ⲛ̄ⲧⲁⲣⲛ̄{ⲟⲩ}-ⲟⲩⲱⲧⲃ: ⲛ̄ⲧⲁⲣⲛ̄ⲟⲩⲟⲩⲱⲧⲃ codex — 21 <ⲛ̄>ϩⲉⲛⲙⲛ̄ⲧⲛⲁϭ Kirchner — 25 ⲁⲣⲉⲧϥ̄ codex: ⲁⲣⲉⲧ<ⲥ> Kirchner

P. 15

sont ceux qui ont été proclamés par le Fils avant qu'ils ne viennent à l'existence de telle sorte qu'il y ait part[0] pour vous avec eux». Quand il eut dit ces choses, il s'en alla. Quant à[0] nous, nous nous sommes mis à genoux. Moi et Pierre, nous rendîmes grâces et nous élevâmes notre coeur vers les cieux. Nous entendîmes de nos oreilles et nous vîmes de nos yeux le bruit de la guerre[0] et une sonnerie de trompette[0] et un grand tumulte. Et quand nous sommes passés au-delà de ce lieu-là, nous avons élevé notre intellect[0] davantage encore, et nous avons vu de nos yeux, et nous avons entendu de nos oreilles, des hymnes[0] et des louanges angéliques[0], et une allégresse d'anges[0], et des Grandeurs célestes chantaient des hymnes[0] et, nous aussi, nous exultions. Après cela, nous avons voulu élever encore notre esprit[0] jusqu'à proximité de la Grandeur. Et lorsque nous sommes montés, il ne nous a pas été permis de rien voir ni[0] entendre. Car[0] le reste des disciples[0] nous a appelés. Ils nous ont demandé: «Qu'avez-vous entendu de la part du Maître? Et que vous a-t-il

ϫⲟⲟϥ ⲛⲏⲧ̅ⲛ̅ ⲁⲩⲱ ϫⲉ ⲛ̅ⲧⲁϥⲃⲱⲕ
ⲁⲧⲟⲛ ⲁⲛⲁⲛ ⲛ̅ⲇⲉ ⲁϩⲛ̅ⲟⲩⲱϣ̅ⲃ̅
ⲛⲉⲩ ϫⲉ ⲁϥⲃⲱⲕ ⲁϩⲣⲏï ⲁⲩⲱ ϫⲉ
ⲁϥϯ ⲛⲉⲛ ⲛ̅ⲛⲟⲩⲇⲉⲝⲓⲁ ⲁⲩⲱ
ⲁϥϣⲡⲱⲡ ⲛⲉⲛ ⲧⲏⲣ̅ⲛ̅ ⲙ̅ⲡⲱⲛ̅ϩ̅ ⲁⲩⲱ
ⲁϥϭⲱⲗⲡ ⲛⲉⲛ ⲁⲃⲁⲗ ⲛ̅ϩ̅ⲛ̅ϣⲏⲏⲣⲉ
ⲉⲩⲛ̅ⲛⲏⲩ ⲙⲛ̅ⲛ̅ⲥⲱⲛ ⲉⲁϥⲣ̅ⲕⲉⲗⲉⲩⲉ

38 ϣ<ⲡ>ⲏⲣⲉ Malinine

dit? Et où est-il allé?».
Et[0] nous leur avons répon-
du: «Il est monté et
il nous a donné la main droite[0], et
il nous a promis à tous la Vie et il nous a
dévoilé des fils
qui viendront après nous, [nous] ordonnant[0]

ⲓⲋ

[ⲛⲉⲛ] ⲁ̣[ⲧⲣ]ⲉ̣ⲛⲙⲉⲣⲓⲧⲟⲩ ϩⲱⲥ ⲉⲛⲁ[ⲟⲩ]
[ϫ]ⲉ̣[ⲉⲓ] ⲉⲧⲃⲉ ⲛⲉⲧ̄ⲙ̄ⲙⲉⲩ ⲁⲩⲱ ⲛ̄ⲧⲁ
ⲣⲟⲩⲥⲱⲧ̄ⲙ̄ ⲁϩⲟⲩⲣ̄ⲡⲓⲥⲧⲉⲩⲉ ⲙⲉⲛ ⲁ
ⲡⲟⲩⲱⲛ̄ϩ̄ ⲁϩⲟⲩⲛⲟⲩϭⲥ ⲛ̄ⲇⲉ ⲉⲧⲃⲉ
ⲛⲉⲧⲟⲩⲛⲁϫⲡⲁⲩ ⲉⲉⲓⲟⲩⲱϣⲉ ϭⲉ
ⲉⲛ· ⲁⲛⲁϫⲟⲩ ⲁⲩⲙⲛ̄ⲧ̄ⲥⲕⲁⲛⲇⲁⲗⲟⲥ
ⲁϩⲓ̈ϫⲁⲩ ⲙ̄ⲡⲟⲩⲉⲉⲓ ⲡⲟⲩⲉⲉⲓ ⲁⲕⲉ
ⲙⲁ· ⲁⲛⲁⲕ ⲛ̄ⲇⲉ ϩⲱⲱⲧ· ⲁϩⲓ̈ⲃⲱⲕ
ⲁϩⲣⲏⲓ̈ ⲉⲑⲓⲏ̄ⲗ̄ⲙ̄ ⲉⲉⲓϣⲗⲏⲗ· ⲁⲧⲣⲓ
ϫⲡⲉ ⲟⲩⲙⲉⲣⲟⲥ ⲙⲛ̄ ⲛ̄ⲙⲣ̄ⲣ̄ⲉϯ
ⲛⲉⲉⲓ ⲉⲧⲛⲁⲟⲩⲱⲛ̄ϩ̄ ⲁⲃⲁⲗ·
ϯⲣ̄ⲡⲣⲟⲥ·ⲉⲩⲭⲉⲥⲑⲁⲓ ⲇⲉ ⲁⲧⲣⲉⲧⲉ
ϩⲟⲩⲉⲓⲧⲉ ϣⲱⲡⲉ ⲁⲃⲁⲗ ⲙ̄ⲙⲁⲕ
ⲧⲉⲉⲓ ⲅⲁⲣ ⲧⲉ ⲑⲉ ⲉϯⲛⲁϣ ⲟⲩϫⲉ
ⲉ̂ⲓ̂ ϩⲱⲥ ⲉⲣⲉⲛⲉⲧ̄ⲙ̄ⲙⲉⲩ ⲛⲁϫⲓ ⲟⲩ
ⲁⲉⲓⲛ ⲛ̄ϩⲣⲏⲓ̈ ⲛ̄ϩⲏⲧ· ϩⲛ̄ ⲧⲁⲡⲓⲥⲧⲓⲥ
ⲁⲩⲱ ⲛ̄ϩⲣⲏⲓ̈ ϩⲛ̄ ⲕⲉⲟⲩⲉⲓⲉ· ⲉⲥ
ⲥⲁⲧⲡ̄ ⲁⲧⲱⲉⲓ ϯⲟⲩⲱϣⲉ ⲅⲁⲣ
ⲁⲧⲣⲉⲧⲱⲉⲓ ϣⲱⲡⲉ ⲉⲥϭⲁϫ̄ⲃ̄·
ⲉⲣⲓ ⲁⲡ<ⲁ>ⲧⲟⲟⲧ̄ⲕ̄·ϭⲉ· ⲁⲧⲣⲉⲕⲧⲛ
ⲧⲱⲛⲅ̄ ⲁⲛⲉⲧⲙ̄ⲙⲉⲩ ⲁⲩⲱ ⲛⲅ̄
ϣⲗⲏⲗ ⲁⲧⲣⲉⲕϫⲡⲟ ⲛ̄ⲛⲟⲩⲙⲉⲣⲟⲥ
ⲛⲙ̄ⲙⲉⲩ ⲁⲃⲁⲗ ⲛ̄ⲅⲁⲣ ⲛ̄ⲛⲉⲛ
ⲧⲁⲓ̈ϫⲟⲟⲩ ϯⲁⲡⲟⲕⲁⲗⲩⲯⲓⲥ ⲙ̄ⲡⲉ̣
ⲡ̄ⲥ̄ⲱ̄ⲣ̄ ϭⲁⲗⲡ̄ⲥ̄ ⲛⲉⲛ ⲁⲃⲁⲗ· ⲉⲧⲃⲉ
ⲛⲉⲧⲙ̄ⲙⲉⲩ ⲉⲛⲧⲁϣⲉ ⲁⲉⲓϣ
ⲙⲉⲛ ⲛ̄ⲛⲟⲩⲙⲉⲣⲟⲥ ⲙⲛ̄ ⲛⲉⲉⲓ ⲛ̄
ⲧⲁϩⲟⲩⲧⲁϣⲉ ⲁⲉⲓϣ ⲛⲉⲩ ⲛⲉⲉⲓ̂ ⲛ̄
ⲧⲁϩⲁⲡϫⲁⲉⲓⲥ ⲉⲉⲓⲧⲟⲩ ⲛⲉϥ ⲛ̄
ϣⲏⲣⲉ >>>> — >>>>>> — >>>> —

1 [ⲛⲉⲛ] ⲁ[ⲧⲣ]ⲉ̣ⲛⲙⲉⲣⲓⲧⲟⲩ Kirchner: [ⲁⲛⲉⲧⲥⲟⲧⲡ] ⲛ̄ⲙⲉⲣⲓⲧⲟⲩ Malinine: [ⲛⲉⲛ ⲉⲧⲣⲉ]ⲛⲙⲉⲣⲓⲧⲟⲩ Schenke: [ⲛⲉⲛ ⲁⲧⲣⲉ]ⲛⲙⲉⲣⲓⲧⲟⲩ Kipgen — 1-2 ϩⲱⲥ ⲉⲛⲁ[ⲟⲩ][ϫ]ⲉ̣[ⲉⲓ]: ⲉⲛⲁ[ϣ][ⲟⲩϫⲉⲉⲓ] Malinine: ⲉⲛⲁ[ⲟⲩϫⲉⲉⲓ] Schenke: ⲉⲛⲁⲟ̣[ⲩ][ϫ]ⲉ̣[ⲉⲓ]: Kirchner — 20 ⲉⲣⲓ ⲁⲡ<ⲁ>ⲧⲟⲟⲧⲕ̄ Malinine: ⲉⲣⲓ ⲁⲡⲟⲧⲟⲟⲧⲕ̄ codex — 28 ⲛ̄ⲧⲁϩⲟⲩⲧⲁϣⲉ Sous le ϣ peut-être une lettre (ⲥ ?) ou un trait d'encre? — 30 Trois séries de chevrons complètent cette ligne. Deux autres lignes décoratives suivent

P. 16

de les aimer comme si [0] nous devions [être sauvés] à cause de ceux-là». Et lorsqu'ils eurent entendu, ils crurent [0], certes [0], à leur vie, mais [0] ils furent en colère à cause de ceux qui seront engendrés. Comme je ne voulais pas cependant les précipiter dans une occasion de chute [0], j'envoyai chacun (d'eux) à un endroit différent. Quant à [0] moi, je suis monté à Jérusalem priant pour avoir une part [0] avec les bien-aimés, ceux qui seront manifestés. Et [0] je prie [0] pour que le commencement vienne de toi. Telle est, en effet [0], la façon dont je pourrai être sauvé, dans la mesure où [0] ceux-là seront illuminés par moi, par ma foi [0], et par une autre qui est meilleure que la mienne. En effet [0], je souhaite que la mienne soit diminuée. Efforce-toi donc de leur ressembler et prie afin d'acquérir une part [0] avec eux. Car [0] en dehors des choses que j'ai dites, le Sauveur [0] ne nous a pas dévoilé de révélation [0] au sujet de ceux-là. Nous proclamons en fait [0] que c'est avec eux à qui on a prêché qu'il y a part [0], ceux dont le Seigneur a fait ses /enfants.

COMMENTAIRE

I. Prologue de la lettre (p. 1,1-2,7a)

Salutations (p. 1,1-8a)

Notre traité obéit, du moins pour l'introduction et la conclusion, au schéma traditionnel des lettres de l'Antiquité[1] et s'apparente dans sa formulation à la lettre dite familière[2]. La *praescriptio* selon les règles de l'épistolographie grecque classique, donne successivement le nom de l'expéditeur, celui du destinataire ainsi que les divers souhaits d'usage. Dans l'ApocrJac, la mention de ces éléments a presque entièrement disparu, vu l'état des premières lignes du texte. La plupart d'entre eux peuvent cependant être restitués de façon quasi certaine. C'est ainsi que l'identification de l'expéditeur comme étant Jacques[3] (p. 1,1) ne fait aucun doute et a été admise par tous les critiques. En effet, dans la suite du texte, Jacques apparaît clairement comme l'auteur de la lettre (cf. p. 1,11-12, 34-35a, etc.).

La pratique qui consiste à placer un écrit sous le couvert d'un nom illustre comme pour garantir à la fois son inspiration divine et sa propagation était répandue dans tous les milieux de l'Antiquité, juif,

[1] Cf. J.W. Barns, «Greek and Coptic Papyri from the Covers of the Nag Hammadi Codices», in M. Krause, éd., *Essays on the Nag Hammadi Texts* (*NHS*, 6), Leiden, 1975, p. 9-18; P. Eschlimann, «La rédaction des épîtres pauliniennes», *RB* 53 (1946) 185-196; F.X.J. Exler, *The Form of the Ancient Greek Letter*. A Study in Greek Epistolography. Washington (D.C.), 1923; S. Lyonnet, «De arte litteras exarandi apud antiquos», *VD* 34 (1956) 3-11; A.J. Malherbe, «Ancient Epistolary Theorists», *Ohio Journal of Religious Studies* 5,2 (1977) 3-77; O. Roller, «Das Formular der paulinischen Briefe. Ein Beitrag zur Lehre vom antiken Briefe», *BWANT* IV,6 (1933) 1-54; H.A. Steen, «Les clichés épistolaires dans les Lettres sur papyrus grecques», *Classica et Mediaevalia* I,2 (1938) 119-176; J.L. White, *The Form and Function of the Body of the Greek Letter*. A Study of the Letter-Body in the Non-literary Papyri and in Paul the Apostle, Missoula (Montana), 1972; Id., «Epistolary Formulas and Clichés in Greek Papyrus Letters», *SBL* 1978, *Seminar Papers* 14,2 p. 289-319; Id., «The Greek Documentary Letter Tradition Third Century B.C.E. to Third Century C.E.», *Semeia* 22 (1981) 89-106; Id., «New Testament Epistolary Literature in the Framework of Ancient Epistolography», in *Vorkonstantinisches Christentum: Leben und Umwelt Jesu: Neues Testament [Kanonische Schriften und Apokryphen], ANRW* 25,2, Berlin, 1984, p. 1730-1756.

[2] Selon la classification de F.X.J. Exler, *op. cit.*, on peut distinguer quatre types de lettre: 1) la lettre familière, auquel appartient notre traité; 2) la lettre d'affaire; 3) la pétition et l'application; 3) enfin, la lettre officielle.

[3] Cf. Introduction, note 50.

païen ou chrétien[4]. Ce procédé sera abondamment repris par les gnostiques pour cautionner leurs doctrines et les textes qui les véhiculaient. Les nombreux exemples fournis à Nag Hammadi, notamment la *Lettre de Pierre à Philippe*[5], la *1ère Apocalypse de Jacques*[6], ou la *2e Apocalypse de Jacques*[7], nous le confirment. L'auteur de l'ApocrJac n'ignorait pas l'impact d'un tel procédé lorsqu'il attribua son traité au personnage de Jacques, bien connu des premières générations chrétiennes.

La restitution de ⲡ]ⲉⲧ̣[ⲥϩ]ⲉⲉⲓ, en 1,1, ne pose pas de problèmes majeurs et apparaît préférable, en raison de l'espace laissé par la lacune[8], aux autres restitutions proposées. En outre, elle peut s'appuyer pour l'emploi du verbe ⲥϩⲁⲓ, sur 1,15-16a: «[je l'ai] écrit ([ⲁϩⲓⲥⲁ]ϩ̄ϥ) en lettres hébraïques».

Au début de la ligne 2 de cette première page, on a suggéré de lire «frère» ([ⲡⲥⲟⲛ...], Schenke) ou encore «fils» ([ⲡϣⲏⲣⲉ...], Kirchner). On rejoindrait ainsi des formules d'adresse comme celles que l'on trouve ailleurs, par exemple dans la *Lettre* du Pseudo-Barnabé (1,1). Pour leur part, les auteurs de l'*editio princeps* restituent ⲡⲓϫⲱⲙⲉ, «cet écrit», terme qui revient en 1,22. Cependant, on ne peut reconstruire le début de cette ligne sans tenir compte des premières lettres lisibles qu'elle offre, a savoir ⲑⲟⲥ. Il s'agit de la fin d'un mot grec, soit un adjectif qui se rapporterait au substantif restitué en début de ligne, soit d'un nom propre qui désignerait le destinataire de l'écrit de Jacques. La première hypothèse doit être rejetée, car une fois le substantif en place il ne resterait plus suffisamment d'espace (tout au plus pour quatre lettres) pour restituer un début de mot qui s'ajusterait à la finale ⲑⲟⲥ. D'autre part, la manière dont sont construits les souhaits aux lignes 2b-8a suppose que le destinataire a été nommé.

S'il semble clair que la finale ⲑⲟⲥ doit appartenir à un nom propre ou à un nom commun (du genre συμπάθος) renvoyant au destinataire, on ne voit pas à quelle forme il faudrait s'arrêter, étant donné le grand nombre de mots se terminant en θος[9]. Pour leur part, Schenke[10] et

[4] Voir J.-É. Ménard, art. «Pseudonymie», in *DBS* 9 (Paris, 1973) col. 245-252.

[5] Cf. Id., *La Lettre de Pierre à Philippe* (*BCNH*, section «Textes», 1) Québec, 1977, p. 40.

[6] Voir W.R. Schoedel and D.M. Parrot, «The First Apocalypse of James (V,3)», in J.M. Robinson, éd., *The Nag Hammadi Library*, San Francisco, 1977, p. 242.

[7] Cf. W. Hedrick and D.M. Parrot, «The Second Apocalypse of James (V,4)» in J.M. Robinson, éd., *The Nag Hammadi Library*, p. 249.

[8] Cf. Apparat *ad loc.* 1,1.

[9] Une recherche systématique opérée dans différents dictionnaires inverses ne nous a mené à proposer aucune autre suggestion valable. Cf. C.D. Buck and W. Peterson, *A Reverse Index of Greek Nouns and Adjectives arranged by Termination*, Chicago, 1975;

Kirchner[11], s'appuyant sur le témoignage de l'*Epistula apostolorum*[12], ont proposé Κήρινθος. Cependant une telle suggestion, qui n'est pas appuyée par la critique interne, ne saurait être retenue plus qu'une autre. Il est donc préférable de renoncer à combler cette lacune.

Les lacunes des lignes 3 à 6 peuvent être comblées avec un très haut degré de certitude puisque ces lignes obéissent toutes à une même structure, que nous fait connaître la ligne 7, heureusement préservée. À la fin de la ligne 2, nous lisons le mot «paix», avec Kasser, Schenke et Kirchner (ϯⲣⲏⲛⲉ pour ⲧⲉⲓⲣⲏⲛⲏ, ⲉⲓⲣⲏⲛⲉ étant attesté par la version sahidique du *Siracide* et par le *Traité sur la Résurrection*)[13]. Au début de la ligne 3, nous restituons un pronom d'adresse (ⲛⲉⲕ), qui convient et au genre de cette *praescriptio* et à l'espace disponible.

Notre traité énonce par conséquent des voeux de Paix, d'Amour, de Grâce, de Foi et de Vie. Ces cinq termes de salutation sont courants dans la plupart des lettres de l'époque[14]. On les retrouve notamment dans les lettres pauliniennes[15], à l'exception de la lettre aux *Hébreux*.

Fidèle aux règles du genre, la *praescriptio* de l'ApocrJac se lit donc ainsi:

[C'est Jacques] qui [éc]rit à (?)
[± 8]thos. Paix

P. Kretschmer and E. Locker, *Rückläufiges Wörterbuch der griechischen Sprache*, 3. unveränd. Aufl., Göttingen, 1976, mit Ergänzungen von Georg Kisser.

[10] Voir H.-M. Schenke, «Der Jakobusbrief aus dem Codex Jung», *OLZ* 66 (1971) 119.128.

[11] Cf. D. Kirchner, *Epistula Jacobi Apocrypha.* Die erste Schrift aus Nag-Hammadi-Codex I (Codex Jung) neu herausgegeben und kommentiert, Theol. Diss., Berlin, 1977, p. 106.

[12] J. Heldermann prend lui aussi la défense de l'hypothèse de Cérinthe dans un article intitulé «Anapausis in the Epistula Jacobi Apocrypha», in R.McL. Wilson, éd., *Nag Hammadi and Gnosis* (*NHS* 14), Leiden, 1978, p. 36-37.

[13] Cf. *Siracide* 26,15 tel que cité par l'*editio princeps*, p. 36; et J.-É. Ménard, *Le traité sur la Résurrection* (*BCNH*, section «Textes», 12), Québec, 1983, p. 58.

[14] Cf. K. Berger, «Apostelbrief und apostolische Rede. Zum Formular frühchristlicher Briefe», *ZNW* 65 (1974) 190-231; P. Schubert, «Form and Function of the Pauline Letters», *JR* 19 (1939) 365-377; E. Schweizer, *The Letter to the Colossians*, Londres, 1982; J.L. White, «Epistolary Formulas and Clichés in Greek Papyrus Letters» (cf. *supra*, n. 1), p. 289-315. L'association de la *grâce* et de la *paix* se rencontre aussi dans l'*Enoch* éthiopien (5,7); celle de la *pitié* et de la *paix* dans Tb 7,12; Nb 6,25; Is 54,10.

[15] Voir par exemple χαρίς, εἰρήνη en Rm 1,7; 1 Co 1,3; 2 Co 1,2; Ga 1,3; Ep 1,2; Phil 1,2; Col 1,2; 1 Th 1,1; 2 Th 1,2; Tt 1,4; Phm 1,3; χάρις, ἀγάπη en 1 Co 16,23-24; 2 Co 13,13; εἰρήνη, ἀγάπη, πίστις, χάρις en Ep 6,23-24; χάρις, ἔλεος, εἰρήνη en 1 Tm 1,2; 2 Tm 1,2. Les termes χάρις et εἰρήνη ne sont toutefois pas propres aux écrits pauliniens. Nous les retrouvons en 1 P 1,2; en 2 P 1,2; en Ap 1,4; nous remarquons aussi χάρις, ἔλεος, εἰρηνή en 2 Jn 1,3 tandis que εἰρήνη apparaît seul en 3 Jn; ἔλεος, εἰρήνη, ἀγάπη se présentent pour leur part en Jude 1,2.

[à toi de la part de] la Paix,
[Amour de la part de] l'Amour,
[Grâce de la part de] la Grâce,
[Foi de la] part de la Foi,
Vie de la part de la Vie
sainte! (p. 1,1-8a)

Occasion de la lettre (p. 1,8b-20a)

Ce passage révèle le caractère conventionnel de la lettre, aux prises avec les exigences du genre, et aussi son intention polémique.

L'auteur confesse d'abord que ce n'est pas de sa propre initiative ni de son plein gré qu'il envoie à son destinataire un écrit secret. Au contraire, l'envoi de ce «secret» est l'aboutissement de la requête de ce dernier (p. 1,8b-10), sans doute justifiée par la dignité que lui confère le titre de «serviteur du salut des saints» (p. 1,19-20a). La formule épistolaire: «Puisque tu m'as prié...», qui est des plus usuelles, se rapproche du fragment 13 de Méliton de Sardes (ἐπειδὴ πολλάκις ἠξίωσας), connu d'Eusèbe de Césarée[16]. Cette même formule se retrouve encore au début de l'*Épître à Diognète*[17] et dans les premières lignes du *Traité sur la Résurrection*[18]. Le terme «(écrit) secret» (ἀπόκρυφον, 1,10-11), qui revient aux lignes 30 et 31, nous indique le genre de l'écrit envoyé par Jacques. C'est au nom d'une tradition reçue secrètement, d'une «connaissance ésotérique» que se fait la présente transmission[19].

La vrai tradition que transmet l'*apokryphon* semble devoir passer par Jacques et Pierre, mentionnés l'un et l'autre en p. 1,11-12a. Cependant, la subordination même du nom de Pierre à celui de Jacques est déjà révélatrice du rôle que l'ApocrJac réservera au Prince des apôtres. Nous avons montré dans l'Introduction[20] que cela répond à une visée polémique précise qui commande toute l'économie de notre traité. Passant ici

[16] Cf. Eusèbe, *Hist. eccl.*, IV,26,13.

[17] Voir H.I. Marrou, *À Diognète* (*SC*, 33), Paris, 1951, p. 52.

[18] Voir J.-É. Ménard, *op. cit.* (cf. *supra*, n. 13), p. 43.

[19] Cf. E. Amann, «Apocryphes du Nouveau Testament», in *DBS* 1 (Paris, 1928) col. 460-533; L. Cerfaux, «Gnose préchrétienne et biblique», in *DBS* 3 (Paris, 1938) col. 659-701; F. Cumont, *L'Égypte des astrologues*, Bruxelles, 1937, p. 152-158; J.B. Frey «Apocryphes de l'Ancien Testament. Généralités sur le sens du mot apocryphe et sur les apocryphes», in *DBS* 1 (Paris, 1928) col. 354-460; W. Schneemelcher, «Canonical and Apocryphal», in E. Hennecke, W. Schneemelcher, éd., *New Testament Apocrypha*, Londres, 1963, t. 1, p. 21-28; J.-É. Ménard, «Les origines de la gnose», *RevSR* 42 (1968) 24-38.

[20] Cf. Introduction, note 47.

après Jacques, Pierre disparaîtra tout à fait à la fin du texte lorsqu'après la révélation (p. 16,8b-11), Jacques reviendra à Jérusalem: Pierre ne pourra avoir part à l'édification de l'Église véritable, celle à laquelle les «bien-aimés» sont destinés à appartenir.

Pourquoi l'auteur recourt-il à un tel procédé? N'eût-il pas été plus simple de taire le nom de Pierre plutôt que de lui faire jouer un rôle somme toute peu valorisant? Cependant, si nous tenons compte de la perspective polémique de l'ApocrJac, la mention de Pierre apparaît très significative. Disons d'emblée qu'on ne saurait l'expliquer par le fait que, l'ApocrJac s'adressant à des communautés où la faveur de Jacques l'emportait sur celle de Pierre, on ait voulu ménager la susceptibilité de ceux — la majorité — qui reconnaissaient à Pierre un rôle de premier plan.

Si nous supposons cependant que l'auteur de l'ApocrJac appartenait à une communauté qui prétendait posséder la véritable compréhension du message du Christ, et que cette compréhension s'opposait à celle mise de l'avant par la Grande Église, on comprend qu'il ait voulu associer Pierre à une révélation reçue par Jacques au cours de laquelle le Sauveur livre l'interprétation authentique d'éléments centraux du message chrétien. Affectant de traiter Pierre avec déférence, l'auteur le présente en fait comme le témoin étonné et quasi-muet de la révélation qui est faite à Jacques. La situation de Pierre dans l'ApocrJac s'explique au mieux si l'on voit qu'à travers Pierre, c'est la communauté qui se réclame de lui qui est visée, c'est-à-dire la Grande Église. Celle-ci cherche à imposer une interprétation de la personne et du message du Christ qui est contestée par l'auteur et par le groupe dont il est le porte-parole. Cette contestation, qui apparaît en filigrane dans le texte, est marquée par la fonction de «repoussoir» dévolue à Pierre: par son étonnement face à l'enseignement paradoxal du Sauveur, en 3,38b-4,2a et 13,26-36a, il consacre son incompréhension et celle de la Grande Église. D'autre part, par ses réponses, le Seigneur avalise l'interprétation gnostique, face à celle de la Grande Église. Pierre n'est donc rien d'autre que le symbole de ce que l'ApocrJac combat.

Le mode de transmission presque clandestin de l'ApocrJac respecte les règles de la «tradition» ésotérique[21]. L'expression «parler de bouche à oreille», «s'adresser à quelqu'un de vive voix» (la préposition ϩⲁⲣⲛ [Crum 289b] rendant ἐνώπιον) se comprend bien dans un tel contexte.

[21] Cf. A.-J. Festugière, *La révélation d'Hermès Trismégiste I: L'astrologie et les sciences occultes* (*EB*), Paris, 1944, p. 352.

La confidentialité de la lettre est assurée encore par l'utilisation d'une langue mystérieuse. Le recours à l'hébreu peut encore s'expliquer par le fait que l'auteur aura voulu mettre en lumière soit les origines juives de Jacques, soit l'aspect sacré de la lettre[22].

La confidentialité du traité est encore marquée par l'unicité du destinataire. Le titre de «serviteur du salut des saints» qui lui est donné, n'est pas sans rappeler les ὑπηρέται τοῦ λόγου de Lc 1,2 ainsi que les «serviteurs du Christ» (ὡς ὑπηρέτας χριστοῦ) de 1 Co 4,1. Quant aux «saints», il s'agit d'une appellation relativement commune reprise au Nouveau Testament et pouvant s'appliquer aussi bien aux fidèles de la Grande Église, qu'aux pneumatiques de la communauté gnostique.

Recommandations concernant la lettre (p. 1,20b-28a)

Les recommandations et les mises en garde que nous trouvons ici sont, elles aussi, tout à fait conformes aux règles de la tradition (παράδοσις) ésotérique. Parmi celles-ci, il en est une qui lie le destinataire. Il ne doit confier cet écrit qu'à des gens éprouvés et reconnus dignes de le recevoir. Cette recommandation trouve un parallèle dans deux pièces qui servent de préface aux *Homélies pseudo-clémentines*, soit la *Lettre de Pierre à Jacques* (*CPG*, 1015[1]) et la *Diamartyria*, l'*Engagement solennel* (*CPG*, 1015[2]). Il est intéressant de noter qu'il s'agit de deux textes où le personnage de Jacques intervient à titre de dépositaire ou d'intermédiaire privilégié d'une révélation ou d'une doctrine. Comme en Rheg[23], notre traité divise les gens entre ceux qui pourront recevoir la révélation, «ceux qui seront sauvés par la fois en ce discours» (p. 1,27-28a) et ceux qui ne le pourront pas.

Rappel d'un écrit antérieur et situation de la lettre par rapport à cet écrit (p. 1,28b-2,7a)

L'auteur fait référence à un autre écrit secret transmis plus tôt par Jacques à ce même destinataire, sans doute comme s'il voulait cautionner la qualité de sa révélation et son rôle d'intermédiaire entre le Sauveur et les élus (p. 1,32b-35a).

Rien ne nous permet toutefois d'identifier cet «autre (écrit) secret» (p. 1,30-31). Il s'agit probablement là d'un procédé de composition visant à montrer la confiance de Jacques pour son correspondant. Quant à la

[22] Pour l'utilisation de formules hébraïques chez les gnostiques, voir Irénée, *Adv. Haer.*, I,21,3 in A. Rousseau, L. Doutreleau, *Irénée de Lyon. Contre les hérésies* (*SC*, 264), Paris, 1979, p. 298-301.

[23] Rheg, p. 43,24-44,12; p. 49,37-50,16.

mention des «dix mois» (p. 1,30), on ne voit pas trop dans quel sens il faille l'interpréter. Elle signifie en tout cas que le précédent «secret» (*apokryphon*) confié à Jacques par le Sauveur l'a été après sa résurrection (à l'intérieur des dix-huit mois de la p. 2,19-20) et que Jacques est un témoin de choix de la révélation post-résurrectionnelle.

Le début de la p. 2 est trop lacuneux pour qu'on puisse en proposer une interprétation. Il est cependant clair qu'à la ligne 7 débute un nouveau développement qui marque la fin du prologue. En effet, on commence à y décrire le cadre dans lequel se situe la révélation qui fait l'objet de l'ApocrJac. D'autre part, la p. 1 se terminant par le démonstratif rapproché ⲡⲉⲉⲓ (= S ⲡⲁⲓ), qui dans le contexte doit se référer à l'écrit envoyé auparavant, on peut supposer que les six premières lignes de la p. 2 insistaient sur le caractère particulier de ce dernier texte et peut-être sur le rôle de son récipiendaire. Dans ce cas, le ⲡⲏ de la p. 1,33 renvoie au ⲡⲓⲗⲟⲅⲟⲥ de la p. 1,28, i.e. à l'ApocrJac. Mais ceci ne vaut que dans la mesure où il est permis d'attribuer un usage aussi strict aux deux démonstratifs en question.

II. L'objet de la lettre: la révélation (p. 2,7b-16,11)

A. Occasion et contexte de la révélation (p. 2,7b-39a)

1. *Apparition de Jésus* (p. 2,7b-28a)

Les circonstances entourant l'entretien de Jésus avec Jacques et Pierre accentuent le caractère privilégié de la révélation qui va leur être confiée. Selon un scénario bien connu, les Douze, après la résurrection, se retrouvent ensemble pour mettre en commun les paroles, secrètes ou claires, que le Seigneur a dites à chacun d'entre eux et pour les consigner dans des livres. Quant à Jacques, il met par écrit «ce qui se trouve dans ce [livre]» (p. 2,16). S'agit-il du livre précédemment envoyé et dont il vient d'être question (p. 1,28b-2,7a), ou d'un second ἀπόκρυφον, c'est-à-dire de notre ApocrJac? Il est difficile de trancher, mais on ne voit pas comment Jacques aurait pu, lorsque le Sauveur apparaît, travailler déjà à la rédaction du livre qui contiendrait les révélations que celui-ci allait lui faire.

Concernant la durée du séjour du Seigneur avec ses disciples après la résurrection, l'ApocrJac tient une position qui lui est propre. La *Première Apocalypse de Jacques* (NH V,3) parle, par exemple, d'une durée de «quelques jours», rejoignant ainsi certaines traditions canoniques qui, dans un cas (Jn 20,26) suggèrent un délai de huit jours entre le première et la seconde apparition et dans un autre cas (Ac 1,3-9) identifient cette période à quarante jours. Héracléon, pour sa part, ne spécifie pas le temps de cette dernière (Origène, *Comm. Jo.*, XIII,52). Quant au livre IV de la *Pistis Sophia*, il situe la révélation seulement quelques jours après la résurrection, tandis que les livres I et III proposent une période de onze années.

Dans l'ApocrJac, la période qui va de la résurrection du Seigneur à son ultime apparition aux disciples est de cinq cent cinquante jours (p. 2,19-20). On rejoint ainsi, à cinq jours près, les cinq cent quarante-cinq jours rapportés par l'*Ascension d'Isaïe* (9,16) et la donnée des dix-huit mois (18 × 30 jours = 540 jours) relevée dans Irénée à propos des valentiniens et des ophites (*Adv. haer.*, I,3,2,; I,30,14). Quoi qu'il en soit des relations que peuvent entretenir sur ce point l'auteur de l'ApocrJac et les valentiniens, et nonobstant l'excédant des dix jours qu'enregistre notre traité, on peut affirmer qu'il s'agit de part et d'autre de la même tradition, qui semble avoir été assez répandue[24]. Et c'est probablement à la lumière de cette tradition qu'il faudra interpréter la mention des «dix-huit jours» de la p. 8,3.

L'ensemble de ce morceau a pour but de montrer le caractère exceptionnel de la dernière rencontre du Sauveur avec les disciples et de la révélation à laquelle elle va donner lieu. Le fait que les disciples se livrent à la rédaction de leurs ἀπομνημονεύματα[25] ne signifie pas que la composition de l'ApocrJac doive être située à un moment où se constituaient les évangiles canoniques. Il s'agit plutôt d'un procédé littéraire par lequel on établit la supériorité de la révélation que recevront Jacques et Pierre sur les premiers écrits des apôtres, auxquels on avait peut-être déjà donné une valeur canonique.

D'autre part, toute cette mise en scène permet d'introduire le dialogue de révélation. Celui-ci s'ouvre en quelque sorte par la question des

[24] Cf. W.C. van Unnik, «The Origin of the Recently Discovered Apocryphon Jacobi», *VC* 10 (1956) 149-156.

[25] Voir Justin, *Dialogue avec Tryphon*, 100,4; 101,3; 102,5; 104,1; 106,1.4.6.8; 105,1.5.6.; 107,1, in G. Archambault, éd., *Justin. Dialogue avec Tryphon* (*Textes et documents pour l'étude historique du christianisme*), Paris, 1909; Tertullien, dans son *De praescriptione haereticorum* (20,2 in F. Refoulé, P. de Labriolle, éd., et trad., [*SC*, 46], Paris, 1957, p. 111-112), fait lui aussi allusion à un double enseignement — privé et public — dispensé par le Seigneur: «Le Christ Jésus, Notre Seigneur (...) déclarait lui-même pendant son séjour sur la terre ce qu'il était (...), quels devoirs il prescrivait à l'homme, et cela soit en public, devant le peuple (*sive populo palam*), soit dans des instructions privées à ses disciples (*sive discentibus seorsum*)».

disciples: «Es-tu parti, t'es-tu éloigné de nous?» (p. 2,22). Cette question et la réponse de Jésus (p. 2,23-26a) ne sont pas sans rappeler Jn 14,1-5. Quoi qu'il en soit, l'échange entre Jésus et ses disciples permet d'introduire un des thèmes majeurs du traité, qui sera développé aux p. 2, 40-4,22a, à savoir celui des conditions d'entrée dans le Royaume et d'accession au salut. En 2,30-33a, se trouve d'ailleurs résumé l'essentiel de ce qui va suivre: «Jamais personne n'entrera dans le Royaume des cieux si je lui en donne l'ordre, mais parce que vous êtes «emplis»; ce thème fera l'objet des p. 3,8-4,22.

2. *Mise à part de Jacques et de Pierre* (p. 2,28b-39a)

Seuls Jacques et Pierre sont choisis pour être emplis par le Sauveur. Cet exclusivisme répond bien à l'intention du traité, qui présente Jacques comme le destinataire privilégié de la révélation du Sauveur ressuscité, révélation qui lui est communiquée en présence de Pierre, témoin passif et médusé. La supériorité de Jacques sur celui dont se réclament les chrétiens «orthodoxes» est ainsi clairement marquée.

B. Le dialogue de la révélation (p. 2,39b-15,5a)

Le dialogue de révélation au sens strict commence à la p. 2,39b, une fois seulement que Jacques et Pierre ont été choisis pour y prendre part. Il se terminera avec l'ascension du révélateur décrite en p. 15, 5b-27.

1. *La recherche de la vraie plénitude* (p. 2,39b-4,22a)

L'unité de ce morceau, qui se poursuit jusqu'en p. 4,22a[26], lui vient du thème de la plénitude et du vide qui y est abondamment traité. Il est possible que les lignes allant de la p. 2,40 à 3,7 aient constitué une introduction au dialogue, donnant d'abord le motif de cette ultime révélation de Jésus: la bienveillance du Père («vous avez été pris en pitié...», p. 2,40), puis insistant sur sa nécessité: l'inintelligence des autres disciples, qui ont écrit des livres (p. 3,2b-3), ont entendu (1.6), mais n'ont rien compris (1.7). la révélation aurait alors commencé avec la question de 3,8-9a: «ne voulez-vous pas être emplis?» Mais tout ceci demeure très conjectural, étant donné l'état du début de la p. 3.

[26] Cf. M. Malinine, H.-Ch. Puech, A. Quispel, W.C. Till, R. Kasser, adiuvantibus R.McL. Wilson, Jan Zandee, *Epistula Iacobi Apocrypha*, Zurich/Stuttgart, 1968, 42-43. Selon l'un des collaborateurs de l'*editio princeps* (Quispel), le thème de la plénitude et du vide se poursuit de la p. 2,40b jusqu'à la p. 4,35. Il nous semble pour notre part que ce long développement prend fin plutôt en p. 4,22a, la suite du texte portant sur un thème différent, soit celui de la souffrance et de la mort.

1ère intervention du Sauveur (p. 2,39b-3,38a)

Après avoir constaté l'incompréhension de l'ensemble des disciples, le Sauveur, s'adressant désormais à Jacques et à Pierre, les exhorte et les réprimande tout à la fois. Il le fait sous la forme tout d'abord de questions (p. 3,8-10), puis d'une réprimande (p. 3,11-12a), qui annonce le thème de la seconde intervention du Sauveur, en p. 4,2b-22a. Vient ensuite un rappel de leur expérience du Fils de l'homme (p. 3,12b-24a), suivi d'une déclaration dans un style paradoxal tout à fait en accord avec le reste du traité (p. 3,24b-38a).

Ces premières lignes du dialogue font appel à un registre de vocabulaire dont la récurrence dans la suite du texte permet de préciser le sens du développement de la page 3. Ainsi, comme nous l'avons déjà noté dans l'Introduction[27], un passage de la p. 9 (l.29-35) permet d'établir une équivalence entre, d'une part, écouter et dormir, et, d'autre part, parler et veiller. À partir de là, on voit que l'ApocrJac, en combinant des termes opposés, met en relation la situation actuelle du disciple et son expérience ou sa perception du Fils de l'homme. C'est ce que révèle le parallélisme des oppositions, tout d'abord:

être ivre, être endormi, écouter
versus
devenir sobre, être éveillé, parler

puis:

avoir parlé au Fils de l'homme,
l'avoir écouté et vu
versus
ne pas l'avoir vu, ni s'être joint à lui,
ni lui avoir parlé, ni avoir rien entendu de lui.

On voit nettement apparaître, dans ce système d'opposition, l'intention polémique qui a présidé à la rédaction de l'ApocrJac. En effet, les attitudes d'ivresse et de sommeil que condamme l'auteur, rejoignant par là un lieu commun de la parénèse[28], s'enracinent pour lui dans une fausse perception du Fils de l'homme, en vertu de laquelle les disciples seraient invités à écouter plutôt qu'à parler, en d'autres termes à revenir à leur ivresse et à leur sommeil.

Il se peut donc que l'on oppose par là un refus à toute exploitation d'une certaine expérience du Jésus terrestre en vue de légitimer la mise

[27] Voir Introduction, *supra*, p. 27.
[28] Cf. p. ex., Rm 13,11-14; voir aussi *Ed. princ.*, p. 43-44.

en place de structures ecclésiales fondées sur le modèle «parler-écouter». On aurait ainsi une perspective assez semblable, quoiqu'inversée, à celle du prologue de la *Prima Johannis* (1,1-3).

Plutôt que de recourir à une expérience du Fils de l'homme qui est déclarée périmée, Jacques et Pierre sont invités à reconnaître (ⲙ̄ⲙⲉ, p. 3,25a) que Vie et Royaume leur appartiennent (p. 3,24b-34a). L'image utilisée ici (être guéris pour régner) est une variation sur le logion 2 de l'*Évangile selon Thomas*[29], bien attesté ailleurs: «Que celui qui cherche ne cesse de chercher jusqu'à ce qu'il trouve, et, quand il trouvera, il sera troublé, et ayant été troublé, il sera émerveillé, et il règnera sur le Tout». Le fait de régner désigne ici l'établissement définitif dans la Vie et le Royaume, aboutissement de la guérison procurée par le Sauveur. Cette guérison peut cependant n'être qu'illusoire, car seuls sont guéris ceux «qui ont connu le soulagement avant d'être malades» (p. 3,32-33a). Qu'est-ce à dire? Il se peut que l'ApocrJac fasse ici allusion aux «bien-aimés» préexistant auprès du Père et sauvés dès l'origine (cf. p. 16,10-11 et 10,29b-11,la, où on retrouve la même déclaration: «À vous est la Vie!» qu'en 3,24b-25a). D'autre part, la malédiction, de 3,27b-30a, pourrait bien viser les adversaires de l'auteur, les membres de la Grande Église, qui ont été une fois guéris, en accueillant le Sauveur, mais qui sont retournés à leur maladie, parce qu'ils entretiennent de celui-ci une fausse conception.

La fin de la première prise de parole du révélateur, en p. 3,34b-38a, se présente comme une conclusion (ⲉⲧⲃⲉ ⲡⲁⲓ, 3,34b): «soyez emplis», qui fait inclusion avec 3,8: «Ne voulez-vous pas être emplis?», en revenant sur le thème de la plénitude et en lui donnant une perspective eschatologique (p. 3,37b-38a).

Réponse de Pierre (p. 3,38b-4,2a)

L'injonction: «Soyez emplis», à propos de laquelle Pierre, agacé, remarque qu'elle est revenue trois fois, n'apparaît en fait qu'en 3,35b-37a. Mais Pierre fait probablement référence à deux mentions antérieures de la plénitude par le Sauveur, en 2,30-35a et 3,8, comme on le note dans l'*editio princeps*[30].

La protestation de Pierre est tout à fait à sa place, si l'on tient compte du rôle que l'auteur lui réserve et de l'intention polémique du traité. Pierre est en effet le chef de ceux qui pensent être emplis, mais qui, aux

[29] Cf. J.-É. Ménard, *L'Évangile selon Thomas* (*NHS*, 5), Leiden, 1975, p. 55; H.-Ch. Puech, *En quête de la gnose II*: *Sur l'Évangile selon Thomas*, Paris, 1978, p. 11.

[30] Cf. M. Malinine *et alii, op. cit.* (cf. *supra*, n. 26), p. 46.

yeux de ceux dont Jacques est le porte-parole, le pensent à tort. Voilà pourquoi Pierre est surpris de cette triple exhortation à être emplis, alors qu'il est convaincu d'avoir atteint à la plénitude.

2e intervention du Sauveur (p. 4,2b-22a)

L'exposé que fait le Sauveur sur le vide et le plein, en réponse à la réaction étonnée de Pierre, peut apparaître comme une construction assez artificielle, du fait qu'il est tout entier fondé sur le paradoxe. Il répond cependant de façon très obvie à la répartie de Pierre, en lui révélant la plénitude à laquelle le Sauveur invite, et en qualifiant la plénitude que l'apôtre croit posséder. Cet exposé est aussi en harmonie parfaite avec la perspective polémique de l'ApocrJac.

Dans la mesure où plénitude et diminution sont tour à tour l'objet de la louange et de la réprobation du Sauveur, c'est qu'il existe une vraie et une fausse plénitude, une vraie et une fausse diminution. Et pour autant que plénitude et diminution sont vraies ou fausses, bonnes ou mauvaises, elles peuvent à la fois s'opposer et s'identifier mais sous un rapport différent. Dès lors la clé du paradoxe réside dans l'articulation de deux équations:

vraie plénitude = fausse diminution
versus
vraie diminution = fausse plénitude

Le sens du paradoxe est donné par l'intention polémique de l'auteur qui, avant de proposer son ecclésiologie, se situe par rapport au groupe ou à l'Église dont il veut se distinguer. En qualifiant de vraie et de fausse la plénitude et la diminution, il juge la prétention des deux groupes, le sien (que nous appellerons celui des «vrais disciples») et celui des adversaires, à posséder la plénitude. Comme le montre le tableau de la page 104, il combine ainsi deux registres, le registre (horizontal) de la réalité et le registre (vertical) de la perception ou de l'opinion que les groupes ont d'eux-mêmes et des opposants. Ce faisant, il montre avec beaucoup de finesse que ces derniers, qui, comme Pierre, se disant emplis, sont en fait vides.

Au plan littéraire, l'exposé sur la plénitude de la p. 4,3b-22a constitue une unité bien structurée. C'est ainsi qu'on retrouve les éléments suivants:

1° Reprise du thème de la plénitude et énoncé de la thèse: «C'est [pourquoi je vous ai] dit: [«Soyez emplis» a]fin que vous ne [soyez

COMMENTAIRE

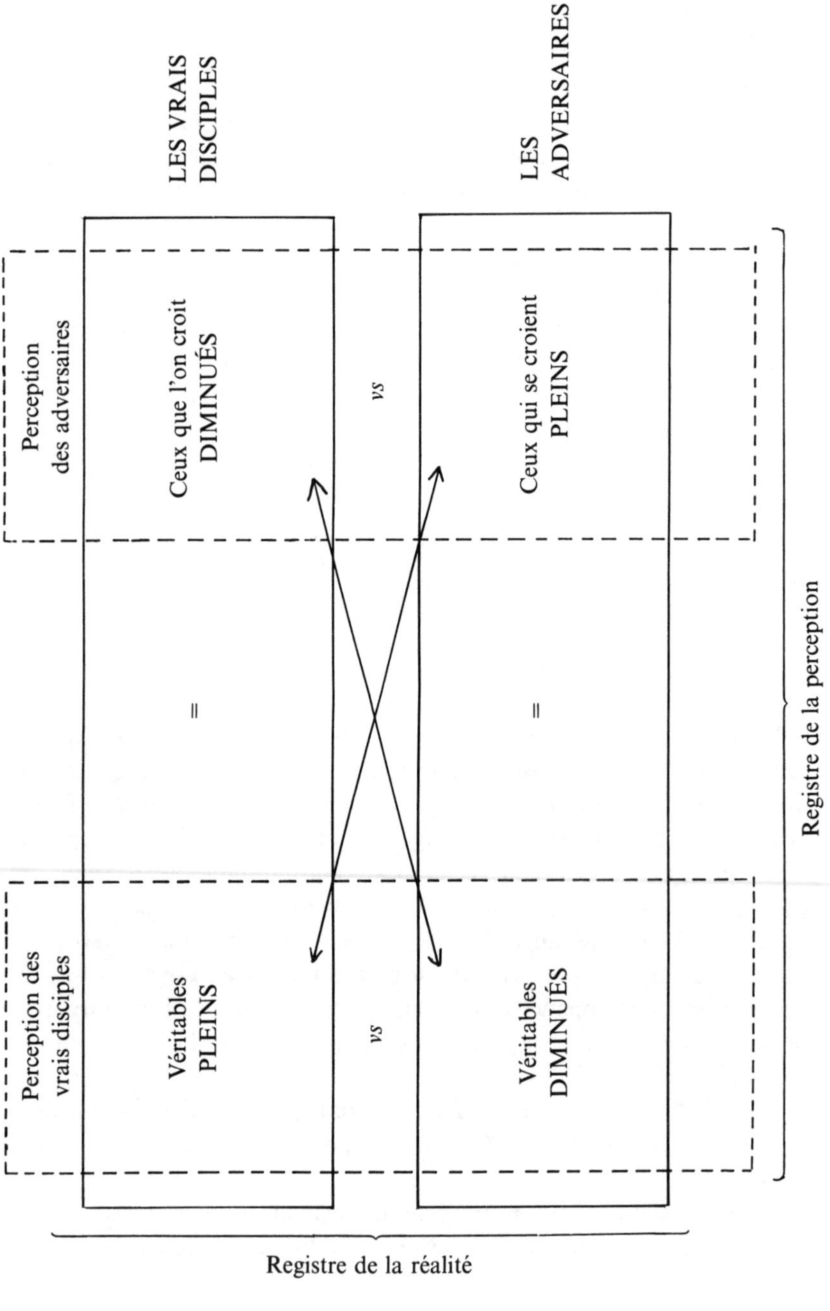

pas diminués.] Car [ceux qui sont diminués] ne [seront pas sauvés.]» (p. 4,3b-6a).

2° Justification (ⲅⲁⲣ) de la thèse (p. 4,6b-14a).

3° Première conclusion (ϭⲉ) (p. 4,14b-18a).

4° Seconde conclusion (ϭⲉ) et application anthropologique (p. 4, 18b-22a).

On peut se demander si cette dernière partie n'est pas un ajout, puisqu'elle se trouve à faire suite à la conclusion des lignes 14b-18a et à la doubler, qu'elle est en rupture avec le style paradoxal des lignes précédentes et que la précision identifiant le *logos* avec l'âme a un peu l'allure d'une glose. Il se peut cependant que ce développement anthropologique fasse écho à la pointe sotériologique de 4,4-5a. En tout cas le modèle anthropologique qu'il suppose est bien en accord avec celui de la p. 11,38b-12,8[31]. On trouve aux deux endroits une vision trichotomique de l'homme, même si en p. 4, le troisième terme, le σῶμα, n'est pas nommé, et que le second, la ψυχή, est explicitement identifiée au λόγος:

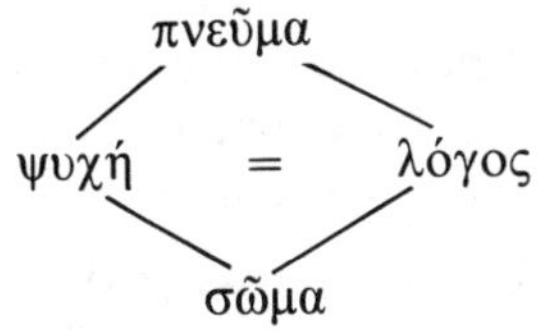

2. *La condition des disciples face à la souffrance et à la mort* (p. 4,22b-6,21a)

Réponse et demande de Jacques (p. 4,22b-31a)

La déclaration de Jacques et la requête qu'il présente au Seigneur ouvrent un nouveau développement sur le thème de la souffrance et de la mort, celles du Sauveur et celles des disciples.

Comme on l'a noté déjà, cette section de l'ApocrJac est nettement inspirée de Mt 19,27-30 et paral. (Mc 10,28-31 et Lc 18,28-30). La mention de l'épreuve en 4,29 permet de penser que notre texte est plus proche de Mc que des deux autres synoptiques, Marc étant le seul à mentionner les persécutions (μετὰ διωγμῶν, 10,30). Cependant, la réponse du Seigneur, en son début (4,32: «Quelle sera votre récompense?») évoque plutôt le τί ἄρα ἔσται ἡμῖν de Mt 19,27. Quoi qu'il en

[31] Cf. Introduction, *supra*, p. 24-25.

soit, il est significatif qu'ici la question soit le fait de Jacques, alors que les trois synoptiques l'attribuent à Pierre: l'auteur est conséquent avec l'image qu'il veut projeter de Pierre.

La séquence des éléments: pères, mères, villages ne se retrouve telle quelle dans aucun des synoptiques. Mais la Peshitta de Mt et Mc rend ἀγρούς par un terme (*qūrāyē*) qui se rapproche du ϯⲙⲉ («villages», en 4,27) de l'ApocrJac. Dans les synoptiques, la déclaration de Pierre, qu'ils ont tout quitté pour suivre Jésus, ne donne lieu à une question que chez Mt (19,27) et encore très générale. Dans l'ApocrJac, le matériel synoptique est mis en relation avec le problème de l'épreuve. Le verbe πειράζειν employé ici (4,29.36-37a) désigne l'épreuve au sens large, la tentation. Mais comme cette tentation est mise en parallèle avec la passion du Christ, on peut penser qu'il s'agit de l'épreuve par excellence, le martyre, d'autant que le Seigneur, dans sa réponse, identifie l'épreuve, l'oppression par Satan et la persécution (cf. 4,37b-40a). C'est le «Diable mauvais» (4,30-31a) ou encore «Satan» (4,37a) qui éprouve, de même que c'est lui, le «Malin» (5,20) qui a fait mourir le Christ. La question de l'épreuve qui est abordée ici par Jacques devait être débattue dans le milieu de l'ApocrJac. On peut en tout cas la mettre en relation avec les discussions sur le martyre dont font état aussi bien les textes de la Grande Église que les sources gnostiques[32].

3e intervention du Seigneur (p. 4,31b-5,35a)

La réponse qu'apporte le Sauveur à la question de Jacques reprend un vocabulaire et des thèmes en grande partie traditionnels, mais elle laisse néanmoins transparaître la perspective propre à notre auteur.

Le Seigneur commence par reformuler la question de Jacques: «Quelle sera votre récompense...?» (4,32b-37a), et il y apporte une réponse claire: «Si vous êtes opprimés par Satan et persécutés et que vous faites sa (*sc.* du Père) volonté, je le [dis]: il vous aimera et il vous rendra égaux à moi et il pensera à [votre] sujet que vous êtes devenus bien-[aimés] dans sa providence selon votre choix» (p. 4,37b-5,6). La récompense consiste donc à être comptés par le Père au nombre de ces «bien-aimés»

[32] Voir W.H.C. FREND, *Martyrdom and Persecution in the Early Church*, New York, 1976, p. 259-263; K. KOSCHORKE, *Die Polemik der Gnostiker gegen das kirchliche Christentum.* Unter besonderer Berücksichtigung der Nag-Hammadi-Traktate «Apokalypse des Petrus» (NHC VII,3) und «Testimonium Veritatis» (NHC IX,3) (*NHS*, 12), Leiden, 1978, p. 127-137; 181; E. PAGELS, *The Gnostic Gospels*, New York, 1981, p. 97-122; P. PERKINS, *The Gnostic Dialogue. The Early Church and the Crisis of Gnosticism* (*Theological Inquiries*, Studies in Contemporary Biblical and Theological Problems), New York, 1980, p. 145-147; 180-187.

pour qui Jésus est descendu (cf. p. 10,27b-30a), qui préexistent auprès du Père et qui doivent être manifestés (cf. p. 16,10-11). Si les disciples font la volonté du Père, ils seront considérés par lui comme égaux à Jésus (p. 5,2b-3a). Cet accès au Père, avec pleine assurance, tout comme l'entrée dans le Royaume (cf. p. 11,14b-17a), est procuré aux vrais disciples du fait de leur «choix»[33] (προαίρεσις, p. 5,6), et non d'autorité (cf. p. 2,30-32a).

Mais l'accomplissement de la volonté du Père, si elle fait des disciples des «bien-aimés», ne les dispensera pas de la souffrance. Celle-ci semble inévitable pour eux puisqu'elle n'a pas épargné même le Seigneur. Mais, pour ceux qui possèdent l'Esprit (cf. p. 5,22-23), elle ne doit pas être crainte car elle n'affecte que la chair (cf. p. 5,7-9a). La récompense de la fidélité du croyant n'est donc pas dans l'exemption des souffrances. Sur ce point, l'ApocrJac rejoint une donnée traditionnelle, et dans la mesure où la souffrance semble être le lot obligé du disciple du Seigneur souffrant (cf. le «ne savez-vous pas» de 5,9b-10a), on rejoint une perspective d'imitation du Christ par le martyre assez pareille à celle d'Ignace d'Antioche.

La description des souffrances du Sauveur[34] qui est donnée en p. 5,9b-20 reprend, malgré quelques difficultés textuelles, des éléments que l'on retrouve tous dans les évangiles canoniques:

1° «maltraité» (ϩⲩⲃⲣⲓⲍⲉ): cf. Lc 18,32;
2° «accusé» (ⲕⲁⲧⲏⲅⲟⲣⲓ): cf. Mt 27,12; Mc 15,3; Lc 23,2.10.14;
3° «enfermé dans une prison» (ⲱⲧⲡ̄ ⲁⲩϣⲧⲉⲕⲟ): rien de tel dans les récits de la passion, mais cela est sous-entendu du fait même de l'arrestation de Jésus (cf. Mt 26,57 et par.) et de la garde dont il a fait l'objet avant la comparution devant le sanhédrin (cf. Lc 22,66);
4° «condamné» (ϭⲁⲉⲓⲉ): cf. Mt 27,3 et Mc 14,64;
«illégalement» (ϩⲛ̄ ⲟⲩⲙⲛ̄ⲧⲁⲛⲟⲙⲟⲥ): cf. l'épisode des faux témoins en Mt 26,59-61 et par., et Ac 3,14; 7,52; 13,28;
5° «crucifié» (ⲣⲥⲣⲟⲩ): cf. Mc 15,24 et par.;
«sous un (faux) prétexte» (ϩⲛ̄ⲛ ⲟⲩⲙⲛ̄ⲧⲗⲟⲅⲟⲥ): l'interprétation de l'hapax ⲙⲛ̄ⲧⲗⲟⲅⲟⲥ pose problème. Comme le note H.-Ch. Puech[35], on pourrait y voir un équivalent de λογιότης, et traduire «par une (fausse) éloquence», en pensant à l'épisode des faux

[33] À propos de la nuance à établir entre προαίρεσις et βούλησις, on pourra lire le commentaire de H.-Ch. PUECH, in M. MALININE *et alii, op. cit.* (cf. *supra*, n. 26), p. 50.

[34] Voir Y. JANSSENS, «Traits de la passion dans l'*Epistula Iacobi Apocrypha*», *Le Muséon* 88 (1975) 97-101.

[35] Cf. M. MALININE *et alii, op. cit.* (cf. *supra*, n. 26), p. 51.

témoins. La plupart des éditeurs ont cependant choisi de corriger en ⲙⲛⲧⲁ<ⲧ>ⲗⲟⲅⲟⲥ, «dans une non-raison», «sans-raison». Pour notre part, conservant le texte, nous donnons à λόγος le sens de «prétexte»[36], d'où notre traduction;

6° «enseveli» (ⲧⲱⲙⲥ): cf. Mt 27,59-60 et par.
«dans le parfum» (ϩⲛ̄ ⲟⲩϣⲟⲩ): il s'agit d'une autre *crux*, ϣⲟⲩ signifiant «sable» (Crum 549b), ce qui n'offre pas un sens très satisfaisant. Schenke[37] a proposé de corriger en ϣⲱⲥ, «dans la honte». Il est cependant plus simple, comme l'a déjà suggéré Kasser[38], de voir en ϣⲟⲩ une variante de ϣⲟⲟⲩ (Crum 601a), «parfum, encens», qui peut rendre le grec ἄρωμα. On a alors une référence au μετὰ τῶν ἀρωμάτων de Jn 19,40.

Ce rappel de la passion se termine par un développement (p. 5,21-30) qui emprunte au thème classique de la brièveté des souffrances du juste par rapport à la récompense promise. Celles-ci sont aussi éphémères que la vie, et ne durent qu'«une seule heure». Comme on l'a noté[39], cette expression trouve un parallèle exact dans le *Martyre de Polycarpe* (II,3): «Attentifs à la grâce du Christ, (les martyrs) subissaient les tortures de ce monde, et en une heure (διὰ μιᾶς ὥρας) ils achetaient la vie éternelle»[40]. On peut citer aussi sur ce thème Rm 8,18; 2 Co 4,17 et Sg 3-4. L'ApocrJac donne toutefois au thème une tournure nettement gnostique en mettant en balance les souffrances — brèves — des disciples non pas avec la vie éternelle, comme dans le *Martyre de Polycarpe*, mais avec la durée entière du monde (κόσμος) avant et après la chute (ⲁⲧⲉⲧⲛ̄ϩⲁⲉⲓⲉ, p. 5,25). Le caractère gnosticisant de ce passage apparaît aussi dans l'affirmation que «les bons (ⲛ̄ⲁⲅⲁⲑⲟⲥ) n'entreront pas dans le monde» (p. 5,29b-30). Qui sont ces bons? Il s'agit probablement de ceux qui ne «tombent» pas dans le monde. Il est peut-être possible de les identifier aux «bien-aimés» qui demeurent auprès du Père (cf. p. 5,1-6) et qui doivent être manifestés (cf. p. 16,8b-11).

L'intervention du Seigneur se termine par une conclusion (ϭⲉ, p. 5,31-35a) où on retrouve une invitation à mépriser la mort et à se soucier de la vie, et à se rappeler la croix et la mort du Seigneur. Cet appel au souvenir est à rapprocher des injonctions des p. 3,12b et 12,35b.

[36] Cf. H.G. Liddell, R. Scott, *A Greek-English Lexicon*, Oxford, 1973, s.v. (III,1,a), p. 1057b.

[37] Cf. H.-M. Schenke, *op. cit.* (cf. *supra*, n. 10), p. 129.

[38] Cf. M. Malinine *et alii*, *op. cit.* (cf. *supra*, n. 26), p. 93.

[39] Cf. Id., *Ibid.*, p. 52.

[40] Voir *Martyre de Polycarpe*, 2,3; éd. H. Musurillo, *The Acts of Christian Martyrs* (*Oxford Early Christian Texts*), Oxford, 1979, p. 2-5.

Réponse de Jacques (p. 5,35b-6,1a)

La protestation de Jacques reprend le ⲁⲣⲓ ⲡⲙⲉⲉⲩⲉ de 5,33 et sert à relancer le discours du Seigneur sur le thème de la mort. On peut y voir, comme cela a d'ailleurs été noté[41], attribué ici à Jacques, un pendant *post factum* de la réaction de Pierre, en Mt 16,22 («Dieu t'en préserve, Seigneur, cela ne t'arrivera pas») à la première annonce de la passion. Ce qui montre encore une fois la volonté qu'a l'auteur de l'ApocrJac, de substituer Jacques à Pierre.

4e intervention du Seigneur (p. 6,1b-21a)

Elle s'ouvre par une affirmation assez banale, qui enchaîne avec les propos de Jacques, sur la nécessité de la foi en la croix pour être sauvé (6,2b-7a). On notera la récurrence d'une formule («à eux est le Royaume de Dieu», 6,6b-7a) que l'on retrouve, presque identique, en 3,33b-34a, mais dans un autre contexte.

Ce qui suit (6,7b-18) dégage les conséquences de la foi en la croix: l'accès à la vie passant par la souffrance et la mort, il convient donc de rechercher la mort pour parvenir à la vie véritable. Si le sens global de ces lignes est assez clair, elles contiennent cependant quelques obscurités. Il y a tout d'abord la mention de «l'élection» (ⲙⲛ̄ⲧⲥⲱⲧⲡ̄, 6, 14a). Le terme ἐκλογή, qui peut correspondre au copte, bien qu'employé dans les sources gnostiques[42], est largement attesté dans le Nouveau Testament[43] et dans les textes chrétiens postérieurs[44]. Il désigne ici le salut auquel on parvient par une juste compréhension de ce qu'est la mort (cf. 6,12-13: «Si vous examinez...»). L'élection serait alors à rapprocher de la προαίρεσις de la p. 5,6, qui donne accès auprès du Père.

Une autre difficulté réside dans le sens à donner à la phrase de 6,17b-18: «En effet, le royaume de la mort appartient à ceux qui se tuent». Le contexte immédiat interdit de l'interpréter en référence à la question, débattue du IIe siècle, du martyre volontaire des chrétiens, que la polémique païenne et gnostique assimilait à un suicide[45]. Rien ne permet de penser que l'ApocrJac se soit fait le propagandiste d'une conception aussi extrême du martyre et rien non plus ne permet de corriger le

[41] Cf. M. MALININE *et alii*, *op. cit.* (cf. *supra*, n. 26), p. 52.

[42] ID., *ibid.*

[43] Voir Rm 9,11; 11,5.28; I Th 1,4; 2 P 1,10; Ac 9,15.

[44] Cf. W. BAUER, *Griechisch-deutsches Wörterbuch zu den Schriften des Neuen Testaments und der übrigen urchristlichen Literatur*, Berlin, 1977, p. 481a; G.W.H. LAMPE, *A Patristic Greek Lexicon*, Oxford, 1968, p. 434b.

[45] Voir IRÉNÉE, *Adv. Haer.*, III,18,5 in A. ROUSSEAU, L. DOUTRELEAU, *op. cit.* (*SC*, 211) (cf. *supra*, n. 22), 1974, p. 355-361.

ⲡⲙⲟⲩ de 6,17 en ⲡⲛⲟⲩⲧⲉ[46], comme l'exigerait une telle interprétation. Dès lors, il semble qu'il faille comprendre cette phrase d'une manière assez proche de celle proposée par G. Quispel dans l'*editio princeps*[47], à savoir que le royaume de la mort appartient à ceux qui ne suivent pas le Sauveur par-delà la mort, c'est-à-dire à «ceux qui craignent la mort» (cf. 6,15b-17a).

La compréhension (6,19-21a) du discours du Seigneur sur la souffrance et la mort, commencé en p. 4,32b, invite les disciples à imiter Jésus, lui qui a atteint la vie malgré la souffrance et la mort. L'invitation qui est proposée aux disciples n'a rien d'une *sequela* passive et matérielle. Au contraire, elle reflète bien la perspective égalitariste et anti-médiationniste de l'auteur, en vertu de laquelle les disciples, rendus égaux au Christ par le Père (cf. 5,2b-3a), sont appelés à devenir leurs propres sauveurs (cf. 8,33a).

3. *La condition des disciples vis-à-vis du Sauveur et des uns vis-à-vis des autres* (p. 6,21b-13,25)

Le troisième volet du dialogue de révélation constitue la partie la plus longue et la plus significative de notre traité. Elle se développe autour de la critique d'un modèle d'organisation de la communauté chrétienne fondé sur la médiation[48].

a. *Énoncé du thème* (p. 6,21b-34)

Question de Jacques (p. 6,21b-28a)

Dans ce passage, nous trouvons une discussion sur la prophétie[49]. Le contexte où se situent l'auteur et ses destinataires en est un dans lequel la prophétie paraît être encore exercée comme ministère[50]. La question de Jacques porte en effet sur les modalités de l'exercice de ce ministère:

> Seigneur, comment pourrons-nous prophétiser pour ceux qui nous demandent de prophétiser pour eux?
>
> Nombreux, en effet, sont ceux qui nous sollicitent et qui tendent l'oreille vers nous pour entendre une parole de notre part (p. 6,22-28a).

[46] Voir à ce sujet les hésitations de l'*editio princeps*: M. MALININE *et alii, op. cit.* (cf. *supra*, n. 26), p. 54.

[47] ID., *ibid.*

[48] Voir Introduction, *supra*, p. 26.

[49] Cf. sur le prophétisme dans l'Église ancienne et les discussions auxquelles il a donné lieu, D.E. AUNE, *Prophecy in Early Christianity and the Ancient Mediterranean World*, Grand Rapids (Michigan), 1983, p. 249-317.

[50] On retrouve la même situation dans la *Didachè* 11,7-12; 13,1-6 in W. RORDORF, A. THUILIER, éd., *La doctrine des douze Apôtres (Didachè)* (*SC*, 248), Paris, p. 51-63; 184-191.

Réponse du Seigneur (p. 6,28b-31)

Il semble bien, d'après les paroles mises dans la bouche de Jésus par l'auteur, que celui-ci adopte une position négative face à l'exercice de la prophétie. Car, selon lui, l'ère de la prophétie s'est terminée avec Jean-Baptiste, tête de la prophétie. Jean-Baptiste décapité, la prophétie est désormais révolue[51].

Réplique de Jacques (p. 6,32-34)

Outre la fonction qu'elle remplit pour la progression du dialogue, la question étonnée de Jacques («Seigneur, est-il donc possible d'enlever la tête de la prophétie?») répond à une visée polémique dans la mesure où elle évoque ceux qui, dans l'Église, tenaient à des ministères de médiation comme celui de prophète.

b. *Développement du thème* (p. 6,35-13,25)

5e intervention du Seigneur (p. 6,35-11,6a)

p. 6,35-7,22a (Disparition de la prophétie)

Le Seigneur déclare à ses auditeurs que la nouvelle économie ne passe plus désormais par la prophétie. Si l'on comprend la portée de la disparition de Jean-Baptiste, qui était pourtant le plus grand — la tête[52] — dans l'économie ancienne (cf. Lc 7,28), on saisit la signification des paroles du Seigneur: «on lui a enlevé la tête». Cela signifie que la communauté à laquelle s'adresse l'auteur n'a pas à se préoccuper de la prophétie parce que celle-ci n'a plus sa place dans l'ecclésiologie qu'il prône. On peut en effet penser que la prophétie est identifiée par lui à tous ces ministères médiationnels qu'il refuse. Car, dans l'économie préconisée par l'auteur, la prophétie, comme tous les autres ministères hiérarchiques, est inutile parce que tous les croyants sont égaux et qu'ils sont même supérieurs au Christ (cf. p. 7,12b-15a). Ce n'est donc pas par des intermédiaires que les gnostiques peuvent désormais recevoir le

[51] Cf. D. Rouleau, «Les paraboles du Royaume des cieux dans l'*Épître apocryphe de Jacques* (NH I,2)» in B. Barc, éd., *Colloque International sur les Textes de Nag Hammadi* (Québec, 22-25 août 1978), Québec-Louvain, 1981, p. 184-185.

[52] L'expression «tête de la prophétie» pour désigner Jean se retrouve chez Origène, *Commentaire sur S. Matthieu* 10,22,38-39 (R. Girod, éd., et trad., *Origène. Commentaire sur l'Évangile selon Matthieu* [*SC*, 162], Paris, 1970, p. 250-251): «Le chef de la prophétie (τὴν δὲ κεφαλὴν τῆς προφητείας), les Juifs ne l'ont plus, car ils rejettent l'annonce capitale (κεφάλαιον) de toute prophétie, le Christ Jésus»; cf. aussi 10,22,59-60 (éd. p. 252-253): «ils décapitent, après l'avoir enfermée dans une prison, la parole prophétique». Le titre de «tête de la prophétie» donné à Jean est amené dans l'ApocrJac (cf. p. 6,30.31.34.36; 7,1) comme chez Origène, par une allusion au genre de supplice dont mourut Jean-Baptiste (cf. Mt 14,10; Mc 6,16.27; Lc 9,9).

Royaume ou y entrer, mais par leur propre industrie, c'est-à-dire par la Connaissance (cf. p. 8,26-27a; 9,18-23).

Le Seigneur reproche aux disciples leur incompréhension[53] à la fois pour l'enseignement en paraboles qu'il leur a dispensé au cours de son existence terrestre (p. 7,1b-4a), et pour celui qui leur est proposé en langage clair dans la présente révélation (p. 7,4b-6). Ce reproche peut paraître un peu contradictoire, compte-tenu de l'interpellation que l'on trouve juste après, aux lignes 10b-16. La contradiction se résoud cependant, si l'on songe que l'auteur de l'ApocrJac veut à la fois critiquer une certaine manière de se situer vis-à-vis de la parole du Seigneur et en promouvoir une autre. Le «vous» qu'il met dans la bouche du révélateur (ⲚⲦⲰⲦⲚ̄, p. 7,7a.12b) désigne donc non seulement ses auditeurs, Jacques et Pierre, mais aussi l'ensemble des chrétiens, et, parmi eux, les chrétiens orthodoxes que l'on critique et les gnostiques à qui il faut révéler le vrai sens du message et l'économie du Sauveur (p. 7,6b-10a).

La disparition de la prophétie établit le disciple authentique dans une relation de liberté vis-à-vis du Sauveur. Il est appelé à devenir son propre sauveur et même à égaler et surpasser le Seigneur lui-même[54]: «Hâtez-vous de vous sauver, sans qu'on vous en prie (de le faire). Mais préparez-vous vous-mêmes et, si c'est possible, devancez-moi, moi-même» (p. 7,10b-15a)[55]. Derrière ces paroles, on peut sans doute voir une critique des mécanismes d'accès au salut mis en place par la Grande Église[56]. La même invitation, qui correspond à la volonté du Père (p. 7,15b-16), sera d'ailleurs adressée à nouveau à Jacques et à ses «compagnons» en p. 8, 30-33a.

p. 7,22b-35a (La parabole du dattier)

La parabole du dattier est la première d'une série de trois paraboles présentées par l'ApocrJac[57] pour illustrer le thème de la fécondité et de

[53] Il semble évident pour l'auteur que les paroles transmises au cours de l'existence terrestre de Jésus n'ont été que des «annonces» de la vraie connaissance destinée à des disciples qui de toute évidence ne pouvaient pas comprendre (Mt 13,10-15; Mc 4,10-12; Lc 8,9-10; Jn 16,29).

[54] Cf. Introduction, *supra*, p. 26.

[55] Ces exhortations ne font que reprendre les appels des p. 4,40-5,6; p. 5,1b-6; p. 6,19-21a.

[56] Dans un contexte quasi identique de critique de l'enseignement de l'Église orthodoxe, l'*Évangile de Marie* nous rappelle que les disciples ne doivent pas proposer d'autres règles que celles données par Jésus (EvMar, p. 8,21-9,4) alors que l'*Apocalypse de Pierre* parle pour sa part du refus de «leur loi» (ApocPi, p. 77,27).

[57] Il est intéressant de rapprocher la structure des paraboles de l'ApocrJac, en ce qui concerne les formules d'introduction, des paraboles évangéliques et rabbiniques. Celles-ci commencent très souvent par la formulation: «Mâchâl» («Une parabole»). Cette dernière

l'autonomie du vrai disciple. Toutes trois[58] obéissent à un identique schéma de composition, où l'on trouve successivement l'énoncé de la parabole, la parabole elle-même et son application. Par ailleurs, comme l'a montré J.-M. Sevrin[59] et comme l'illustre le tableau, chacune de ces paraboles présente la même séquence ensemencement-croissance / fructification — nouvel ensemencement[60].

Cette première parabole illustre l'appel au salut exprimé précédemment par le Seigneur (p. 7,10b-15a). Les disciples sont invités à «ne pas laisser dépérir le Royaume des cieux» (1.22b-23). L'auteur recourt ici à une image largement utilisée par les Anciens pour parler du processus de la génération[61]. La symbolique de la parabole du dattier est élémentaire[62]: après avoir répandu ses fruits autour d'elle (1.25-26a), la branche du dattier ne produit plus que des feuilles (1.26b-27a). Elle en

tournure est une abréviation de: «Je veux te raconter une parabole. À quoi comparerai-je la chose? Il en va de celle-ci comme de...» cf. Lc 13,20; Mc 4,30. Parfois encore on remplacera cette longue tournure par le seul datif comme c'est le cas ici. À la formule raccourcie du datif initial correspondent ὡς, ὥσπερ, ὅμοιος ἔστιν; cf. J. JEREMIAS, *Les Paraboles de Jésus*, Le Puy, 1962, p. 143.

[58] Les deux autres paraboles sont celle du *grain de froment* (p. 8,16-25 et celle de *l'épi* (p. 12,22b-31a).

[59] Voir J.-M. SEVRIN, «Paroles et paraboles de Jésus dans des écrits gnostiques coptes», in *Bibliotheca Ephemeridum Theologicarum Lovaniensium* 59 (1982) 524.

[60] Cf. Introduction, *supra*, p. 28.

[61] Cf. R. CAMERON, «The Apocryphon of James», in *The Other Gospels: Non-Canonical Gospel Texts*, Philadelphia/Westminster, 1982, p. 19-21.

[62] Les éléments que met en oeuvre la parabole du dattier de notre texte sont bien connus des naturalistes anciens; cf. notamment Pline l'Ancien, *Histoire naturelle*, XIII,29-59 (A. ERNOUT, éd., Paris, 1956, p. 27-37) et Théophraste, *Histoire des plantes*, vol. 1, II,6-4-8,4 (A. HORT, éd., Londres, 1916, p. 133-155). La description de la parabole du dattier comme manifestation du phénomène de la génération respecte la présentation que nous font en général la plupart des auteurs anciens de cet arbre oriental. Dans le livre XIII, 29-59, Pline l'Ancien, empruntant la plupart de ses éléments de description à l'*Histoire des plantes* de Théophraste, distingue deux catégories de palmier. Il y a d'abord ceux que l'on dit «sauvages» et «les autres» qui semblent correspondre dans sa nomenclature à ceux qui font l'objet de culture. La description du dattier de l'ApocrJac répondrait aux caractéristiques de cette dernière catégorie. «Tout le feuillage du dattier est groupé à la cime avec les fruits... Ceux-ci sont dispersés parmi les feuilles pendant à un rameau spécial en grappe...» (§30). «À la cime on trouve une moëlle sucrée que l'on appelle "la cervelle" et, contrairement aux autres, l'arbre ne meurt pas lorsqu'on l'enlève» (Pline, §39). La notion de «cervelle» de Pline correspond chez Théophraste et Xénophon (cf. *Anab.*, II,3,16) à la traduction de ἐγκέφαλος, différent de ἐγκάρδιου «moëlle», dérivé de καρδία «coeur» retrouvée chez d'autres auteurs. L'ensemble de ces informations nous font ainsi mieux saisir le sens de la «branche du dattier» qui équivaut dans notre parabole, selon toute vraisemblance, au rameau spécial que l'on retrouve au sommet de l'arbre et autour duquel gravitent les fruits. Quant au dessèchement de la moëlle par l'éclosion généralisée de feuilles, il ne peut s'agir là que d'un phénomène naturel et généralement accepté de la botanique.

	Ensemencement - croissance / fructification	Nouvel ensemencement
p. 7,22b-35a *Parabole du dattier*		
Car il (le Royaume des cieux) ressemble à une branche de dattier	dont les fruits se sont répandus autour d'elle. Elle a produit des feuilles...	
	Ainsi en est-il du fruit qui a été produit à partir	lorsqu'il fut planté, des fruits ont été engendrés
	de cette racine unique:	par beaucoup (sc. de pousses).
p. 8,16-25 *Parabole du grain de froment*		
Car le verbe ressemble à un grain de froment:	une fois que quelqu'un l'a semé, il y a mis sa confiance, et, quand il a poussé, il l'a aimé,	parce qu'il a vu de nombreux grains à la place d'un (seul) (...) En outre, il (en) a réservé pour semer.
p. 12,22b-31a *Parabole de l'épi de blé*		
Car le Royaume des cieux est semblable à un épi de blé	qui a poussé dans un champ et, lorsque celui-ci a mûri,	il a répandu son fruit et de nouveau il a rempli le champ d'épis pour une autre année.

vient ainsi à appauvrir et à dessécher complètement la moëlle (1.27b-28a). Mais le fruit sorti de cette racine unique, une fois planté, engendrera à son tour un grand nombre d'autres fruits (1.28b-32).

Il n'est sans doute pas nécessaire de voir dans ce passage une double parabole, celle du dattier et celle des fruits, comme le propose J.-M. Sevrin[63]. Le thème du dessèchement est en tout cas inséparable de celui des fruits qui se sont répandus et qui deviennent à leur tour productifs, de la même façon que les disciples doivent à leur tour devenir leur propre sauveur (1.33-35a)[64].

p. 7,35b-8,10a (Le Seigneur est retenu pour continuer l'enseignement des paraboles)

Ces propos appartiennent au contexte de révélation marquant les instants d'avant l'Ascension (p. 7,35b-38). Le Christ manifeste son impatience à partir vers le lieu d'où il est venu[65]. Le sens est clair: c'est malgré lui que le Sauveur est resté pour parler (p. 8,1-10a), car les disciples auraient dû comprendre d'eux-mêmes. La durée de ce délai est identifiée ici à dix-huit jours, ce qui est en contradiction avec les cinq cent cinquante jours mentionnés en p. 2,19-21a[66].

D'autre part, il nous paraît difficile d'expliquer ces dix-huit jours dans le contexte de l'ApocrJac. Il semble plutôt vraisemblable que l'auteur, connaissant la tradition qu'Irénée attribue aux Valentiniens et aux Ophites (*Adv. Haer.*, 1,3,2; 1,30,14), ait identifié les cinq cent cinquante jours de la p. 2 à dix-huit mois. Dès lors, comment expliquer le passage de «mois» (μήν ou ⲉⲃⲟⲧ, selon que la substitution ait eu lieu en grec ou en copte) à «jours» (ἡμέρα ou ϩⲟⲟⲩ)? A moins de supposer que le texte ait été carrément corrigé par le traducteur ou un copiste, on peut penser que le texte original portait «dix-huit mois de jours», pris au sens de dix-huit mois pleins ou entiers. L'auteur aurait ainsi repris une expression que l'on retrouve aussi bien dans la Bible hébraïque (sous la forme חדש ימים [Gn 29,14; Nb 11,20.21] ou ירח ימים [Dt 21,13; 2 R 15, 13]) que dans les versions, la Peshitta, les LXX (sous la forme μὴν ἡμερῶν) et la version bohaïrique (ⲁⲃⲟⲧ ⲛⲉϩⲟⲟⲩ)[67]. Par haplographie ou faute de la

[63] Voir J.-M. Sevrin, *art. cit.* (cf. *supra*, n. 59).

[64] Sur cette parabole, voir D. Rouleau, *art. cit.* (cf. *supra*, n. 51), p. 184-186; ⲁϭⲛⲧⲥ̄ peut être lu pour ⲁϫⲛⲧⲥ̄ (cf. W.E. Crum, *A Coptic Dictionary*, Oxford, 1939, 25b).

[65] Cf. ApocrJac, p. 2, 23b-24; p. 9,15b.

[66] Cf. M. Malinine *et alii, op. cit.* (cf. *supra*, n. 26), p. xii, note 4.

[67] Nous n'avons pu vérifier, pour les passages cités, la version sahidique; il faut cependant noter que, dans tous les lieux bibliques allégués, l'expression est toujours au singulier. J.M. Robinson avait déjà suggéré de corriger la mention des dix-huit jours en dix-huit mois, cf. «Gnosticism and the New Testament», in B. Aland, éd., *Gnosis. Festschrift für Hans Jonas*, Göttingen, 1978, p. 140.

comprendre, on aura par la suite ramené les «dix-huit mois de jours» à «dix-huit jours».

L'énumération de six paraboles (p. 8,5b-10a) indique que d'après l'auteur de l'ApocrJac l'enseignement dispensé par le Sauveur pendant les dix-huit mois que clôt la révélation rapportée par notre traité visait entre autres l'intelligence des *paraboles*, qui ne sont autres que celles de la tradition synoptique. On ne peut donc saisir le vrai sens de ces paraboles sans les reporter à l'enseignement post-résurrectionnel dont les gnostiques sont les dépositaires et que les trois paraboles de l'ApocrJac illustrent. Il ne faut pas arguer du caractère imprécis de l'un ou l'autre titre donné ici aux paraboles pour y voir des allusions à des paraboles extra-canoniques[68]. Par ailleurs, le fait que les paraboles synoptiques soient ici désignées par un titre indique encore une tradition déjà fixée par écrit[69].

p. 8,10b-33a (Attachement au verbe et parabole du grain de froment)

L'exhortation à une attitude active, l'empressement pour le verbe, reprend les thèmes abordés précédemment. Le verbe est présenté ici comme étant à l'origine du processus menant à la Vie[70]. Les étapes de ce processus, comme le montre ce tableau, sont illustrées par la parabole du grain de froment.

[68] Tous les titres de paraboles allégués ici par l'ApocrJac renvoient à l'une ou l'autre des paraboles synoptiques. Le premier, les *Bergers*, fait écho à la parabole de la brebis perdue (Mt 19,12-24; Lc 15,4-8; EvTh 107), où il n'y a cependant qu'un seul pasteur, ou encore à la parabole du bon pasteur et du mercenaire (Jn 10,11-13). Quant à la *Semence*, ce titre peut rappeler la parabole du semeur (Mt 13,3-9; Mc 4,3-9; Lc 8,5-8; EvTh 9), celle de la graine de moutarde (Mt 13,31-33; Mc 4,30-32; Lc 13,18-19; EvTh 20), de la graine qui pousse d'elle-même (Mc 4,26-29; EvTh 21), soit celle du bon grain et de l'ivraie (Mt 13,24-30; EvTh 51). La parabole de la *Construction* n'a de rapport qu'avec l'épisode de la maison édifiée sur le roc ou le sable (Mt 7,24-27; Lc 6,47-49). Celle des *Lampes des vierges* rappelle la parabole dex dix vierges de Matthieu (25,1-13) ou celle du retour du Maître de Luc (Lc 12,35-38). Le *Salaire des travailleurs* enfin évoque la parabole connue des ouvriers de la dernière heure (Mt 20, 1-6) de même que les *Didrachmes et la Femme* renvoient de toute évidence à un passage de Luc (Lc 15,8-11). Pour une analyse des rapprochements entre les titres de l'ApocrJac et les paraboles synoptiques, cf. J.-M. SEVRIN, *art. cit.* (cf. *supra*, n. 59), p. 523-524.

[69] On retrouve de pareils titres dans le *Dialogue du Sauveur* (NH III,5), p. 139,8-13 (S. EMMEL, H. KOESTER, E. PAGELS, éd., *NHS*, 26, Leiden, 1984, p. 78-79).

[70] L'ApocrJac utilise deux termes pour parler de la vie. Dans la plupart des cas, il s'agit, comme ici, de ⲱⲛ̄ϩ, qui rend le grec ζωή et qui désigne le sort final promis aux élus (cf. p. 1,7; 3.25; 5.32.35; 6.9; 8,15; 9,19, 10,31.38; 12,29; 13,34; 14,5.10.15; 15,37). En revanche, lorsqu'il s'agit de la vie physique, on trouve βίος (p. 5,27). Le βίος des disciples est qualifié d'éphémère et il doit être identifié à la mort, qu'ils sont invités à mépriser (p. 5,31), alors qu'il leur est enjoint de se soucier de la Vie (p. 5,32).

Car le verbe, certes,	Car le verbe ressemble à un grain de froment: une fois que quelqu'un l'a semé,
a. son état est premièrement la *foi*,	a'. il y a mis sa *confiance*, et, quand il a poussé,
b. le deuxième, c'est la *charité*,	b'. il l'a *aimé*, parce qu'il a vu de nombreux grains à la place d'un (seul),
c. le troisième, ce sont les *oeuvres*.	c'. et lorsqu'il a *travaillé*,
d. C'est d'elles, en effet, que provient la *Vie*. (p. 8,11b-15)	d'. il fut *sauvé*, l'ayant rangé comme nourriture. En outre, il (en) a réservé pour semer. (p. 8,16-23a)

Dans cette seconde parabole (p. 8,16-25), l'auteur illustre le comportement des vrais disciples et leur accueil du verbe et du Royaume par les images de l'ensemencement, de la croissance et de la multiplication du grain de froment.

Les vrais disciples dont Jacques est le modèle, doivent donc être empressés pour le verbe (λόγος) qui fait passer successivement de la foi (πίστις/ ⲁϥⲧⲁⲛϩⲟⲩⲧϥ̄) à la charité (ἀγάπη / ⲁϥⲙⲣ̄ⲣⲓⲧϥ̄); de la charité aux oeuvres (ἔργα / ⲣ̄ϩⲱⲃ); des oeuvres à la Vie (ζωή / ⲁϥⲟⲩϫⲉⲓ). Ils seront alors capables de semer à leur tour. C'est donc par une productivité autonome, que permet la γνῶσις (p. 8,26-27a), qu'on atteint le Royaume. La Connaissance donne ainsi à chacun la capacité de se sauver lui-même et de rendre les autres aptes à se sauver eux-mêmes (p. 8,27b-33a).

p. 8,33b-36 (Invitation à suivre le Sauveur)

L'invitation à suivre le Sauveur n'est pas nouvelle (cf. p. 2,25-28a; p. 10,26b-27a). Celle-ci toutefois s'accompagne d'un rappel de certains enseignements antérieurs concernant, notamment, «la conduite à avoir en présence des magistrats». Il peut s'agir soit de l'attitude à adopter devant les autorités/magistrats (ἄρχοντες) au sens usuel du terme[71], soit encore de la réponse à faire aux archontes célestes rencontrés lors de la remontée de l'âme[72]. Il est clair ici, étant donné les allusions que fait l'ApocrJac au martyre, que le premier sens est préférable au second, même si ce dernier n'est pas tout à fait exclu[73].

p. 8,37-9,10a (Propos concernant la descente de Jésus)

Ce développement sur la descente de Jésus est en étroit rapport avec la perspective d'une remontée évoquée plus tôt (p. 2,21-25). Le début de ce passage rappelle la descente du Sauveur, sa prédication et sa passion (p. 8,37.38.39). On trouve ici une présentation réaliste de la passion qui contraste avec le docétisme affiché par certains autres textes de Nag Hammadi[74].

Le Christ identifie les véritables motifs de sa descente (p. 9,1b-4a). Il est descendu sur terre pour habiter au milieu des siens et pour que ces derniers demeurent avec lui (p. 10,15b-20a). Pareille formulation n'est pas sans suggérer un rapprochement avec l'*Évangile de Jean* et avec la *Prôtennoia trimorphe* (NH XIII,1)[75].

Ce passage fait référence à l'Incarnation du Sauveur et à son habitation en chaque sauvé (p. 9,4b-6a). Comme le notait déjà l'*editio princeps*, il y a un jeu de mot sur ἄστεγος «sans toit»/«qui ne peut contenir»[76], ce qui constitue un indice formel que la langue originale de notre texte était le grec. En copte, on a opté pour le sens le plus obvie, du moins matériellement. Il est clair aussi dans l'esprit de notre traité que seuls quelques privilégiés, à savoir les vrais disciples, sont capables de recevoir la vraie connaissance et d'obéir au Sauveur (p. 9,6b-10a).

Quant au sens à donner au terme «maison» (ⲏⲉⲓ) employé ici, il peut être éclairé par un rapprochement avec le *Deuxième Traité du Grand Seth*. Dans ce traité, l'incarnation des sauvés et du Sauveur se fait dans

[71] Cf. Mt 10,19-20; Mc 13,11; Lc 21,14-15.

[72] Voir M. Malinine *et alii, op. cit.* (cf. *supra*, n. 26), p. 60. G. Quispel privilégie pour sa part la deuxième interprétation du terme, en comprenant notre passage à la lumière des «mots de passe» qui servent à l'âme lors de sa remontée.

[73] Sur le sens du terme ἄρχοντες, cf. G. Delling, «ἄρχων», in G. Kittel et G. Friedrich, éd., *Theological Dictionary of the New Testament*, Michigan, vol. 1, 1963, p. 488-489.

[74] Cf. L. Painchaud, *Le Deuxième Traité du Grand Seth* (*BCNH*, section «Textes», 6), Québec, 1982, p. 104-106.

[75] cf. Jn 1,11-14; 14,3; 17,24; PrôTri 41,1-29.

[76] Le copte ⲙⲉⲗⲱⲧ a comme équivalent grec ἄστεγος (Liddell-Scott-Jones, 260b), qui signifie «privé de toit» ou «qui ne peut contenir». Entendu en ce dernier sens, il faudrait comprendre que le Christ reproche aux siens de n'avoir pu le recevoir en eux; cf. Malinine *et alii, op. cit.* (cf. *supra*, n. 26), p. 61.

une «maison» (GrSeth, p. 51,10) ou dans une «maison corporelle» (*ibid.*, p. 51,6-7.20.21): «J'ai cherché une maison corporelle (ⲟⲩⲏⲉⲓ ⲛ̄ⲥⲱⲙⲁⲧⲓⲕⲟⲛ), j'ai expulsé celui qui l'habitait d'abord et Moi, je suis entré» (*ibid.*, p. 51,20-24)[77].

p. 9,10b-17 (La grande Lumière)

À la suite de Williams[78], on peut interpréter les lignes 10b-11a comme une invitation à être illuminés. Mais si on doit les rapprocher de la p. 13,19b-20a («Ne soyez pas orgueilleux à propos de la Lumière illuminatrice»), on y verra une annonce discrète de la polémique anti-baptismale dont témoigne ce dernier passage.

Les lignes qui suivent développent le thème bien connu, que le Dieu suprême n'est pas ἐνδεής, qu'il est sans besoin d'aucune sorte[79], et que le fait de l'appeler Père n'implique pas qu'il ait eu besoin d'un Fils ou de fils. Il n'a pas besoin davantage d'un culte qui laisserait entendre qu'il peut faire l'objet de sollicitations, de prières ou d'intercession pour obtenir qu'il s'occupe des hommes (cf. p. 11,29b-35a).

p. 9,18-23 (Assurances promises aux disciples)

L'assurance de ne pas subir la persécution et l'oppression[80] est promise par Jésus en retour de l'écoute du verbe[81], de la compréhension de la Connaissance[82] et de l'amour de la Vie (p. 9,18-20a)[83]. La seule véritable persécution dont les disciples pourraient être victimes, c'est celle qui viendrait d'eux-mêmes, c'est-à-dire d'une compréhension de l'état de disciples qui en ferait des esclaves.

p. 9,24-11,6a (Condamnation de certaines attitudes face au Sauveur)

Tout ce passage est à comprendre en fonction de la visée polémique de l'ApocrJac[84]. L'auteur condamne chez les chrétiens certaines attitudes en réponse au message du Christ et il dénonce encore une fois l'ecclésio-

[77] Voir L. PAINCHAUD, *op. cit.* (cf. *supra*, n. 74), p. 28-29; F.E. WILLIAMS, «The Apocryphon of James», in H.W. ATTRIDGE, éd., *Nag Hammadi Codex I* (The Jung Codex), Volume 2: *Notes* (The Coptic Gnostic Library; *NHS*, 23, Leiden, 1985, p. 23); on peut aussi citer 2 Co 5,1.

[78] Cf. F.E. WILLIAMS, *op. cit.* (cf. *supra*), p. 24.

[79] Cf. G.W.H. LAMPE, *op. cit.* (cf. *supra*, n. 44), s.v., p. 467a, qui cite Athanase, *Homélie sur Matthieu* 11,27 (*PG*, 25,209B): οὐ γὰρ ἐνδεὴς ὁ θεός, οὐδὲ διὰ χρείαν προσελάβετο τὸν υἱὸν εἰς βοήθειαν.

[80] Cette protection contre la persécution est à relier à la conception de la souffrance et de la mort énoncée plus haut; cf. ApocrJac, p. 4,22b-6,21a.

[81] Cf. ApocrJac, p. 8,10-11.

[82] Cf. ApocrJac, p. 8,26-27a.

[83] Cf. ApocrJac, p. 8,14b-15.

[84] Cf. Introduction (*supra*), p. 26-27.

logie des adversaires. Il faut par conséquent voir que les reproches adressés par le Christ visent, dans le cadre littéraire de l'ApocrJac, ses interlocuteurs immédiats, soit Pierre[85], Jacques et derrière eux l'ensemble de la communauté des disciples. Mais, par delà ce cadre littéraire, sont aussi visés les chrétiens de la Grande Église qui n'adoptent pas la vision des choses préconisée par l'auteur ou qui s'y opposent. Ils sont donc dits «misérables», «infortunés», «contre-facteurs de la Vérité», «falsificateurs de la Connaissance», «transgresseurs de l'Esprit» (p. 9,24-28) parce qu'ils persistent dans une attitude passive (écouter [p. 9,30] / dormir [p. 9,33]), plutôt que de s'engager dans une attitude active et autonome (parler [p. 9,31] / veiller [p. 9,33]) propre à des disciples qui ont accès par eux-mêmes à la vérité, à la Connaissance et à l'Esprit. L'attitude d'écoute à laquelle les autorités ecclésiastiques de la Grande Église devaient engager les fidèles est ici qualifiée de «sommeil», et elle est opposée à la prise de parole, la «veille», préconisée par l'auteur, ainsi que le montre le tableau.

Attitudes dans la recherche du Royaume des cieux	
Attitudes répréhensibles des orthodoxes	ÉCOUTER = DORMIR
Attitudes louables des gnostiques	PARLER = VEILLER

Il n'est pas impossible que l'auteur reprenne, en les renversant, les invectives que les chrétiens de la Grande Église lançaient contre les gnostiques. La thématique du sommeil opposé à la veille s'explique cependant mieux par la visée offensive propre à l'auteur.

Deux énoncés d'inspiration synoptique[86], à tout le moins au niveau de la structure, illustrent l'assurance absolue qu'ont les gnostiques de «régner»[87], c'est-à-dire d'être sauvés (p. 10,1-6a). Les disciples sont sauvés bien plus sûrement que ceux dont l'état de perfection a pu être atteint par l'ascèse ou autrement[88]; ils le sont encore tout autant que les

[85] En tant que porte-parole de l'attitude qu'il s'agit de condamner.

[86] Voir Lc 18,25-27.

[87] Cf. ApocrJac, p. 3,27.

[88] Pour rendre l'opposition entre ⲡⲉⲧⲟⲩⲁⲁⲃ et ϫⲱϩⲙ̄, le premier terme doit être traduit non par «saint», mais par «pur», ce qui est de fait son sens premier, équivalent à

hommes de lumière[89] ou les illuminés qui ont reçu le φωτισμός. L'«homme de lumière» (ⲣⲙ̄ⲛⲟⲩⲁⲉⲓⲛ) désigne donc ici, non les gnostiques, mais les baptisés de la Grande Église, les φωτιζόμενοι de Justin[90]. On rejoint alors la perspective de la p. 13,19b-20a.

Le révélateur manifeste aussi de la pitié à l'endroit de ceux qui sont hors de l'héritage du Père (p. 10,9b-15). «Les larmes, le deuil et le chagrin» de la p. 10,7-8a n'ont toutefois pas le même sens que les verbes «pleurer, gémir» utilisés quelques lignes plus loin (p. 10,11-12), comme le montrera le tableau de la p. 177.

Dans les lignes qui suivent (p. 10,15b-32a), le révélateur, s'exprimant à nouveau d'une manière paradoxale, affirme qu'il n'est pas descendu pour ceux qui l'écoutent (p. 10,15b-20a)[91], c'est-à-dire pour les chrétiens de la Grande Église, déjà dénoncés en p. 9,29-30. Il leur faut donc avoir honte que le Sauveur ait encore besoin de parler. Le Christ est plutôt descendu vers les véritables disciples, les «bien-aimés»[92] qui vont devenir cause de la Vie en plusieurs, eux à qui appartient la Vie (p. 10,30a-38b)[93].

L'auteur vise donc, comme nous avons essayé de le faire ressortir dans le tableau, deux catégories de chrétiens: tout d'abord les «faux» disciples de la Grande Église, *ceux qui se contentent d'écouter*, pour qui il dit ouvertement n'être pas descendu, puis, opposés à ceux-ci, les «vrais» disciples, les gnostiques, pour qui il est descendu. Ces vrais disciples sont ceux *qui ne se contentent pas d'écouter*, mais qui agissent et sont autonomes.

Dans le contexte d'un éloignement prochain (p. 10,21-26a) fréquemment rappelé dans ce traité (p. 2,23-26a; 12,33b-35a; 14-20b-22a), le Christ relance à ses auditeurs une invitation à le suivre (p. 10,26b-27a), reprenant par là des propos qu'il avait déjà énoncés[94]. Par une exhortation qui semble être une allusion au ministère des apôtres après le départ

ὅσιος, ἄμωμος ou καθαρός; cf. J. Černy, *Coptic Etymological Dictionary*, Cambridge, 1976, p. 214, et W. Vycichl, *Dictionnaire étymologique de la langue copte*, Leuven, 1983, p. 230b.

[89] L'appellation «homme de lumière» est un terme technique fréquemment utilisé dans les textes gnostiques; cf. EcrsT 151,19-20; 155,26-27; BG ApocrJn 71,12-14; ApocrJn III,28,4; 36,25; Pistis Sophia chap. 33;43;69;87;113;124;125;132.

[90] Cf. 1 *Apol.* 61,12.

[91] Cf. aussi p. 9,1a-8 et 13,9b-11a.

[92] Cf. ApocrJac p. 5,5; 16,8b-23a.

[93] La même expression («À vous est la Vie!») se retrouve en p. 3,24b-25a; cf. aussi p. 3,33b-34a et 6,6b-7a, où l'on trouve «À vous/eux est le Royaume de Dieu».

[94] Cf. p. 2,25-26a; p. 8,33b-34.

La promesse de l'héritage du Père: devenir cause de la Vie en plusieurs	
Les «faux» disciples de la Grande Église: exclus de l'héritage du Père	*Les «vrais» disciples: bénéficiaires de l'héritage du Père*
Ô (vous) qui êtes *hors de l'héritage du Père* (p. 10,9b-11a)	
Pleurez là où il le faut, gémissez et proclamez le bien... (p. 10,11b-13)	Je me suis souvenu de vos *larmes*, de votre *deuil*, et de votre chagrin (p. 10,6b-8a)
Si j'avais été envoyé vers ceux qui m'écoutent (...), je ne serais jamais *descendu* sur la terre (p. 10,16-20a)	C'est pour vous que *je suis descendu* (p. 10,28b-29a)
je m'éloignerai de vous; je partirai et *je ne veux plus demeurer davantage avec vous...* (p. 10,22-24)	*Suivez-moi* en toute hâte (p. 10, 26b-27a)
	C'est vous les bien-aimés. C'est vous qui allez devenir *cause de la Vie en plusieurs* (p. 10,29b-32a)
	Bienheureux celui qui vous a *vus avec lui* (p. 10,34b-35)
	Réjouissez-vous et *exultez* comme fils de Dieu (p. 10,39-11,1a)

de Jésus (p. 10,30b-34a), le Christ rappelle que s'ils «invoquent le Père», s'ils «supplient Dieu souvent», «il les exaucera»[95]. Le partage de la vie constitue l'aboutissement de l'ensemble de l'activité apostolique des disciples (p. 10,30b-32a). Ces derniers sont aussi qualifiés de «bienheureux» parce qu'en présence de celui qui est «proclamé parmi les anges et glorifié parmi les saints» (p. 10,34b-38a). On reconnaît ici une

[95] Ce thème est particulier à l'*Évangile de Jean*, cf. Jn 16,23-24.

terminologie s'inspirant probablement de 2 Th 1,10 et peut-être de Ps 88,8 (LXX)[96].

Une série de recommandations enfin accompagne la promesse de Vie (p. 10,39-11,4a). D'une part, l'auteur invite les disciples à se réjouir et à exulter à titre de fils de Dieu, d'autre part, il les presse de «sauvegarder [la] volonté afin d'être sauvé» et d'accepter de lui un blâme (ϫⲡⲓⲟ). Ce blâme désigne sans doute l'exhortation adressée aux disciples à devenir leur propre sauveur (p. 11,3b-4a). Le blâme reviendra en p. 13,13b-19a et il s'adressera alors à «ceux qui existent», les exhortant à se rendre semblables «à ceux qui n'existent pas», c'est-à-dire à ceux qui préexistent auprès du Père, selon les termes de la p. 14,40b-15,3a.

Le Sauveur intercède aussi pour les disciples (p. 11,4b-6a). Cependant, si l'on met ce passage en relation avec les lignes 11b-13a («Malheur à vous qui avez besoin d'un défenseur [παράκλητος]»), on peut y déceler la critique d'une interprétation du Paraclet johannique[97] qui rejoindrait alors la position des valentiniens des *Extraits de Théodote* (23,1-2). Si le Sauveur, dans le présent passage, intercède pour les disciples, c'est pour leur assurer libre accès auprès du Père, d'où leur joie.

Intermède narratif: Joie de Jacques et de Pierre (p. 11,6b-11a)

Pour la première fois depuis le début du dialogue, celui-ci est interrompu par un épisode narratif[98]. L'opposition entre l'attitude des disciples et celle du Sauveur que manifestent ce premier intermède et celui qui suivra en p. 12,18-20, reflète l'opposition fondamentale qui sous-tend la thématique de l'ApocrJac, à savoir celle entre les chrétiens de la Grande Église et les véritables chrétiens. C'est ce que montre le tableau de la page suivante:

6e intervention du Seigneur (p. 11,11b-12,17)

p. 11,11b-29a (Malédictions annoncées aux disciples)

Le Révélateur, dans cette intervention comme dans la suivante (p. 12,38-13,13a), prend le contre-pied des disciples. Ces derniers se disent joyeux. En réaction, il leur fait part de trois malédictions successives (p. 11,11b-13a); 13b-14a; 28b-29a)[99]. L'auteur explicite ainsi le rôle

[96] Cf. Ps 88,8 (LXX): ὁ θεὸς ἐνδοξαζόμενος ἐν βουλῇ ἁγίων; 2 Th 1,10; ὅταν ἔλθῃ ἐνδοξασθῆναι ἐν τοῖς ἁγίοις ἀυτοῦ.

[97] Cf. Jc 14,16.20; 15,16; 16,7; 1 Jn 2,1.

[98] L'auteur utilisera à nouveau l'encadrement narratif en deux autres passages, soit en p. 12,18-20 et en p. 15,5b-27, cette fois comme conclusion de la révélation du Seigneur.

[99] Ces malédictions reprennent de façon plus élaborée les reproches formulés précédemment, en p. 9,24-10,6a, à l'endroit de la communauté orthodoxe.

La structure des intermèdes narratifs et la progression du dialogue (p. 11,6b-13,25)		
Sentiments des disciples	Réactions du Révélateur	Orientation du discours
p. 11,4b-6a... J'intercède pour vous auprès du Père et il vous pardonnera beaucoup.		p. 11,11b-29a MALÉDICTIONS p. 11,11b-13a Malheur à vous... p. 11,13b-14a Malheur à vous... p. 11,14b-17 [Bienheureux seront-ils ceux...]
p. 11,6b-7 Et lorsque nous avons entendu cela, *nous sommes devenus joyeux...*	p. 11,10b-11,14a Mais lorsqu'il nous vit nous réjouir, il dit: «*Malheur à vous*, qui avez besoin d'un défenseur...	p. 11,28b-29a Malheur à vous...
p. 12,14-17... Vous pensez sans doute que beaucoup ont trouvé le Royaume des cieux. Bienheureux celui qui s'est vu quatrième dans les cieux!		p. 12,38-13,13a BÉNÉDICTIONS p. 12,38-39a Bienheureux seront ceux... p. 12,39b-40 [Malheur à ceux...] p. 12,41-13,1 Bienheureux seront ceux...
p. 12,18 Quans nous entendîmes cela, *nous nous attristâmes.*	p. 12,19-22a Et lorsqu'il vit que nous nous attristions, il dit: «C'est pourquoi je vous le dis: *afin que vous vous connaissiez...*» (Bienheureux seront ceux...)	p. 13,9b-11a [Malheur à ceux...] p. 13,11b-13a Bienheureux ceux...

qu'entend jouer le Révélateur auprès des disciples dans leur recherche de la Connaissance du Père. Il critique ceux-là qui comptent exclusivement sur l'aide extérieure dans la poursuite du Royaume des cieux (p. 11,11b-13a). Il condamne d'autant ce recours passif au défenseur (παράκλητος) qu'il met de l'avant la liberté des disciples et leur libre accès (παρρησία) auprès du Père. Il vise par là les orthodoxes et leur compréhension de la grâce (p. 11,13b-14a)[100]. Il propose plutôt en modèle «ceux qui auront parlé avec assurance[101] et se seront acquis pour eux-mêmes la grâce» (p. 11,14b-17a).

En opposant une première catégorie de chrétiens, qui ont «besoin de la grâce», à une autre, qui se seraient «acquis pour eux-mêmes la

[100] Voir P. PERKINS, *op. cit.* (cf. *supra*, n. 32), p. 153.

[101] «Parler avec assurance» a le sens ici tout comme dans la *Lettre de Pierre à Philippe* (NH VII,2) de «parler librement» (cf. p. 134, 26-135-1).

grâce»[102], l'ApocrJac dénonce l'attitude de ceux qui, dans l'adversité, se réclamaient de la présence de l'Esprit[103] ou qui mettaient leur confiance dans la promesse d'un intercesseur à venir, distinct du Sauveur[104].

Dans les lignes qui suivent (p. 11,17b-29a), l'auteur change de registre symbolique. En utilisant des thèmes liés négativement à la πόλις: être étranger[105], banni, fugitif, il décrit la situation de ses destinataires face à leur ville, terme qui ne peut désigner, dans le contexte, que la communauté ecclésiale à laquelle ils appartenaient et qu'ils viennent probablement de quitter, d'où leur trouble (cf. p. 11, 20b). Que ce bannissement ait été voulu par eux ou au contraire subi, ils sont invités à devenir semblables à des étrangers (p. 11,17b-18a). Mais en même temps, il leur est reproché de s'éloigner de leur ville et d'abandonner leur demeure (p. 11,22b-25a). Ils sont même dits malheureux d'être bannis et fugitifs (p. 11,27b-29a). La clef de ce passage réside probablement dans le fait que l'auteur, reprenant un de ses procédés favoris, utilise à double sens les termes «ville» et «étranger». D'une part, il faut se rendre étranger à la «ville» qu'est la Grande Église. Mais, d'autre part, il faut revenir ou retrouver la «ville», entendue cette fois au sens de la communauté des vrais disciples ou de «la cité intérieure que chacun porte en soi-même», pour reprendre une formule platonicienne[106]. Les disciples sont donc invités à être des étrangers face à la ville des adversaires, mais ils se garderont de se bannir et de fuir la ville qui leur appartient en propre. Par ailleurs, en recourant à l'imagerie de l'étranger et de la ville, l'auteur s'inscrit dans une tradition largement attestée, qui est brillamment illustrée à Nag Hammadi par les Actes de Pierre et des douze Apôtres (NH VI,1)[107].

p. 11,29b-12,17 (Médiation et accès au Royaume)

[102] Sur le sens de ϫⲡⲟ (= κτᾶσθαι) en p. 11,16, cf. la remarque de G. QUISPEL in M. MALININE *et alii, op. cit.* (cf. *supra*, n. 26), p. 64-65. D'après QUISPEL, l'ApocrJac reprendrait ici la théorie valentinienne selon laquelle les pneumatiques possèdent la grâce en tant que bien propre (ἐν κτήσει), par opposition aux psychiques qui n'en disposeraient qu'à titre d'emprunt (ἐν χρήσει). Le recours à cette explication n'est cependant pas absolument nécessaire à l'intelligence de notre texte.

[103] Cf. par exemple Mc 13,9.11.

[104] Cf. Jn 7,39; 14,16.26; 16,7-11.

[105] Sur ce thème, cf. F. de COULANGES, *La Cité antique*, Paris, 1927, p. 226-233, et H.-Ch. PUECH in M. MALININE *et alii, op. cit.* (cf. *supra*, n. 26), p. 65.

[106] Cf. PLATON, *Rép.*, IX,591 de: «ἀποβλέπων (...) πρὸς τὴν ἐν αὑτῷ πολιτείαν».

[107] Cf. M. KRAUSE et P. LABIB, *Gnostische und hermetische Schriften aus Codex II und Codex VI* (*ADAIK*, Koptische Reihe, 2), Glückstadt, 1971 [paru en 1972]; cf. aussi, sur ce texte, A. GUILLAUMONT, «De nouveaux Actes apocryphes: Les Actes de Pierre et des douze Apôtres», *RHR* 196 (1979) 141-150.

Alors que les disciples pensent le Père «ami des hommes»[108], qu'«il se laisse persuader par des prières», qu'il «fait grâce à l'un pour l'autre»[109], ou encore qu'«il soutient quelqu'un qui cherche» (p. 11,31-35a), la vraie identité du Père se résume de l'avis de notre auteur, en ce qu'«il connaît». Il sait ce dont la volonté des hommes est capable et aussi ce dont la chair a besoin (p. 11,35b-36). Nous avons probablement là une critique de la pratique de la prière de la Grande Église[110]. Cette critique se fonde sur un argument de simple bon sens, à savoir que, si Dieu est provident, omniscient et bon, il est inutile de le prier, argument que considèrent tous les traités anciens sur la prière, sans toutefois y répondre de façon adéquate[111].

La déclaration du Sauveur sur la nature du Père et sur la prière d'intercession est suivie par un développement anthropologique qui conduit de la 6e intervention du révélateur jusqu'à la conclusion de la p. 12,14-17. Ce développement s'appuie sur une anthropologie trichotomique, qui reprend le schéma et les termes esquissés plus haut, en p. 4,18b-22a. Il est par ailleurs présenté comme une conclusion de ce qui précède (ϥⲥⲁⲩⲛⲉ ⲅⲁⲣ, p. 11,35). Le Père n'a pas besoin d'être informé par la prière des besoins de l'homme, car il connaît le composé humain et le jeu secret de ses éléments. Ceci n'est pas sans rappeler Jn 2, 25: οὐ χρείαν εἶχεν ἵνα τις μαρτυρήσῃ περὶ τοῦ ἀνθρώπου· αὐτὸς γὰρ ἐγίνωσκεν τί ἦν ἐν τῷ ἀνθρώπῳ.

L'anthropologie trichotomique que l'on retrouve ici est des plus classiques[112], avec les trois termes:

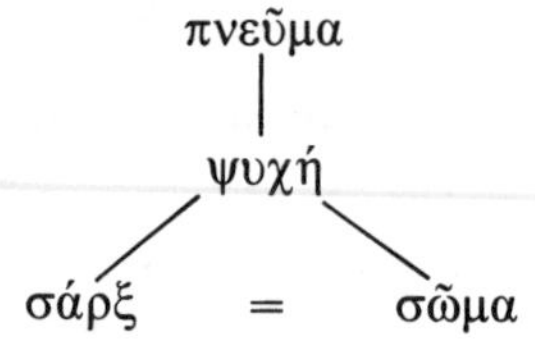

[108] Le copte ⲙⲁⲉⲓⲣⲱⲙⲉ correspond au grec φιλάνθρωπος, terme qui désigne l'une des qualités les plus couramment attribuées à Dieu par le judaïsme hellénistique et le christianisme ancien; cf. G.W.H. Lampe, *op. cit.* (cf. *supra*, n. 44), p. 1476 et L. Ulrich, «φιλανθρωπία, φιλανθρώπως» in G. Kittel et G. Friedrich, éd., *Theological Dictionary of the New Testament*, Michigan, vol. 9, 1973, p. 107-112.

[109] La traduction de ⲛ̄ⲟⲩⲉⲉⲓ ϩⲁ ⲟⲩⲉⲉⲓ pose un problème. Pour notre part, nous interprétons ϩⲁ au sens de ὑπέρ ou ἀντί (cf. Jn 1,16: χάριν ἀντι χάριτος).

[110] On trouve la même critique en Mt 6,8: «Ne vous rendez pas semblables à eux: notre Père, en effet, sait de quoi vous avez besoin avant que vous (le) lui demandiez».

[111] Voir A.-J. Festugière, *op. cit.* (cf. Introduction, note 56).

[112] Cf. Id., *ibid.*, p. 387.

et le statut d'intermédiaire (plutôt μέσον que μικτόν) qui est dévolu à l'âme. Alors qu'en p. 4,18b-22a, le modèle trichotomique ne servait que de cadre à une invitation à être «emplis», ici les conséquences morales de la conception trichotomique sont bien dégagées. L'âme étant le seul élément mobile de la triade anthropologique, en ce sens qu'elle peut se tourner aussi bien vers la matière (ici le corps) que vers l'esprit, c'est elle qui fera pécher le corps si elle se détourne de l'esprit[113]. En revanche, si elle se laisse vivifier[114] par l'esprit (cf. p. 12,6b: ⲉϥϣⲁϥⲧⲁϩⲟ ⲛ̄ⲧⲯⲩⲭⲏ), elle sera sauvée et le corps sera sans péché. Le corps est donc un élément moralement ou ontologiquement indéterminé car son péché ou son absence de péché dépend de la relation que l'âme entretient avec lui ou avec l'esprit. Le corps est même incapable de nuire à l'âme, car si l'âme se tourne vers lui de manière exclusive et meurt, c'est elle-même qui se tue. Quant à l'esprit, il paraît être une entité supérieure dont le rôle est essentiellement relié à l'âme (p. 12,1-2a.5a.6a), mais dont il dit aussi qu'il doit être sauvé (p. 12,3b-4a).

Les lignes 9b-12a tirent les conséquences de cette anthropologie: le Père «ne pardonnera le péché (ⲛⲁⲃⲉⲓ) à aucune âme, ni le grief (αἰτία) à la chair», puisque l'âme, en se détournant de l'esprit se sera condamnée elle-même et aura jeté le blâme sur le corps. Quant à l'affirmation qui suit: «car aucun de ceux qui auront porté la chair ne sera sauvé» (p. 12,12b-13a), elle doit viser ceux qui auront pactisé avec la chair, plutôt que ceux qui auront été incarnés, ce qui reviendrait à affirmer que personne ne sera sauvé. Comme l'ont noté les auteurs de l'*editio princeps*[115], l'expression «porter la chair», φορεῖν τὴν σάρκα, est fréquente dans la littérature gnostique. Mais elle est aussi sinon davantage attestée dans la littérature orthodoxe et spécialement christologique, où φορεῖν (τὴν) σάρκα équivaut à φορεῖν (τὸ) σῶμα[116]. Le vocabulaire n'a donc rien de typiquement gnostique.

Si nous mettons cet excursus anthropologique en regard des lignes précédentes (p. 11,29b-35a), nous pouvons comprendre qu'il est inutile

[113] Sur le thème de la réunification de l'âme au pneuma comme condition d'élection cf. (Pseudo-) JUSTIN, *De resurrectione*, PG, 6, 1589b; CLÉMENT D'ALEXANDRIE, *Stromates* IV,12,90,3; 91,3; M. SPANNEUT, *Le stoïcisme des Pères de l'Église, de Clément de Rome à Clément d'Alexandrie*, Paris, 1957, p. 131-176; G. VERBEKE, *L'évolution de la doctrine du pneuma du stoïcisme à saint Augustin*, Paris-Louvain, 1945, p. 421-422; J.C.M. VAN WINDEN, *An Early Christian Philosopher*, Leiden, 1971, p. 102-103.

[114] Sur le sens de ⲧⲁϩⲟ (ἱστάναι, cf. Crum 455a), voir aussi J.-É. MÉNARD, «Mystères et gnose», *Laval Théologique et Philosophique* 32 (1976) 131-144.

[115] Cf. M. MALININE *et alii*, *op. cit.* (cf. *supra*, n. 26), p. 67-68.

[116] Voir G.W.H. LAMPE, *op. cit.* (cf. *supra*, n. 44), p. 1488.

de penser s'assurer le salut par la prière et l'intercession; pour être sauvé, il suffit plutôt de connaître et de respecter les règles qui régissent les rapports mutuels des éléments du composé humain.

La conclusion, en p. 12,13b-17, comporte deux parties, dont la seconde, très énigmatique comme on l'a notée[117], doit sans doute être comprise à la lumière de la première, dont le sens ne fait pas difficulté: «(1) Vous pensez sans doute que beaucoup ont trouvé le Royaume des cieux. (2) Bienheureux celui qui s'est vu quatrième dans le Royaume des cieux». A la supposition des disciples, que l'accès du Royaume est assuré à beaucoup, le Sauveur rétorque sans doute qu'on devra se juger heureux d'entrer dans le Royaume, fut-ce à un rang inférieur. On retrouve dès lors l'affirmation de Mt 22,14: πολλοὶ γάρ εἰσιν κλητοὶ ὀλίγοι δὲ ἐκλεκτοὶ. On pourrait aussi voir dans la seconde affirmation une allusion à la requête de la mère des fils de Zébédée et à la réponse que lui fait Jésus (cf. Mt 20,20-30: «Ordonne qu'ils siègent, l'un à ta droite et l'autre à ta gauche, dans ton Royaume»; — «quant à siéger à ma droite et à ma gauche, il ne m'appartient pas d'accorder cela, mais c'est pour ceux à qui mon Père l'a destiné»).

Si l'on interprète le texte dans ce sens, la mention du fait d'«être quatrième» indiquerait seulement qu'il ne faut pas prétendre occuper les premières places dans le Royaume. Mais il se pourrait également que l'auteur de l'ApocrJac ait voulu donner à ce «quatrième» un sens plus précis. On songera alors à la valeur particulière accordée à la *tétrade*, ou *tétractys*, pythagoricienne dans la philosophie scolaire des premiers siècles de notre ère[118]. Dans ce contexte, celui qui se verra quatrième dans les cieux y occupera de fait une place éminente, dont on peut penser qu'elle sera réservée au gnostique ou au vrai disciple.

Intermède narratif; Tristesse de Jacques et de Pierre (p. 12,18-19)

Cette seconde transition est exactement parallèle à celle de la p. 11,4b-13a[119]. Dans ce premier encadrement narratif, les *disciples* étaient *joyeux* contrairement au *Sauveur* qui, affichant un air *triste*, tentait de les faire réfléchir sur la réalité de leur dépendance dans la recherche du Père. Cette fois, nous retrouvons une situation contraire. Les *disciples* sont *attristés* à l'annonce du nombre limité d'élus. Le *Christ* adopte, quant à lui, une *attitude joyeuse* en les invitant à se connaître véritablement.

[117] Voir M. Malinine *et alii, op. cit.* (cf. *supra*, n. 26), p. 68.

[118] Cf. A. Delatte, *Études sur la littérature pythagoricienne*, Paris, 1915, p. 249-268; et K. Staehle, *Die Zahlenmystik bei Philon von Alexandreia*, Leipzig, 1931, p. 26-31.

[119] Voir le tableau, *supra*, p. 124.

7e intervention du Seigneur (p. 12,20-13,25)

p. 12,20-31a (Parabole de l'épi de blé)

Le révélateur reprend la parole en rétorquant à l'attitude de tristesse de Jacques et de Pierre: «C'est pourquoi je vous le dis: afin que vous vous connaissiez» (p. 12,20b-22a). Cette phrase est immédiatement expliquée (ⲅⲁⲣ) par la parabole de l'épi de blé (p. 12,22b-31a). On notera comment la parabole est encadrée par deux finales: ϫⲉⲕⲁⲥ ⲉⲣⲉⲧⲛⲁⲥⲟⲩⲱⲛ ⲧⲏⲛⲉ (lignes 21-22a) et ϫⲉⲕⲁⲥ ⲉⲣⲉⲧⲛⲁⲙⲟⲩϩ ϩⲛ̄ ⲧⲙⲛ̄ⲧⲣ̄ⲣⲟ (1.29-31a). Il y a sans doute lieu d'établir, par delà ce rapprochement formel, une équivalence entre l'injonction de se connaître soi-même et celle d'être emplis du Royaume.

L'énoncé de la parabole (p. 12,22b-27a) est aussitôt suivi de son interprétation (p. 12,27b-31a). On y retrouve le même schéma d'ensemencement-croissance/fructification-nouvel ensemencement que nous avons relevé à propos des deux paraboles précédentes (cf. p. 7,22b-35a; p. 8,16-25)[120]. Le sens de cette parabole, comme d'ailleurs les deux autres, apparaît à la lumière de l'intention polémique de l'ApocrJac: de même que l'épi ne fait pas que mûrir, mais qu'il engendre d'autres épis, de même aussi, les disciples doivent «se faucher un épi de vie», c'est-à-dire devenir productifs à la suite du Christ.

P. 12,31b-13,8a (Attachement au Christ)

Dans un passage au vocabulaire tout à fait orthodoxe, le Sauveur invite ses auditeurs à l'attachement à sa personne, à l'obéissance et au souvenir. Il est cependant possible que ces lignes portent elles aussi une visée polémique pour autant qu'elles sont construites de manière antithétique sur l'opposition de l'avant et de l'après ascension. Et à chacun de ces deux moments de l'existence du Sauveur, correspondent des attitudes propres:

a. aussi longtemps que je suis avec vous,
attachez-vous à moi
obéissez-moi;

b. quand je m'éloignerai de vous,
souvenez-vous de moi.

Souvenez-vous de moi
a'. parce que j'étais auprès de vous
sans que vous m'ayez connu.

[120] Cf. *supra*, p. 114.

L'attachement et l'obéissance sont donc des valeurs transitoires, qui ne valent que pour le temps de la présence du Seigneur auprès des disciples. Elles sont cependant appelées à disparaître pour faire place au souvenir. Prenant le relais de valeurs passives qui n'avaient pas permis la connaissance du Sauveur (cf. p. 12,35b-36a), le souvenir rendra le disciple capable d'accéder à cette connaissance. Voilà pourquoi sont proclamés bienheureux ceux qui l'on connu (p. 12,38-39a), entendons ceux qui se sont souvenus, à l'encontre de ceux qui ont entendu le Sauveur d'avant l'ascension, le Sauveur charnel, et qui n'ont pas cru (p. 12,39a-40a). De même ceux qui auront cru sans avoir vu seront bienheureux (p. 12,40b-13,1). Par le biais de ces deux macarismes et de cette bénédiction, qui rappellent, en positif et en négatif, Jn 20,29, et plus encore un passage de la *Lettre d'Abgar*[121], on désigne deux façons d'accueillir le Christ, l'une qui met de l'avant le Christ charnel et historique, l'autre qui s'attache au Sauveur glorifié. Ces deux conceptions se reflètent aussi dans l'opposition de l'appréhension sensible par l'audition et la vue, qui est ici rejetée, et de la compréhension spirituelle, qui consiste à connaître et à croire.

L'enseignement sur la maison qui suit aux lignes 2-8a de la p. 13, fait appel à une image relativement simple, inspirée de l'architecture urbaine: cette maison est doublement «utile» (p. 13,5) en ce qu'elle abrite ceux qui y habitent et qu'elle étaie la maison voisine. On peut interpréter ce passage à la lumière de la parabole de la maison bâtie sur le roc (citée par notre auteur en p. 8,7) de Mt 7,24-27 et Lc 6,47-49. Mais il semble plus approprié au contexte général de notre texte de comprendre que ce que le Sauveur laisse aux siens (cf. p. 12,3: ϯⲟⲩⲱⲛϩ ⲅⲁ[ⲣ] ⲁⲃⲁⲗ ⲛ̄ⲏⲧⲛ̄) n'est pas à leur seul usage. Il fait encore d'eux les consolidateurs des autres; les disciples sont abrités par le Christ et abritent à leur tour leurs voisins.

Étant donné la fonction qui est attribuée à la maison dans ce passage, il ne nous semble pas possible de donner à ce terme le sens qu'il avait plus haut, en p. 9,4b-9a, ni de l'interpréter à la lumière de 2 Co 5,1-3[122].

p. 13,8b-25 (Réprimandes et exhortations)

Le début de ce passage (p. 13,9b-13a) est peut-être à mettre en relation avec les lignes 16b-30a de la p. 10, où il est affirmé que le Sauveur n'est

[121] §2: μακάριοι οἱ ἰδόντες με καὶ πιστεύσαντες, τρισμακάριοι δὲ οἱ μὴ ἑωρακότες καὶ πιστεύσαντες (R.A. Lipsius, éd., *Acta apostolorum apocrypha*, I, Leipzig, 1959, p. 281,1-2).

[122] Pour d'autres sens qui pourraient être attribués à la «maison», cf. le commentaire de H.-Ch. Puech, in M. Malinine *et alii, op. cit.* (cf. *supra*, n. 26), p. 69-70.

pas descendu pour ceux qui l'écoutent (p. 10,16b-20a), mais plutôt pour les «bien-aimés», qui vont devenir «cause de la Vie en plusieurs». Dès lors, ceux qui font ici l'objet de la malédiction sont probablement les chrétiens de la Grande Église, fustigés en raison de leur accueil passif de la révélation du Sauveur. En revanche, «ceux qui vont remonter auprès du Père» sont les «bien-aimés», «ceux qui ont été proclamés par le Fils avant qu'ils deviennent» (p. 15,1b-3a).

Le blâme ou la réprimande des lignes 13-14 est présenté comme une reprise (ⲉⲧⲓ ϯϫⲡⲓⲟ) de celui de la p. 11,3 (ϫⲓ ϫⲡⲓⲟ ⲁⲃⲁⲗ ϩⲓ̈ⲧⲟⲟⲧ). Ce sont «ceux qui existent» qui font l'objet de ce blâme et ils sont semblables à «ceux qui n'existent pas». Ces derniers désignent sans doute les gnostiques pré-existants, qui n'ont pas eu à venir à l'être dans ce monde, parce qu'ils existaient déjà. Quoi qu'il en soit de cette interprétation, ce qui est sûr, c'est que les «existants» (ⲛⲉⲧϣⲟⲟⲡ) sont ici qualifiés négativement, alors que les «non-existants» (ⲛⲉⲧⲉ ⲛⲥⲉϣⲟⲟⲡ ⲉⲛ) sont valorisés. Dès lors, on ne saurait voir[123] dans les premiers les tenants d'une existence réelle et, dans les seconds, ceux dont l'être est illusoire. C'est plutôt l'inverse qui prévaut ici.

L'avertissement qui suit: «Ne permettez pas que le Royaume des cieux devienne désert en vous» (p. 13,17b-19a) avait déjà été formulé auparavant en des termes différents: «Ne laissez pas dépérir le Royaume des cieux» (p. 7,22b-23). L'injonction introduisait alors la parabole de la branche de dattier. Ici, rien ne vient en préciser le sens. On peut y voir une insistance sur l'aspect intérieur et individuel du Royaume, à l'instar de Lc 17,21: ἰδοὺ γὰρ ἡ βασιλεία τοῦ θεοῦ ἐντὸς ὑμῶν ἐστιν. D'ailleurs le ⲛ̄ϩⲏⲧ ⲧⲏⲛⲉ du copte peut prêter à la même ambiguïté que le ἐντὸς ὑμῶν de Luc, et être traduit aussi bien par «en vous» que «parmi vous».

Si l'ApocrJac fait plusieurs fois référence à la «lumière», en p. 9,10-11 («Comprenez ce qu'est la grande Lumière»), 10,4 (l'«homme de lumière»), 16,15b-16a («ceux qui seront illuminés» par Jacques), il ne semble pas que le terme doive être interprété de manière univoque. Dans le cas qui nous occupe, la mention de la «Lumière illuminatrice» est affectée d'une nuance péjorative, puisqu'on invite les disciples à ne pas en tirer orgueil. Par conséquent, nous suggérons d'y lire une discrète polémique contre le baptême, couramment appelé φωτισμός ou φώτισμα[124], dont les orthodoxes devaient tirer l'assurance de leur

[123] Comme le fait remarquer Williams, *op. cit.* (cf. *supra*, n. 77), p. 32.

[124] Cf. G.W.H. Lampe, *op. cit.* (cf. *supra*, n. 44), p. 1509b-1510a.

salut[125]. Plutôt que de tirer orgueil de rites, les disciples sont invités à se comporter les uns envers les autres comme le Sauveur s'est comporté envers eux. Si cette invitation implique la soumission à la malédiction (cf. Ga 3,13), il faut peut-être y voir la malédiction dont les destinataires de l'ApocrJac allaient faire l'objet de la part de la Grande Église.

4. *Conclusion du dialogue et ultimes recommandations du Seigneur* (p. 13,26-15,5a)

Réponse de Pierre (p. 13,26-36a)

La deuxième et dernière intervention de Pierre dans le dialogue est de la même venue que la première (p. 3,38-4,2a). Elle exprime la réaction d'un auditeur naïf face au discours paradoxal de Jésus, ce qui montre que le paradoxe a bel et bien été voulu par l'auteur de l'ApocrJac. L'attitude de Pierre, ici comme en p. 3, se comprend par le rôle que lui réserve l'auteur de notre traité: Pierre sert de repoussoir pour faire progresser le discours, incarnant par ses interventions les chrétiens de la Grande Église, à qui est ultimement destiné le discours paradoxal du Sauveur dénoncant leurs prétentions à posséder le salut et à gérer l'entrée dans le Royaume.

8e et dernière intervention du Seigneur (p. 13,36b-15,5a)

La dernière tranche du discours de révélation de Jésus conclut l'ensemble du discours (p. 13,37b-14,19a) et introduit le départ du révélateur (p. 14,19b-15,5a). Aux fins de l'analyse, nous la diviserons en trois séquences.

p. 13,36b-14,8a

Bien qu'adressé uniquement à Jacques, ce passage livre la réponse du Sauveur à l'intervention de Pierre. On y retrouve les thèmes de la Vie et du Royaume dont le traitement par le Révélateur avait causé l'étonnement de Pierre. Si le début de la répartie (p. 13,39-15,2a) rappelle Jn 14,9, on peut le rapprocher aussi de la p. 12,35-37 de notre texte. Par ailleurs, les lignes 4-5 de la p. 14 («alors que vous êtes joyeux à cause de la promesse de la Vie...») renvoient à l'intermède narratif de la p. 11. De même, la mention de l'affliction «au sujet du Royaume» (p. 14,6-8a) fait allusion au second intermède, à la p. 12. Pour rendre compte de l'affirmation du Sauveur, qui dit s'être déjà manifesté à Jacques, on peut

[125] Voir Clément d'Alexandrie dans *Le Pédagogue* (I,6,26, 1 et 2 in H.-I. Marrou et M. Harl, éd., et trad. [*SC*, 70]), Paris, 1960, p. 158-159.

renvoyer, p. ex. à l'*Évangile des Hébreux*, cité par Jérôme[126]; une apparition antérieure à Jacques s'explique cependant dans le cadre même de l'ApocrJac, qui fait de Jacques (p. 1,28b-32a) le destinataire d'un autre écrit secret que lui avait révélé le Sauveur.

p. 14,8b-14,20a

L'auteur résume dans ces lignes la thématique de l'ensemble de l'ApocrJac. Il affirme tout d'abord le primat de la foi et de la Connaissance pour recevoir la Vie, reprenant ainsi l'affirmation de la p. 8,26-27: «Celui-ci (*sc.* le Royaume), à moins de le recevoir par la Connaissance, vous ne pourrez le trouver». La suite du texte, aux lignes 10b-19a, développe le thème de la possession imprescriptible du salut et du Royaume par les vrais disciples. Étant donné la visée de l'ApocrJac, on ne saurait y voir seulement l'affirmation générale que le salut est d'avance assuré aux élus. En effet, la mention du «rejet»[127], en ligne 11, que les disciples sont invités à mépriser, donne à penser que la communauté de l'auteur devait être menacée d'excommunication ou d'ostracisme par les adversaires, c'est-à-dire par les autorités de la Grande Église. La phrase des lignes 19b-20a marque nettement la fin du discours de révélation et introduit les propos d'adieu.

p. 14,20b-15,5a

Il s'agit là de la conclusion générale du discours de Jésus. On y trouve d'abord l'annonce de son départ définitif (p. 14,20b-22a) et le rappel des attitudes antécédentes des disciples lorsqu'il le leur avait annoncé (p. 14,22b-25), allusion à la p. 2,18-26a et à la p. 10,22-27a.

Jacques et Pierre sont invités à prêter attention à la gloire qui attend Jésus et à écouter les hymnes, ce qui annonce la description de la p. 15,13b-23a. L'expression de la ligne 30 («car il m'est nécessaire aujourd'hui que je *m'emplisse* à la droite de mon Père») a causé des difficultés aux précédents commentateurs de l'ApocrJac. On a proposé[128] de la comprendre au sens de «que j'occupe la droite de mon Père», ou encore «que je brille à la droite de mon Père» (en lisant ⲙⲟⲩϩ, «brûler», et non ⲙⲟⲩϩ, «remplir»). Cependant, le thème de la plénitude est trop central dans l'ApocrJac pour qu'on ne doive pas interpréter le texte comme il se présente. En déclarant qu'il doit s'emplir auprès du Père, le Sauveur

[126] Cf. A. de Santos Otero, *Los Evangelios apócrifos* (*Biblioteca de Autores cristianos*), Madrid, 1975[3], p. 38.

[127] Le copte ⲧⲥⲧⲟ ⲁⲃⲁⲗ (Crum 437a) peut rendre le grec ἀνάθεμα (cf. G.W.H. Lampe, *op. cit.* [cf. *supra*, n. 44], p. 102-103).

[128] Voir M. Malinine *et alii, op. cit.* (cf. *supra*, n. 26), p. 75 et 94; F.E. Williams, *op. cit.* (cf. *supra*, n. 77), p. 34.

signifie que le moment est venu pour lui de retrouver la plénitude à laquelle il n'a cessé de convier les disciples depuis le début du discours de révélation. La possession de la plénitude est en effet la condition *sine qua non* de l'accès au Royaume (cf. p. 2,30-33a). Le Sauveur exprime donc son retour au Plérôme dans les mêmes termes par lesquels il décrivait l'entrée des disciples au Royaume. Par ailleurs, l'importance du thème de la plénitude est encore marquée par le fait qu'il ouvre le discours de révélation, en p. 2,30-35a, et qu'il en constitue ici le dernier mot, de l'aveu même du révélateur (cf. p. 14,32-33a: «Or la dernière parole, je vous l'ai dite»).

Les lignes 33b-36a de la p. 14 indiquent deux modalités essentielles de l'ascension imminente de Jésus: il sera enlevé par un char spirituel (ϩⲁⲣⲙⲁ ⲙ̄ⲡ̄ⲛ̄ⲁ̄ = ἅρμα πνευματικόν) et il devra se dévêtir (ϯⲛⲁⲕⲁⲁⲕⲧ̄ ⲁϩⲏⲩ) pour se revêtir (ⲉⲉⲓⲛⲁϯ ϩⲓ̈ⲱⲱⲧ). H.-Ch. Puech, qui a donné de ce passage un riche commentaire comparatif auquel il n'y a rien à ajouter[129], a montré que ces deux motifs étaient empruntés aux représentations de l'ascension de l'âme que l'on retrouve aussi bien dans l'apocalyptique juive que dans la philosophie religieuse de l'hellénisme. Le rapprochement qu'il a fait de notre «char spirituel» avec la doctrine, que les *Oracles chaldaïques* partagent avec le néoplatonisme, de l'ὄχημα πνευματικόν qui sert de véhicule à l'âme pour son ascension, est particulièrement éclairant. Quant à l'image de la dévêture et de la vêture, elle apparaît dans tous les quartiers de l'horizon symbolique des premiers siècles de notre ère. Dans une scène d'ascension comme celle de l'ApocrJac, elle traduit le passage à une nature ou à un état spiritualisé qui permettra au Sauveur de retrouver la «Grandeur» par-delà les cieux.

Le discours du révélateur se termine sur un ultime avertissement (p. 14,37a: ⲉⲣⲓ ⲡⲣⲟⲥⲉⲭⲉ) et sur deux macarismes construits en parallèle comme l'atteste le tableau de la page suivante.

Étant donné le parallélisme de construction et le fait qu'il y a progression d'un macarisme à l'autre (ϩⲙ̄ ⲙⲁⲕⲁⲣⲓⲟⲥ/μακάριοι; ϩⲙ̄ ⲙⲁⲕⲁⲣⲓⲟⲥ ⲛ̄ϣⲁⲙⲛⲧ/τρισμακάριοι)[130], il convient de les interpréter l'un par l'autre. Le premier macarisme concerne le Fils et proclame bienheureux ceux qui ont annoncé son «évangile» (ⲉⲩⲁⲅⲅⲉⲗⲓⲍⲉ); le second vise ceux qui ont été annoncés ou proclamés par le Fils; ils sont dits trois fois bienheureux. Dès lors, qui sont les uns et les autres? Il est

[129] Cf. M. Malinine *et alii*, *supra*, p. 73-79.

[130] On retrouve semblable progression dans la *Lettre d'Abgar*, citée *supra*, n. 121.

14,37b-40	Bienheureux sont	14,41-15,5a	Trois fois bienheureux sont
	ceux qui ont annoncé la Bonne Nouvelle du Fils		ceux qui ont été proclamés par le Fils
	avant qu'il fût descendu		avant qu'ils viennent à l'existence
	de telle sorte que, si je venais, je puisse monter!		de telle sorte qu'il y ait part pour vous avec eux!

clair que les seconds sont à identifier à «ceux qui n'existent pas», mentionnés en p. 13,15, c'est-à-dire ceux qui préexistaient auprès du Père avant leur incarnation (cf. p. 16,4-5). C'est avec eux que les disciples sont destinés à avoir part, comme Jacques le rappellera à son destinataire à la fin de la lettre (p. 16,20-23a: «Efforce-toi donc de leur ressembler et prie afin d'acquérir une part avec eux»). Quant aux premiers, il pourrait s'agir des prédicateurs et des fidèles de la Grande Église, qui ont annoncé l'Évangile du Fils et qui, pour cela, sont dits bienheureux, mais qui ne peuvent parvenir à la béatitude promise aux gnostiques, aux véritables disciples, qui, par la Connaissance, ont accueilli le Royaume (cf. p. 8,26-27). On aurait alors dans ces deux macarismes une version positive et lénifiante de la malédiction et du macarisme de la p. 13,9-13: «Malheur à ceux à cause de qui j'ai été envoyé ici-bas. Bienheureux ceux qui vont remonter auprès du Père».

C. Fin du dialogue de révélation et montée de Jésus (p. 15,5b-27)

Les disciples vont maintenant faire l'expérience de ce que Jésus leur avait annoncé en p. 14,26-29. La vision extatique à la faveur de laquelle ils accompagneront le Sauveur dans sa remontée et qui s'apparente, par son imagerie, à ce que l'on trouve dans l'apocalyptique, suppose un système à trois cieux. A chacun de ces cieux correspond une faculté particulière: au premier, le *coeur* (ϩⲏⲧ, p. 15,8); au second, l'*intellect* (νοῦς, p. 15,16); au troisième l'*esprit* (πνεῦμα, p. 15,25). Nous avons là une trilogie qui rejoint celle que propose l'EvMar, en p. 10,17-24 (ψυχή, νοῦς, πνεῦμα)[131]. Si Jacques et Pierre ne peuvent atteindre par *l'esprit* la proximité de la Grandeur, c'est en vertu d'une double exigence. La première, c'est qu'ils ne sont pas encore suffisamment parfaits pour y parvenir; la seconde est une nécessité d'ordre littéraire: ils ne parviennent pas tout de suite à la Grandeur, ce qui signifierait leur entrée définitive dans le Plérôme, parce qu'ils doivent revenir vers les autres disciples (cf. p. 15,28b-29a: «*car* le reste des disciples nous a appelés»).

D. Après la révélation (p. 15,28-16,11)

1. *Intervention et réaction des autres disciples* (p. 15,28-16,5a)

Jacques et Pierre reviennent vers leurs compagnons. En réponse à leurs questions (p. 15,30b-33), ils résument l'essentiel de la révélation dont ils viennent d'être les bénéficiaires: «Il est monté et il nous a donné la main droite» (cf. p. 14,33-15,6a); «il nous a promis à tous la Vie» (cf. p. 13,33b-34a; 14,5.12b-13a); «il nous a dévoilé des fils qui viendront après nous, [nous] ordonnant de les aimer comme si nous devions [être sauvés] à cause de ceux-là» (cf. p. 13,14b-17a; 14,41b-15,5a; 16,5a.10-11). La suite de ce passage (p. 16,2b-5a) met en évidence deux attitudes opposées: celle d'abord des dix autres disciples (cf. p. 15, 28b-29a: **ⲙⲕⲉϣⲱϫⲡ̄ ⲙ̄ⲙⲁⲑⲏⲧⲏⲥ**), et celle de Jacques. Les premiers, qui représentent les autorités et les chrétiens de la Grande Église, se contentent d'accueillir le salut pour eux (p. 16,3b-4a: «ils crurent certes à leur vie»), mais ils n'admettent pas de n'être pas les ultimes dépositaires et messagers du salut (p. 16,4b-5a: «ils furent en colère à cause de ceux qui seront engendrés»). Quant à Jacques, il souhaite l'avènement des vrais disciples, «ceux qui seront manifestés» et qui ont été proclamés trois fois bienheureux (p. 14,41b-15,5a) par le Sauveur.

Dans la perspective de la fiction littéraire de l'ApocrJac, qui situe les événements dont il est question au moment de l'ascension, «ceux qui seront manifestés», «les bien-aimés», sont encore à venir. Mais si l'on voit les choses du point de vue de l'auteur et des lecteurs de l'ApocrJac, ces «bien-aimés» représentent sans aucun doute la communauté à laquelle et l'auteur et ses destinataires appartiennent. Cette communauté non seulement se réclamait de Jacques, mais encore elle voyait en Jacques celui qui avait reçu de Jésus ressuscité la révélation de l'apparition future de l'Église des vrais disciples, destinée à prendre le relais de celle du «reste des disciples».

[131] Voir A. PASQUIER, *L'Évangile selon Marie* (*BCNH*, section «Textes», 10), Québec, 1983, p. 71-78.

2. *Dispositions prises par Jacques* (p. 16,5b-11)

Jacques, agissant comme chef du collège apostolique, envoie chacun des apôtres à un endroit différent, sans doute pour y prêcher (p. 16,5b-8a). Ce thème de la séparation des apôtres après l'ascension est commun à notre texte et aux Actes apocryphes des apôtres[132]. Quant aux motifs de la dispersion à laquelle préside Jacques (p. 16,5b-6: «comme je ne voulais pas cependant les précipiter dans une occasion de chute»), on le retrouve dans la présentation que donne la *Caverne des Trésors* du même événement: «ils (*sc.* les apôtres) se séparèrent selon les langues, afin que chacun aille enseigner le peuple vers lequel il (*sc.* le Christ) les avait envoyés, pour qu'il n'y ait parmi eux *ni envie ni dispute*»[133].

Le rôle qui est ici dévolu à Jacques est conforme à ce que l'on trouve dans une partie de la tradition ancienne, notamment dans l'*Évangile selon Thomas* (log. 12) et surtout dans les *Homélies* et *Reconnaissances* pseudo-clémentines[134].

III. Conclusion de la lettre (p. 16,12-30)

Jacques conclut la lettre en s'adressant à son destinataire. Inaugurant en quelque sorte une παράδοσις parallèle à celle de la Grande Église, il lui remet la révélation concernant les «bien-aimés», «ceux qui seront manifestés», en priant pour que le «commencement» vienne de lui, c'est-à-dire pour qu'il jette les bases de la communauté des «bien-aimés» destinée à être la véritable Église des disciples.

De la même manière que Jésus invitait ses disciples à se rendre égaux à lui (p. 5,1-5) et même meilleurs que lui (p. 6,19-21a; 7,12b-15a), ainsi Jacques souhaite être illuminé par une foi meilleure que la sienne, et que celle-ci diminue (p. 16,18b-19; cf. Jc 3,30).

Les dernières lignes (p. 16,23b-30) insistent sur le caractère définitif de la révélation concernant les «bien-aimés», c'est-à-dire la communauté des gnostiques qui a produit l'ApocrJac. La finale du texte (p. 16,27b-28a: «eux à qui on a prêché) identifie les «bien-aimés» aux triples bienheureux de la p. 14,41-15,3a («ceux qui ont été proclamés par le Fils avant qu'ils viennent à l'existence») et en fait les enfants du Seigneur (cf. p. 15,37b-39a): c'est avec eux, et eux seuls, que l'on pourra hériter (cf. p. 16,27: ⲙⲉⲣⲟⲥ) du Royaume.

[132] Cf. G. Bornkamm, «The Acts of Thomas», in E. Hennecke et W. Schneemelcher, éd., *New Testament Apocrypha*, t. 2, Londres, 1983, p. 43-44.

[133] Voir chap. 54,15 (cf. C. Bezold, éd., *Die Schatzhöhle*, Leipzig, 1883-1888, vol. 1, p. 71; vol. 2, p. 283; nous citons l'édition et la traduction de Su-Min Ri, à paraître).

[134] Voir M. Malinine *et alii, op. cit.* (cf. *supra*, n. 26), p. 88-89.

INDEX

L'ordre de classement retenu dans l'index copte est celui du dictionnaire de Crum. Lorsque la forme type choisie par Crum n'est pas attestée dans le texte, elle est indiquée entre parenthèses.

Les variantes orthographiques ont été relevées systématiquement; lorsque plusieurs variantes orthographiques sont attestées pour un même vocable (dans l'index copte comme dans l'index grec), elles sont identifiées par un chiffre placé en exposant. Les références correspondant à des reconstitutions sont indiquées entre crochets.

INDEX GREC

INDEX DES NOMS PROPRES

INDEX COPTE

L'ACTE DE PIERRE

(BG 4)

PAR

Louise ROY

AVANT-PROPOS

Au terme de ce travail, je désire remercier tous les membres du Projet d'édition de la Bibliothèque copte de Nag Hammadi de la Faculté de Théologie de l'Université Laval.

Je dois un merci tout particulier à Monsieur Paul-Hubert Poirier qui m'a apporté son aide avec une patience remarquable et un enthousiasme inlassable qui m'a stimulée tout au long de mon travail.

Il convient également de signaler la contribution de monsieur Gilles Maloney, professeur de grec ancien au département des Littératures de l'Université Laval pour ses judicieux conseils.

Que chacun y trouve ici mes sentiments de profonde reconnaissance.

Louise Roy

BIBLIOGRAPHIE

ACHELIS (H), *Acta Sanctorum Nerei et Achillaei* (*TU*, 11,2), Leipzig, 1983.

ALTANER (B.), «Augustinus und die neutestamentlichen Apokryphen, Sibyllinen und Sextussprüche», *Analecta Bollandiana* 67 (1949) 236-248.

BARNSTONE (W.), éd., *The Other Bible*, San Francisco, 1984.

BAUMEISTER (T.), «Die Rolle des Petrus in gnostischen Texten», in T. ORLANDI, F. WISSE, éd., *Acts of the Second International Congress of Coptic Studies*, Roma, 22-26 September 1980, Rome, 1985, p. 3-12.

BELTZ (W.), «Katalog der koptischen Handschriften der Papyrus-Sammlung der Staatlichen Museen zu Berlin (Teil I)», *Archiv für Papyrusforschung* 26 (1978) 57-119.

BRASHLER (J.), PARROTT (D.M.), «The Act of Peter», in J.M. ROBINSON, éd., *The Nag Hammadi Library in English*, San Francisco, 1977, p. 473-477.

—, «The Act of Peter», in D.M. PARROTT, éd., *Nag Hammadi Codices V, 2-5 and VI with Papyrus Berolinensis 8502, 1 and 4* (*NHS*, 11), Leiden, 1979, p. 473-492.

CRUM (W.E.), *A Coptic Dictionary*, Oxford, 1939.

DE BRUYNE (D.), «Nouveaux fragments des Actes de Pierre, de Paul, de Jean, d'André et de l'Apocalypse d'Élie», *Revue Bénédictine* 25 (1908) 149-160.

DENNISTON (J.D.), *Greek Particles*, Oxford, 1975.

ERBETTA (M.), *Gli Apocrifi del Nuovo Testamento*, vol. II, Atti e Legende, Turin, 1978².

FLAMION (J.), «Les Actes apocryphes de Pierre», *Revue d'histoire ecclésiastique* 9 (1908) 233-254. 465-490; 10 (1909) 5-29. 245-277; 11 (1910) 5-28. 233-256. 447-470. 675-692; 12 (1911) 209-230. 437-450.

FRANKO (I.), «Beiträge aus dem Kirchenslavischen zu den Apokryphen des Neuen Testamentes» (II, Zu den gnostischen Περίοδοι Πέτρου), *ZNW* 3 (1902) 315-335.

GRENFELL (B.P.), HUNT (A.S.), éd., *The Oxyrynchus Papyri*, Part VI (Egypt and Exploration Fund, Graeco-Roman Branch), Londres, 1908.

HAELST (J. van), *Catalogue des papyrus littéraires juifs et chrétiens* (Université de Paris IV, Paris-Sorbonne, Série «Papyrologie» 1), Paris, 1966.

HENNECKE (E.), SCHNEEMELCHER (W.), éd., *Neutestamentliche Apokryphen*, t. 2, Tübingen, 1964; traduction anglaise éd. par R. McL. WILSON, *New Testament Apocrypha*, t. 2, Londres, 1965.

HENSCHEN (G.), PAPEBROCH (D.), *Acta Sanctorum Maii*, t. III, Paris-Rome, 1866.

JAMES (M.R.), *The Apocryphal New Testament*, Oxford, 1924.

JANSSENS (Y.), *Les leçons de Silvanos* (*NH VII,4*) (*BCNH*, Section «Textes», 13), Québec, 1983.

JOLIVET (R.), JOURJON (M.), *Oeuvres de Saint Augustin*, 17: *Six traités antimanichéens* (*Bibliothèque augustinienne*, deuxième série), Paris, 1961.

KRAUSE (M.), «Die Petrusakten in Codex VI von Nag Hammadi», in M. KRAUSE, éd., *Essays on the Nag Hammadi Texts in Honour of Alexander Böhlig* (*NHS*, 3), Leiden, 1972, p. 36-58.

LIPSIUS (R.A.), *Die Apokryphen Apostelgeschischten und Apostellegenden*, Braunschweig, 1883-1890, 4 vol.

LIPSIUS (R.A.), BONNET (M.), *Acta Apostolorum Apocrypha*, Leipzig, 1891-1903, 3 vol.

MORALDI (L.), *Apocrifi del Nuovo Testamento*, II, Turin, 1971.

NISSEN (T.), «Die Petrusakten und ein bardesanitisches Dialog in der Aberkiosvita», *ZNW* 9 (1908) 190-203. 315-328.

OLLIER (F.), éd., *Xénophon. Banquet, Apologie de Socrate* (*Collection des Universités de France*), Paris, 1961.

PAINCHAUD (L.), *Fragment de la République de Platon* (*NH* VI,5) (*BCNH*, Section «Textes», 11), Québec, 1983.

PARROTT (D.M.), éd., *Nag Hammadi Codices V, 2-5 and VI with Papyrus Berolinensis 8502, 1 and 4* (*NHS* 11), Leiden, 1979.

PARROTT (D.M.), WILSON (R. McL.), «The Acts of Peter and the Twelve Apostles», in D.M. PARROTT, éd. *Nag Hammadi Codices V, 2-5 and VI with Papyrus Berolinensis 8502, 1 and 4* (*NHS*, 11), Leiden, 1979, p. 198-202.

PASQUIER (A.), *L'Évangile selon Marie (BG 1)* (*BCNH*, Section «Textes», 10), Québec, 1983.

PĒRONNE, ECALLE, *et al.*, éd., *Oeuvres complètes de Saint Augustin*, t. 25, Paris, 1870.

POIRIER (P.-H.), *Les Sentences de Sextus* (*NH* XII,1) (*BCNH*, Section «Textes», 11), Québec, 1983.

POUPON (G.), «Les Actes de Pierre», in *Les Actes apocryphes des apôtres, christianisme et monde païen* (*Publications de la Faculté de Théologie de l'Université de Genève*, 4), Genève, 1981, p. 299-301.

ROBINSON (J.M.), «Codicological Analysis of Nag Hammadi Codices V and VI and Papyrus Berolinensis 8502», in D.M. PARROTT, éd., *Nag Hammadi Codices V, 2-5 and VI with Papyrus Berolinensis 8502, 1 and 4* (*NHS*, 11), Leiden, 1979, p. 9-45.

SCHENKE (H.M.), «Bemerkungen zum koptischen Papyrus Berolinensis 8502», in *Festschrift zum 150 jährigen Bestehen des Berliner ägyptischen Museums*, 8, Berlin, 1974, p. 315-322.

SCHMIDT (C.), «Studien zu den alten Petrusakten», *Zeitschrift für Kirchengeschichte* 6 (1924) 321-348; 8 (1926) 481-513.

—, «Zur Datierung der alten Petrusakten», *ZNW* 29 (1930) 150-155.

—, «Ein vorirenäisches gnostisches Originalwerk in koptischer Sprache», *SAB*, Berlin, 1986, p. 839-847.

—, *Die alten Petrusakten im Zusammenhang mit der apokryphen Apostelliteratur nebst einem neuentdekten Fragment untersucht* (*TU*, 24), Leipzig, 1903.

MACDERMOT (V.), *Pistis Sophia*. Edited with English Translation, Introduction and Notes (*NHS*, 9), Leiden, 1978.

TARDIEU (M.), *Écrits gnostiques, codex de Berlin* (*Sources gnostiques et manichéennes*, 1), Paris, 1984.

—, «Pourquoi l'*Acte de Pierre* a-t-il été inséré dans le Papyrus de Berlin 8502? in *Écritures et traditions dans la littérature copte. Journée d'études coptes*, Strasbourg, 28 mai 1982 (*Cahiers de la Bibliothèque copte*, 1), Louvain, 1983, p. 140-144.

DUBOIS (J.D), *Introduction à la littérature gnostique*, 1. Collections retrouvées avant 1945 (*Initiations au christianisme ancien*), Paris, 1986.

TILL (W.), *Koptische Grammatik* (Saïdischer dialekt), Leipzig, 1966.

—, *Koptische Dialekt grammatik*, Munich, 1961.

SCHENKE (H.M.), éd., *Die gnostischen Schriften des koptischen Papyrus Berolinensis 8502* (*TU*, 60), Berlin, 1972².

VOUAUX (L.), *Les Actes de Pierre* (*Les Apocryphes du Nouveau Testament*), Paris, 1922.

ABRÉVIATIONS

AAA	=	Acta Apostolorum Apocrypha
BCNH	=	Bibliothèque copte de Nag Hammadi
BG	=	Berolinensis gnosticus
CSEL	=	Corpus Scriptorum Ecclesiasticorum Latinorum
NH	=	Nag Hammadi
NHS	=	Nag Hammadi Studies
RHE	=	Revue d'histoire ecclésiastique
SAB	=	Sitzungsberichte der preussischen Akademie der Wissenschaften zu Berlin
TU	=	Texte und Untersuchungen zur Geschichte der altchristlichen Literatur
ZNW	=	Zeitschrift für die neutestamentliche Wissenschaft

Les abréviations des titres des différents traités de Nag Hammadi sont celles de la BCNH et les sigles des livres bibliques sont ceux de la *Bible de Jérusalem* (Paris, éd. du Cerf).

INTRODUCTION

I. LE MANUSCRIT

L'*Acte de Pierre* est le dernier des quatre écrits conservés dans un codex qui fait aujourd'hui partie de la collection papyrologique du Musée de Berlin (P. Berolinensis, 8502 = 1602 dans le catalogue de Walter Beltz[1], appelé aussi en raison de son contenu *Berolinensis gnosticus*, en abrégé BG). C'est le docteur C. Reinhardt qui en fit la découverte dans la boutique d'un marchand d'antiquités du Caire, dans les dernières années du XIXème siècle. Il proviendrait, selon toute vraisemblance, de la région d'Akmīm, en Haute-Égypte, et il se trouve depuis 1896 au Département d'Égyptologie des Musées Nationaux de Berlin. Selon Carl Schmidt, les quatre écrits du codex auraient été copiés dans les premières années du Vème siècle de notre ère[2].

Le compte rendu de la découverte fut publié par C. Schmidt, l'année même de l'acquisition du BG[3]. Le papyrus, dans ses 141 pages numérotées[4], comporte d'abord un premier écrit intitulé l'*Évangile de Marie* (p. 1-19,5); suivent l'*Apocryphon de Jean* (p. 19,6-77,7), la *Sagesse de Jésus-Christ* (p. 77,8-127) et, à la fin, un texte, bref en comparaison des autres, intitulé l'*Acte de Pierre* (p. 128-141)[5]. La dernière page, non numérotée, comporte une invocation: «Ô Dieu des dieux, ô Dieu des dieux, ô Seigneur des seigneurs, ô Roi des rois».

Le BG comprenait à l'origine un total de 72 feuillets, dont un feuillet non inscrit, servant de page de garde en début de codex (feuillet A/B) et un dernier feuillet inscrit mais paginé au recto seulement (141-[142]). Le manuscrit présente cependant trois lacunes qui l'ont privé de sept feuillets, soit les pages A/B et 1-6, 11-14 et 133-134. La dernière de ces lacunes affecte donc l'ActPi. Pour l'ensemble du codex, chaque page

[1] W. Beltz, «Katalog der koptischen Handschriften...», p. 97. On ajoutera ici la notice de Michel Tardieu sur le BG parue in M. Tardieu, J.-D. Dubois, *Introduction à la littérature gnostique*, I. Collections retrouvées avant 1945 (*Initiations au christianisme ancien*), Paris, 1986, p. 99-101.

[2] C. Ṣchmidt, *Die alten Petrusakten...*, p. 1.

[3] «Ein vorirenäisches gnostisches Originalwerk in koptischer Sprache», Sitzungsberichte..., 1986, 839-847.

[4] Les feuillets mesurent en moyenne $13\frac{1}{2} \times 10\frac{1}{2}$ cm. La numérotation des pages est inscrite en haut au centre.

[5] Ci-après abrégé en ActPi.

compte de 17 à 23 lignes et, pour l'ActPi, de 18 à 19; la page 141, sur laquelle se termine notre texte, ne porte toutefois que six lignes. Chaque ligne comporte de 15 à 17 caractères[6].

Comme les trois autres écrits du BG 8502 l'ActPi est rédigé en sahidique. Selon W.C. Till[7], il s'agit d'un sahidique littéraire mâtiné d'éléments caractéristiques de l'akhmîmique et du subakhmîmique. C'est ainsi que l'on remarque la présence des formes non-sahidiques suivantes: ⲡⲉ au lieu de ⲡⲟⲩ (adjectif possessif, 2ème féminin singulier)[8]; ⲡⲟⲩ pour ⲡⲉⲩ (adjectif possessif, 3ème pluriel)[9] ⲛⲁⲓ- pour ⲛⲉⲓ- (imparfait, 1ère singulier)[10]. D'autres variantes relevées par C. Schmidt[11] sont moins révélatrices d'un écart par rapport au sahidique: ⲙⲁⲩ pour ⲙⲁⲁⲩ[12]; ⲉⲧⲣⲉⲧⲛ̄- pour ⲉⲧⲣⲉⲧⲉⲧⲛ̄-[13].

L'ActPi, comme c'est le cas pour les autres textes du BG 8502 et pour ceux du corpus de Nag Hammadi, a été à l'origine composé en grec[14]. Selon toutes probabilités, la traduction du grec en copte est antérieure au Vème siècle, ce qui signifie que le BG 8502 aura déjà pu être copié sur un modèle copte[15].

II. ÉDITIONS ET TRADUCTIONS DE L'ActPi

Même si l'ActPi est, quantitativement du moins, le texte le moins important du BG 8502, il fut, en revanche, celui qui a été le mieux servi par la recherche, ayant été très tôt édité et plusieurs fois traduit et commenté. Sans prétendre être exhaustif, nous donnons ici la liste des principaux travaux critiques dont l'ActPi a fait l'objet.

[6] Cf. la description de W.C. Till (d'après les travaux antérieurs de C. Schmidt), in *Die gnostischen Schriften des koptischen Papyrus Berolinensis 8502* (*TU*, 60), Berlin, 1955, corrigée et complétée par H.-M. Schenke, Berlin, 1972; Id., «Bemerkungen zum koptischen Papyrus Berolinensis 8502», p. 315-322; voir aussi l'analyse codicologique du BG 8502 faite par James M. Robinson, in D.M. Parrott, éd., *Nag Hammadi Codices V, 2-5 and VI with Papurus Berolinensis 8502, 1 and 4* (*NHS* 11), Leiden, 1979, p. 36-45.

[7] W.-C. Till, H.-M. Schenke, *Die gnostischen Schriften*, p. 11-23.

[8] BAA_2F; cf. W.-C. Till. *Koptische Dialektgrammatik*, Munich, 1961, p. 30, par. 128.

[9] *Ibid.*, p. 30, par. 128.

[10] Imparfait B; *ibid.*, p. 59, par 270 et L. Stern, *Koptische Grammatik*, Leipzig, 1880, p. 213, par. 373.

[11] C. Schmidt, *Die alten Petrusakten*, p. 5, n. 1-2; cf. aussi J. Brashler, D.M. Parrott, «The Act of Peter», in D.M. Parrott, éd., *Nag Hammadi Codices*, p. 473.

[12] P. 132,17; cf. C. Schmidt, *op. cit.*, p. 5, n. 1.

[13] P. 135,19; cf. C. Schmidt, *op. cit.*, p. 5, n. 2.

[14] Cf. M. Tardieu, in M. Tardieu, J.-D. Dubois, *Introduction à la littérature gnostique*, I, p. 101 (par. 93).

[15] Cf. C. Schmidt, *Die alten Petrusakten*, p. 2, et M. Tardieu, *op. cit.*, p. 101 (par. 94).

Outre le rapport de la découverte du BG 8502 publié dès 1896[16], C. Schmidt procura l'*editio princeps* de l'ActPi en 1903[17]. Après une description du manuscrit, il donne en plus du texte original de l'ActPi, une traduction allemande accompagnée de notes critiques. L'année suivante, une autre version allemande était publiée par G. Ficker, dans le recueil d'apocryphes néotestamentaires édité par E. Hennecke[18].

En 1922, paraît en français une étude, avec traduction commentée, de l'ActPi, due à L. Vouaux[19]. Deux ans plus tard, M.R. James en donne une traduction anglaise dans son «Nouveau Testament apocryphe»[20].

Si l'ActPi fut très tôt connu dans sa forme originale, il faudra attendre encore une trentaine d'années pour que le coptologue W.C. Till publie, en 1955, une édition complète du BG 8502, accompagnée d'une traduction allemande et précédée d'une description précise du manuscrit[21]. Ce travail connut une seconde étition en 1972, par les soins de H.-M. Schenke[22]. En 1964, la reprise du *Handbuch* de Hennecke par W. Schneemelcher fournit l'occasion d'une nouvelle traduction allemande de l'ActPi[23], dont R. Mcl. Wilson donna une adaptation anglaise l'année suivante. Il convient également de signaler deux versions italiennes réalisées l'une par M. Erbetta[24], l'autre par L. Moraldi[25].

Dans le cadre du «Coptic Gnostic Library Project» de l'Institute for Antiquity and Christianity (Claremont, CA), J. Brashler et D.M. Parrott publièrent, en 1977, une traduction anglaise de l'ActPi[26], qui fut reprise

[16] C. Schmidt, «Ein vorirenäisches gnostisches...», *art. cit.*

[17] C. Schmidt, *Die alten Petrusakten* (*TU*, 24), Leipzig, 1903, p. 1-25.

[18] G. Ficker, and E. Hennecke, *Neutestamentliche Apokryphen*, Leipzig, 1905, p. 391-423.

[19] L. Vouaux, *Les Actes de Pierre* (*Les Apocryphes du Nouveau Testament*), Paris, 1922, («Le fragment copte»: p. 35-38 et 221-227).

[20] M.R. James, «The Coptic Fragment», *The Apocryphal New Testament*, Oxford, 1924, p. 300-302.

[21] W.C. Till, *Die gnostischen Schriften des koptischen Papyrus Berolinensis 8502* (*TU*, 60), Berlin, 1955.

[22] H.M. Schenke, *TU*, 60^2, 1972 («Die Praxis des Petrus»: p. 296-319).

[23] E. Hennecke, *Neutestamentliche Apokryphen*, vol. II, éd., W. Schneemelcher, Tübingen, 1964, traduction anglaise: *New Testament Apocrypha*, vol. II, Londres, 1965, p. 259-322 («Peter's daughter»: p. 276-278); réimpression de la traduction anglaise in W. Barnstone, *The Other Bible*, San Francisco, 1984, p. 427-428. On peut mentionner ici la traduction allemande de W. Michaelis, *Die apokryphen Schriften zum Neuen Testament* (*Sammlung Dieterich*, 129), Bremen, 1956 (1962^3), p. 317-319.

[24] M. Erbetta, *Gli Apocrifi del Nuovo Testamento*, vol. II (*Atti e leggende*), 1966 (1978^2), p. 135-141.

[25] L. Moraldi, «Atti di San Pietro, Frammento Copto di Berlino», *Apocrifi del Nuovo Testamento*, vol. II, 1971, Turin, p. 967-979 et 1037-1039.

[26] J. Brashler et D.M. Parrott, in J.M. Robinson, éd., *The Nag Hammadi Library in English*, 1977, p. 475-477.

en 1979, avec, cette fois, l'édition du texte copte et un *index verborum*[27].

Enfin, en 1984, M. Tardieu publie, dans le premier volume de ses *Sources gnostiques et manichéennes* une version française commentée de l'ensemble du BG 8502[28].

III. ANALYSE DE L'ActPi

A. Résumé

L'ActPi contenait à l'origine 14 pages, soit les pages 128-141 du BG. Il en reste aujourd'hui 12, les pages 133-134 étant perdues. Le texte se présente sous la forme classique de la πρᾶξις apostolique, en ce sens qu'il rapporte un haut fait ou un événement significatif de la vie d'un apôtre, en l'occurrence Pierre. L'analyse de cette πρᾶξις en fait ressortir nettement la cohérence et montre qu'elle constitue une unité littéraire homogène et bien construite, comme c'est habituellement le cas pour ces *Actes*, même lorsqu'ils sont intégrés à un ensemble plus vaste.

La scène racontée par l'ActPi se passe un dimanche. Pierre guérit de nombreux malades devant une foule de gens rassemblés. Cependant, sa fille reste couchée dans un coin, tout un côté de son corps paralysé. Un des assistants lui demande pourquoi il n'utilise pas le pouvoir de Dieu pour guérir sa propre fille. Pierre lui répond que ce n'est par impuissance que Dieu n'accorde pas ses faveurs à sa fille mais plutôt pour éprouver la foi de tous. Et joignant l'action à la parole, Pierre dit à la jeune fille de marcher vers lui. La vierge se lève et vient vers Pierre, devant la foule qui s'en réjouit. Mais Pierre ordonne aussitôt à sa fille de reprendre sa place et, à nouveau, la paralysie la saisit. La foule en larmes implore l'apôtre de lui rendre la santé. Pierre raconte alors que le jour même de la naissance de l'enfant une vision lui apprit que, si elle demeurait en santé, elle serait pour lui un grand sujet d'épreuves. De fait, en grandissant, la jeune fille devint si attirante qu'un homme très riche, Ptolémée, la demanda plusieurs fois en mariage, malgré le refus constant de sa mère.

Ici le récit est interrompu par la perte des pages 133-134. Quelques

[27] J. Brashler et D.M. Parrott, in D.M. Parrott, éd., *Nag Hammadi Codices*, p. 473-492.

[28] M. Tardieu, *Écrits gnostiques, Codex de Berlin* (*Sources gnostiques et manichéennes*, 1), Paris, 1984, p. 67-72 (introduction), p. 217-222 (traduction), p. 404-410 (commentaire). Sur l'ActPi, voir aussi, de M. Tardieu, «Pourquoi l'Acte de Pierre a-t-il été inséré dans le papyrus de Berlin 8502?, in *Écritures et traditions dans la littérature copte. Journée d'études coptes*, Strasbourg, 28 mai 1982 (*Cahiers de la Bibliothèque copte*, 1), Louvain, 1983, p. 140-144.

lignes d'Augustin, dans le *Contra Adimantum*[29], permettent cependant d'en reconstituer en gros le contenu. On peut penser que Ptolémée, pris de passion, se passant du consentement des parents, fait enlever la jeune fille. Pierre implore alors le Seigneur de préserver sa virginité, tant et si bien que la jeune fille est frappée d'hémiplégie. Le manuscrit reprend ensuite.

Pierre et sa femme, ayant trouvé leur fille à demi paralysée à la porte de leur maison, remercient le Seigneur de l'avoir préservée de l'impureté. Quant à Ptolémée, il en fut si attristé qu'il pleura jour et nuit au point de devenir aveugle et de vouloir se pendre. Mais une vision le détourne du suicide et l'envoie vers Pierre qui le guérit «dans sa chair et dans son âme». Par la suite, Ptolémée mène une vie exemplaire. À sa mort, il n'oublie pas la jeune fille, cause de son repentir et lui lègue une parcelle de terre, que Pierre vend et dont il distribue le prix aux pauvres. Pierre, ayant démontré par son récit la providence de Dieu, exhorte la foule à la prière. Puis il distribue le pain eucharistique et rentre chez lui.

B. Plan de l'ActPi

Pour peu qu'on prête attention à la structure de l'ActPi, sa composition et son plan apparaissent nettement:

- I. 128,1-7: Situation de l'action.
- II. 128,7-129,8: Question adressée à Pierre au sujet de sa fille paralysée, qu'il ne guérit pas. C'est cette question qui déclenchera toute l'action.
- III. 129,8-131,9: Réaction de Pierre.
  - A. 129,10-130,1: Réponse de Pierre par la parole.
  - B. 130,1-18: Pierre montre la vérité de sa réponse en changeant la situation de sa fille.
  - C. 130,18-131,9: Une fois la réponse donnée par la parole et par l'action, il fait revenir sa fille à son état premier.
- IV. 131,9-12: Réaction de la foule.
- V. 131,12-140,13: Pierre s'explique (discours).
  - A. 131,13-135,7: Pourquoi sa fille est-elle dans cet état?
    1. 131,13-14: Position de principe: le profit spirituel.
    2. 131,15-135,14: Ce qui est arrivé (explication ou justification du principe).

[29] *Contra Adimantum*, XVII, 5, éd. Zycka (*CSEL*, 25), 1891, p. 170, 9-16, (spec. 12-13). Augustin, en réponse aux Manichéens, fait allusion à un livre apocryphe rapportant l'histoire de la fille de Pierre lui-même «devenue paralytique à la prière de son père».

a. 131,15-132,5: Vision de Pierre à la naissance de sa fille.
b. 132,5-7: Son étonnement.
c. 132,7-17: Réalisation de la vision et avances de Ptolémée.
d. 132,17-[133?]: Refus des parents.

Les pages 133-134 manquent {
e. [133,?-134,?]: Ptolémée fait enlever la jeune fille. Prière de Pierre pour que Dieu sauve sa fille «de l'impureté, de la souillure et de la destruction» (cf. 135,11-14).
f. [134,?]-135,3: Pierre est exaucé: sa fille devient paralysée et Ptolémée la fait ramener par ses serviteurs.
}

g. 135,3-14: Pierre et sa femme retrouvent leur fille et rendent grâce à Dieu d'avoir été exaucés.

3. 135,14-17: Conclusion.

B. 135,17-139,17: Ce qui arriva à Ptolémée.
1. 136,1-10: Sa réaction devant la paralysie de la jeune fille.
2. 136,10-137,17: Vision.
3. 137,17-138,15: Conversion de Ptolémée.
4. 138,16-19: Mort de Ptolémée.
5. 139,1-17: Dispositions prises par Pierre après la mort de Ptolémée.

C. 139,18-140,13: Conclusion du discours.
1. 139,18-140,6: Morale de l'histoire à l'intention de celui qui avait posé la question en 128,10-129,8.
2. 140,7-13: Parénèse à l'adresse de la foule.

VI. 140,13-141,7: Épilogue.
142,1-3: Colophon du BG 8502.

IV. SITUATION DE L'ActPi

Dans les pages qui suivent, nous essaierons de préciser la relation de l'ActPi aux *Acta Petri*. Il faut tout d'abord noter que les *Acta Petri* originaux, rédigés en grec et dont le titre devait être Πράξεις Πέτρου, ou encore Πράξεις Πέτρου τοῦ ἀποστόλου, sont disparus et ne sont plus attestés que par des pièces qui ont connu une histoire manuscrite plus ou moins indépendante. Ces pièces, dont l'inventaire est fourni par W. Schneemelcher[30] et G. Poupon[31], sont les suivantes:

1. Les *Actus Vercellenses*, conservés en latin. Cette version[32] donne la majeure partie des anciens Πράξεις Πέτρου;
2. Le *Martyre de Pierre*, connu en grec[33] et aussi en latin[34], puisqu'il constitue la conclusion des *Actus Vercellenses*, aux chapitres 30 à 41;
3. Le texte transmis par le *Papyrus d'Oxyrhynque* 849 (= Van Haelst 603[35]);
4. Le fragment copte du Berolinensis 8502 dont nous nous occupons maintenant.

Que ce fragment copte fasse partie des anciens Πράξεις Πέτρου, cela ne fait aucun doute, comme l'a établi C. Schmidt[36] et comme le notent à sa suite W. Schneemelcher[37] et L. Vouaux[38]. Sur ce point, le témoignage d'Augustin[39] corroboré par celui des *Acta Nerei et Achillei*[40] et des *Acta Philippi*[41], est décisif.

[30] W. Schneemelcher, *New Testament Apocrypha*, vol. II, p. 268-270.

[31] G. Poupon, in *Les Actes apocryphes des apôtres*, Genève, 1981, p. 299-301.

[32] *Actus Vercellenses*, in *AAA* I, p. 78-102; et in L. Vouaux, *Les Actes de Pierre*, p. 228-396.

[33] *Le Martyre de Pierre*, in *AAA* I, p. 78-102; et in L. Vouaux, *op. cit.*, p. 398-467.

[34] *Le Martyre de Pierre*, in *AAA* I, p. 78-102.

[35] J. Van Haelst, *Catalogue des papyrus littéraires juifs et chrétiens* (*Publications de la Sorbonne*), Paris, 1976, p. 214; *editio princeps par* B.P. Grenfell et A.S. Hunt, *The Oxyrynchus Papyri*, part VI (*Egypt Exploration Fund, Graeco Roman Branch*), Londres, 1908, p. 6-12; texte grec et traduction chez L. Vouaux, *op. cit.*, p. 374, note e.

[36] C. Schmidt, *Die alten Petrusakten*, p. 13-25; voir aussi M. Tardieu, in M. Tardieu, J.-D. Dubois, *op. cit.*, p. 136 (par. 139).

[37] W. Schneemelcher, *New Testament Apocrypha*, II, p. 266-267 et 269-270.

[38] L. Vouaux, *Les Actes de Pierre*, p. 35-38.

[39] Cf. B. Altaner, «Augustinus und die neutestamentlichen Apokryphen, Sibyllinen und Sextusspruche», *Analecta Bollandiana* 67 (1949) 236-248 («Die Petrusakten»: p. 237-239).

[40] Texte latin in les *Acta Sanctorum Maii*, Paris-Rome, 1866, t. III, p. 10-11; texte grec édité par H. Achelis, *Acta Sanctorum Nerei et Achillaei* (*TU*, 11,^{2}), Leipzig, 1893, p. 14,7-15,9; traduction: M. Tardieu, *op. cit.*, p. 218-221. La situation est la même que celle de l'épisode du BG: Pierre guérit de nombreux malades; Titus interroge alors l'apôtre sur le fait qu'il ne guérit pas sa propre fille, Pétronilla, paralysée. Pierre lui raconte que le haut fonctionnaire Flaccus voulait en faire sa femme et qu'elle fut préservée du péché par une intervention divine qui la força à garder le lit jusqu'à la fin de sa vie.

[41] *Acta Philippi*, par. 142 (*AAA*, 2,2, p. 81,3-7 et 11-14): texte A: «Notre frère Pierre fuyait tout lieu où se trouvait une femme. Bien plus, un scandale étant arrivé à cause de sa propre fille, il pria le Seigneur, et le côté de sa fille fut paralysé pour qu'on n'abusât point d'elle»; texte B: «Le chef des apôtres, Pierre, fuyait devant un visage de femme. En effet, sa fille étant jolie à voir et ayant déjà (provoqué un scandale) à cause de ses belles formes, il se mit en prière et elle devint paralysée» (traduction de M. Tardieu, *op. cit.*, p. 220).

Il est à noter par ailleurs qu'un épisode assez proche de celui du BG 8502 est attesté et qu'il est pareillement attribué aux Πράξεις Πέτρου. En effet, le témoignage d'Augustin, invoqué plus haut, ne fait pas seulement état de l'aventure de la fille de Pierre. Augustin cite aussi le cas «de la fille d'un jardinier qui expira également à la prière de Pierre»[42]. Il faudra cependant attendre en 1908 pour que Dom de Bruyne découvre un résumé de cet épisode dans un manuscrit du VIIIème siècle, le *Codex Buchardi*, conservé à l'Université de Würzburg[43]. Ce manuscrit contient un recueil de citations bibliques et apocryphes connu sous le nom d'*Epistola Titi, discipuli Pauli*[44]. Vouaux traduit ainsi l'épisode qui nous intéresse:

> En lisant l'écrit présent, tu pourras juger de ta conduite. Un jardinier avait une fille, vierge, l'unique qu'il possédait; il demanda à Pierre de prier pour elle. Sa demande faite, l'apôtre, en réponse, lui dit que Dieu donnera à sa fille ce qui est le plus utile à l'âme de celle-ci. Aussitôt la jeune fille tomba morte. Ô faveur excellente et qui toujours convient à Dieu, de fuir l'audace de la chair, et de mortifier l'orgueil du sang! Mais ce vieillard sans confiance, sans connaissance de la grandeur de la grâce divine, ignorant en somme les bienfaits divins, supplia Pierre de lui ressusciter son unique fille. Or, dès qu'elle fut ressuscitée, pas beaucoup de jours en fait après celui-là, l'esclave d'un fidèle qui habitait dans la maison de ce vieillard se précipita sur la jeune fille, et la perdit, et tous deux disparurent pour toujours[45].

Les deux épisodes, celui du BG 8502, et celui de l'*Epistola Titi*, affirment l'un et l'autre qu'il vaut mieux mourir, ou demeurer paralysé, que de vivre dans l'impureté ou de perdre la virginité. C'est en raison de cette parenté, tout aussi bien que de leur apparence au même corpus littéraire, qu'Augustin sera amené à citer ces deux textes l'un à la suite de l'autre.

Compte tenu de ces témoignages, il apparaît non seulement que le quatrième traité du BG 8502 appartient aux Πράξεις Πέτρου originaux, mais aussi qu'il devait être représentatif, avec l'épisode de la fille du jardinier, d'une orientation nettement encratite de ces Πράξεις.

Si l'épisode transmis par le BG fait bel et bien partie des *Acta Petri*, on peut se demander si le traducteur copte ou, à tout le moins, le compilateur du BG, l'a extrait des *Acta* ou s'il l'a trouvé circulant déjà

[42] *Contra Adimantum*, XVII, 5, éd. ZYCKA, *loc. cit.*, supra, n. 29.

[43] D. DE BRUYNE, «Nouveaux fragments des Actes de Pierre, de Paul, de Jean, d'André et de l'Apocalypse d'Elie», *Revue Bénédictine* 25 (1908) 149-160.

[44] Cf. à ce sujet E. HENNECKE, W. SCHNEEMELCHER, éd., *New Testament Apocrypha*, vol. II, p. 270 et 278-279.

[45] Trad. L. VOUAUX, *op. cit.*, p. 39-40. Cf. aussi D. DE BRUYNE, *art. cit.*, p. 151-152.

comme morceau autonome. Il est impossible de répondre à cette question compte tenu de l'état actuel de notre documentation. Certains indices nous semblent cependant indiquer que notre épisode a connu, en même temps, une double transmission, dans le cadre des Πράξεις Πέτρου, d'une part et, d'autre part, comme pièce détachée de cet ensemble littéraire, comme c'est le cas pour le BG.

Notons tout d'abord que le texte s'ouvre par une formule qui paraît curieuse s'il s'agit d'un début absolu: ϩⲙ̄ ⲡⲟⲩⲁ ⲇⲉ ⲙ̄ⲡⲥⲁⲃⲃⲁⲧⲟⲛ. En effet le ⲇⲉ semble faire liaison avec quelque chose qui précède. Comme le note Vouaux, la *Vorlage* du BG devait donner μιᾷ δὲ τοῦ σαββάτου ou encore τῇ δὲ μιᾷ τῶν σαββατῶν. Une telle formule se retrouve dans le Nouveau Testament[46] et est rendu par la version sahidique d'une manière proche de celle que nous observons dans le BG[47].

Mais la présence de la particule δέ en début de notre texte ne signifie pas obligatoirement qu'il fut détaché d'un ouvrage plus ample. Cette particule peut en effet se retrouver au début d'un texte sans que celui-ci se rattache à quelque chose qui précéderait. C'est ce que J.D. Denniston[48] appelle «the inceptive δέ». On peut en citer des exemples chez Xénophon[49], où il en va d'ailleurs de même pour ἀλλά[50]. Denniston observe aussi que la présence de δέ ou de ἀλλά en début absolu d'un texte ou d'un ouvrage, surtout si celui-ci est de dimension modeste, peut encore servir à indiquer qu'il fait partie d'un ensemble plus large, tout en ayant une existence propre.

Comme on le voit, on ne peut conclure de la seule présence du δέ en tête de l'ActPi, que celui-ci, sous la forme que nous lui connaissons maintenant, a été extrait des Πράξεις Πέτρου, ainsi que le fait Vouaux[51].

Si le début de l'ActPi ne peut nous dire si ce texte a circulé comme pièce autonome, qu'il ait été intégré à une anthologie[52] ou non, ou s'il a

[46] Voir Commentaire p. 212.

[47] L. VOUAUX, *op. cit.*, p. 221, note 1.

[48] J.D. DENNISTON, *The Greek Particles*, Oxford, 1975², p. 21 et 172.

[49] Cf. L'*Apologie de Socrate* 1: «Σωκράτους δὲ ἄξιόν μοι δοκεῖ εἶναι μεμνῆθαι»; ou encore, l'*Economique 1*: «Ἤκουσα δέ ποτε αὐτοῦ καὶ περὶ οἰκονομίας τοιάδε διαλεγομένου».

[50] F. OLLIER, dans sa traduction du *Banquet* et de l'*Apologie de Socrate* de Xénophon (*Collection des Universités de France*), Paris, 1961, p. 7, note à ce propos: «'Αλλά ou δέ au début d'un ouvrage de Xénophon ne signifie pas nécessairement que Xénophon ou un éditeur ait voulu rattacher ces œuvres, de dimensions généralement restreintes, à d'autres d'une étendue plus considérable. Cette façon de débuter a quelque chose de familier et de naturel, proche de la conversation».

[51] L. VOUAUX, *op. cit.*, p. 221, n. 1.

[52] Comme ce serait le cas pour le fragment copte de *la République de Platon* du codex

été retiré des *Acta Petri* par un compilateur ou un traducteur, il n'en va pas de même de sa fin. En effet, celle-ci semble bien avoir été remaniée, dans la mesure où les dernières lignes de l'ActPi, en p. 140,13-141,6, qui ont une nette allure de résumé et de conclusion, ont pu être rajoutées par l'excerpteur, qu'il ait été traducteur ou compilateur, pour éviter au récit qui l'intéressait une fin trop abrupte.

Notons enfin que le titre au singulier, **ⲧⲉⲡⲣⲁⲝⲓⲥ ⲙⲡⲉⲧⲣⲟⲥ**, Πρᾶξις Πέτρου, n'a pu de toute manière qu'être rajouté après coup. Il témoigne cependant de la conscience qu'on avait de l'appartenance de l'ActPi, sinon aux Πράξεις Πέτρου, du moins au genre des Πράξεις, et qu'on était probablement au courant que le morceau circulait aussi intégré aux Πράξεις Πέτρου.

Si, comme l'indiquent les éléments dont nous venons de faire état, l'ActPi a été extrait des *Acta Petri*, on peut se demander pourquoi. Il est permis de penser, avec Michel Tardieu[53] que l'épisode que raconte l'ActPi aura été vite suspecté en raison de son encratisme très appuyé, tout comme celui transmis par le Pseudo-Tite. Cependant, des récits aussi fortement encratites se retrouveront dans les *Acta Thomae*, pour ne nommer que ceux-ci, et ils n'ont pas fait l'objet du même ostracisme.

D'autre part, si le récit du BG a été exclu des *Acta petri*, ce n'est que dans la recension attestée par les *Actus Vercellenses*. En effet, les témoins indirects qu'on en trouve, aussi bien Augustin que les *Actes de Nérée et d'Achille*, le Pseudo-Tite et les *Acta Philippi*, supposent qu'il a largement circulé et qu'il fut perçu comme appartenant aux *Acta Petri*, et cela au moins jusqu'au Vème siècle.

Il apparaît dès lors que l'ActPi fut transmis comme extrait, de manière autonome ou incorporé à un recueil, tout en continuant à être véhiculé par les *Acta Petri*, et cela à la même époque, puisque la copie du BG 8502 est en gros contemporaine du témoignage d'Augustin. Il ressort de tout cela que l'ostracisme qui a pu frapper l'épisode raconté par le BG n'a pas été aussi général qu'on pourrait le penser.

Une fois admis que l'ActPi faisait partie des *Acta Petri*, on peut s'interroger sur la place qu'il y tenait. S'il est difficile d'apporter une réponse péremptoire à cette question, étant donné l'état de conservation des *Acta*, on peut cependant, sur la base de ce que nous savons et à la

VI, «qui devait faire partie d'anthologies de textes philosophiques comme on en utilisait alors dans les écoles», cf. L. PAINCHAUD, *Fragment de la République de Platon*, Québec, 1983, p. 116.

[53] M. TARDIEU, *op. cit.*, p. 69.

suite de Schmidt et de Vouaux, émettre l'hypothèse que l'ActPi appartenait à une section des *Acta Petri* aujourd'hui disparue.

D'après ces auteurs[54], en effet, les *Acta petri* se seraient déroulés partie à Jérusalem, partie à Rome. C'est du moins ce que donnent à penser certaines allusions des *Actes de Verceil*, qui se rapporteraient à l'activité de Pierre à Jérusalem. Ainsi, au chap. 5: «Or pendant qu'ils pleuraient et jeûnaient, Dieu à Jérusalem préparait Pierre pour l'avenir»[55]; de même, quand il est question de la lutte de Pierre et de Simon, encore au chap. 5: «Les douze années que le Seigneur lui avait imposées étant accomplies, le Christ lui apparaissant, lui dit: "Pierre, le sorcier Simon que tu as démasqué et chassé de Judée..."»[56]; et au chap. 9: «...Dès qu'il arriva à la porte, appelant le portier, il lui dit: «Va, dis à Simon: Pierre, à cause de qui tu t'es enfui de Judée, t'attend à la porte»[57].

La mention de la Judée dans ces deux derniers cas fait très probablement référence, comme le remarque Vouaux[58], «à Jérusalem, en tout cas pas à Samarie, qui n'est pas en Judée». C'est là, à Jérusalem, que se serait déroulée la première partie des *Acta*. On peut encore invoquer le témoignage des chap. 17 et 23, qui supposent tous deux des affrontements de Pierre et de Simon à Jérusalem avant qu'ils ne se retrouvent à Rome. Comme le note encore Vouaux[59], «la référence à Jérusalem paraît une preuve que l'auteur des *Actes* de Pierre avait déjà parlé de l'activité de l'apôtre à Jérusalem. Ce ne pouvait être dans la partie perdue de l'œuvre».

Comme on ne voit pas où mettre l'ActPi dans les *Acta Petri* actuellement conservés, il est donc vraisemblable qu'il appartenait à la première partie, perdue, de ces derniers. Et cela nonobstant le fait que les *Actes de Nérée et d'Achille* situent la scène à Rome, car ils ont remanié le récit qu'ils empruntaient aux *Acta Petri*[60].

[54] Cf. C. SCHMIDT, *Die alten Petrusakten*, p. 20 et 78-81, et L. VOUAUX, *op. cit.*, p. 35-38.

[55] Traduction de L. VOUAUX, *op. cit.*, p. 255.

[56] *Ibid.*, p. 255.

[57] *Ibid.*, p. 289.

[58] *Ibid.*, p. 254, n. 2.

[59] *Ibid.*, p. 364, n. 5.

[60] *Ibid.*, p. 34-37 et 156. Cf. aussi M. KRAUSE, «Die Petrusakten in Codex VI von Nag Hammadi», in M. KRAUSE, éd., *Essays on the Nag Hammadi Texts in Honour of Alexander Böhlig* (*NHS*, 3), Leiden, 1972, p. 36-58.

V. L'ActPi DANS LE BG

Etant donné la nature de l'ActPi, pièce fortement encratite mais pas au point d'être intolérable pour des lecteurs de la Grande Église, on peut se demander ce qu'il fait dans un recueil comme le BG, précédé qu'il y est de trois textes résolument gnostiques.

Il convient tout d'abord de dire que, si l'ActPi se trouve dans le BG, c'est que sa présence y a été voulue d'une manière ou d'une autre. Dès lors, pour quelle raison? On pourrait penser qu'il s'agit d'une pure nécessité pratique, en vue de remplir les pages qui restaient libres à la fin du codex, après la copie de la *Sagesse de Jésus-Christ*. Le copiste aurait alors choisi un texte court, qui de surcroît lui plaisait sans doute du fait de son encratisme, assez consonnant avec l'idéal gnostique. En faveur de cette hypothèse, on invoquera que l'écriture de l'ActPi est très relâchée; on a manifestement voulu conduire la copie jusqu'à la fin du cahier. Notons aussi que les pages qui portent l'ActPi ne comptent que de 18 à 19 lignes, alors que, pour l'ensemble de ce codex, on trouve entre 18 et 23 lignes à la page; de même pour le nombre de lettres à la ligne: de 15 à 17 pour l'ActPi contre 22 à 23 pour le reste du codex.

S'il est sûr qu'il répugnait au copiste de laisser en blanc, en fin de codex, sept feuillets et demi, cela n'empêche qu'il a pu arrêter son choix sur l'ActPi pour un motif bien précis, d'ordre doctrinal ou idéologique. C'est l'hypothèse que défend M. Tardieu, dans son commentaire de l'ActPi[61]. D'après lui, les quatre textes qui forment le BG n'ont pas été mis ensemble par hasard: «ils ont été choisis à dessein, et disposés dans l'ordre qui est le leur, parce qu'une idée générale commande leur ensemble»[62]. Cette idée générale, ce serait «celle d'un *De fato*, conforme au schéma tripartite que présentaient les manuels de philosophie au début de l'ère chrétienne»[63]. C'est à cette visée que répondraient chacun des écrits du BG: «*L'Évangile selon Marie* énonce l'enjeu théorico-pratique d'un débat global sur la providence; le *Livre* (i. -e. l'*Apocryphon de Jean*) exposera de façon savante les trois réponses à donner: seul un dieu parfait peut, contre le destin aveugle inscrit dans le corps du monde et de l'homme, être gardien et garant de l'illumination: (...) *Sagesse de Jésus* et *Acte de Pierre* servent d'illustrations évangélique et apostolique aux leçons essentielles du *Livre*»[64]. Dans ce cadre, l'ActPi aurait à la

[61] M. TARDIEU, *op. cit.*, p. 70-72.
[62] *Ibid.*, p. 19.
[63] *Ibid.*,
[64] *Ibid.*

fois pour but de distraire le lecteur et de servir de conclusion idéologique au BG. Conclusion idéologique, car l'ActPi serait une vérification de l'interprétation androgynique de Gn 2,24 avancée par l'*Apocryphon de Jean* et reprise par la *Sagesse*[65]; d'autre part, les lecteurs gnostiques de l'ActPi auraient pu retrouver sous la figure de Pierre, telle que la peint notre texte, celle du «Père du Tout».

L'argument le plus fort de la thèse de Tardieu est le rapprochement qu'il instaure entre ActPi 137,10-11: «Je suis devenu pour vous deux un esprit unique»[66] et l'exégèse que fait de Gn 2,24, non pas tant l'*Apocryphon* de Jean que la *Sagesse de Jésus-Christ* (BG 122,6-123,1): «je suis venu ici-bas pour les jumeler à cet Esprit-là et au souffle, et pour qu'ils deviennent de deux un comme au début de façon à ce que vous donniez du fruit en abondance et que vous parveniez au Préexistant, dans la joie indicible, dans la gloire, l'honneur et la grâce du Père du tout»[67]. C'est à la faveur d'un tel rapprochement que le compilateur du BG aura pu songer à intégrer à son recueil notre ActPi.

Même si ce rapprochement entre l'ActPi et la *Sagesse* nous apparaît fondé, il nous semble difficile d'admettre sur la base des arguments invoqués par Tardieu, que la présence de l'ActPi dans le BG réponde nécessairement à un tel souci de cohésion de la part du compilateur de ce dernier. Bien d'autres motifs ont pu déterminer son choix, ne serait-ce que la coloration encratite du morceau. L'ActPi figurerait alors dans le BG pour la même raison que les *Leçons de Silvanos*[68] ou les *Sentences de Sextus*[69] sont entrés dans le Corpus de Nag Hammadi. D'autre part, les lecteurs du BG comme ceux des textes de Nag Hammadi semblent avoir été très attirés par la littérature pseudo-apostolique, peu importe son orientation idéologique. Dans les textes de Nag Hammadi, nous retrouvons en effet douze productions pseudo-apostoliques, appartenant à tous les genres connus par ailleurs, évangiles, actes, lettres, apocalypses; et plusieurs de ces textes ne sont ni gnostiques ni gnosticisants.

Une autre hypothèse qui permettrait d'expliquer la présence de l'ActPi dans le BG, serait de penser qu'il joue en quelque sorte un rôle de repoussoir. En effet, l'ActPi pourrait servir à illustrer telle figure de Pierre que l'on rencontre dans l'*Évangile de Marie* et dans d'autres textes

[65] *Ibid.*, p. 70.

[66] Cf. notre traduction en p. 201.

[67] Traduction M. Tardieu, *op. cit.*, p. 200.

[68] Cf. Y. Janssens, *Les Leçons de Silvanos* (*NH* VII,4) (*BCNH*, Section «Textes», 13), Québec, 1983, p. 17-18.

[69] Cf. P.-H. Poirier, *Les Sentences de Sextus* (*NH* XII,1) (*BCNH*, Section «Textes», 11), Québec, 1983, p. 27.

gnostiques[70], un Pierre misogyne, considérant la femme «comme un adversaire» (cf. EvMar 18,7-10)[71]. Dans l'ActPi, l'apôtre, en exerçant un pouvoir absolu sur le corps de sa fille, révélerait là aussi son antipathie et sa méfiance envers les femmes[72].

Quoi qu'il en soit de la visée du compilateur qui a fermé le BG par la copie de l'ActPi, l'intention qui a présidé à la rédaction de ce morceau des *Actes de Pierre* originaux est claire. Il s'agissait pour lui de montrer que Dieu réalise toujours ce qui est profitable pour ceux qui croient en lui. En l'occurrence, il a préservé sa servante, la fille de Pierre, «de l'impureté, de la souillure et de la destruction» (cf. p. 135,12-14), en d'autres mots, il a préservé sa virginité[73]. Cette adéquation du profit spirituel et de la sauvegarde de la virginité est tout à fait en place non seulement dans la perspective de l'encratisme auquel les *Actes* apocryphes souscrivent, mais aussi dans le cadre de l'ascétisme des premiers siècles[74].

[70] Notamment dans l'*Evangile selon Thomas*, logion 114, et dans la *Pistis Sophia*, quand Marie-Madeleine dit: «je crains Pierre parce qu'il m'a menacée et qu'il hait notre sexe». (livre II, chap. 72, éd. SCHMIDT-MACDERMOT (*NHS*, 9), Leiden, 1978, p. 162).

[71] Voir à ce sujet A. PASQUIER, *L'Évangile selon Marie* (*BG* 1) (*BCNH*, Section «Textes», 10), Québec, 1983, p. 24.

[72] Cf. dans le même sens 1 Pierre 3,7; voir aussi T. BAUMEISTER, «Die Rolle des Petrus in gnostischen Texten», in T. ORLANDI, F. WISSE, *Acts of the Second International Congress of Coptic Studies*, Roma, 22-26 September 1980, Rome, 1985, p. 3-12; M. TARDIEU, *op. cit.*, p. 67-72.

[73] Cf. *infra*, commentaire, p. 216s.

[74] Dès lors, il peut sembler artificiel de rendre compte de l'ActPi par un recours trop massif aux «coutumes des Arabes», anciens ou modernes, comme le fait M. TARDIEU (*op. cit.*, p. 404 et 405-406).

TEXTE
ET
TRADUCTION*

* *Note préliminaire*

Sauf en ce qui concerne la séparation des mots, notre texte copte respecte l'exacte disposition du papyrus. Nous avons introduit, autant dans le texte que dans la traduction, la numérotation des sentences communément admise par les éditeurs.

Le signe⁰ accompagnant un terme dans la traduction indique que celui-ci est en grec dans le texte copte. La collation du Papyrus 8502 a été effectuée au Musée Pergamon de Berlin en 1978 par Jacques É. MÉNARD.

Sigles et abréviations

[ ]:	lettre restituée
⟨ ⟩:	lettre ajoutée
{ }:	lettre supprimée
ʹ ˋ:	addition du scribe au-dessous de la ligne
ˋ ʹ:	addition du scribe au-dessus de la ligne
( ):	ajout pour rendre la traduction plus claire

Schmidt:	C. SCHMIDT, *Die alten Petrusakten* (*TU*, 24,1), Leipzig, 1903, p. 3-7.
Till-Schenke:	W. TILL, H.-M. SCHENKE, *Die gnostischen Schriften des koptischen Papyrus Berolinensis 8502* (*TU*, 60²), Berlin, 1972, p. 1-9 et 297-319.
Brashler-Parrott:	J. BRASHLER, D.M. PARROTT, «The Act of Peter», in D.M. PARROTT, éd., *Nag Hammadi Codices V,2-5 and VI with Papyrus Berolinensis 8502, 1 and 4* (*NHS*, 11), Leiden, 1979, p. 478-493.

TEXTE

ⲣⲕ̄ⲏ̣

ϩⲙ̄ ⲡⲟⲩⲁ ⲇⲉ ⲙ̣̄ⲡⲥⲁⲃⲃⲁ
ⲧⲟⲛ ⲉⲧⲉ ⲧⲕⲩⲣⲓⲁⲕⲏ ⲧⲉ
ⲁⲩⲙⲏⲏϣⲉ ⲥⲱⲟⲩϩ ⲉϩⲟ̄ⲩ̄
ⲁⲩⲉⲓⲛⲉ ⲉϩⲟⲩⲛ ϣⲁ ⲡⲉ>>
ⲧⲣⲟⲥ ⲛⲛⲟⲩⲙⲏⲏϣⲉ ⲉⲩ
ϣⲱⲛⲉ ϫⲉⲕⲁⲁⲥ ⲉϥⲉⲣ̄>
ⲡⲁϩⲣⲉ ⲉⲣⲟⲟⲩ ⲗⲟⲩⲁ ⲇⲉ ⲣ̄
ⲧⲟⲗⲙⲁ ⲉⲃⲟⲗ ϩⲙ ⲡⲙⲏ
ⲏϣⲉ ⲁϥϫⲟⲟⲥ ⲙⲡⲉⲧⲣⲟⲥ>
ϫⲉ ⲡⲉⲧⲣⲉ ⲉⲓⲥ ϩⲏⲏⲧⲉ ⲙ̄
ⲡⲛ̄ⲙⲧⲟ ⲉⲃⲟⲗ ⲁⲕⲧⲣⲉ ϩⲁϩ>
ⲛⲃⲗ̄ⲗ̄ⲉ ⲛⲁⲩ ⲉⲃⲟⲗ ⲁⲩⲱ ⲁⲕ
ⲧⲣⲉ ⲛ̄ⲕⲱⲫⲟⲥ ⲥⲱⲧⲙ̄
ⲁⲩⲱ ⲁⲕⲧⲣⲉ ⲛϭⲁⲗⲉ ⲙⲟ
ⲟϣⲉ ⲁⲩⲱ ⲁⲕⲣ̄ⲃⲟⲏⲑⲉⲓ
ⲛⲛ̄ϭⲱⲃ ⲁⲕϯ ⲛⲁⲩ ⲛⲟⲩ
ϭⲟⲙ ⲉⲧⲃⲉ ⲟⲩ ⲛⲧⲟⲥ ⲧⲉⲕ
ϣⲉⲉⲣⲉ ⲙⲡⲁⲣⲑⲉⲛⲟⲥ ⲉ
ⲁⲥⲁϊⲁϊ ⲉⲥⲟ ⲛ̄ⲥⲁϊⲏ ⲉⲁⲥ

1-2 [ⲙ̄] ⲡⲥⲁⲃⲃⲁⲧⲟⲛ Schmidt — 3 ⲉϩⲟⲩⲛ Schmidt

TRADUCTION

P. 128

Or[0] le premier jour de la semaine[0] qui est le jour du Seigneur[0], une foule se rassembla (et) on amena à Pierre une foule (de gens) malades afin qu'il les guérisse. Alors[0] quelqu'un dans la foule s'enhardit[0] (et) dit à Pierre: «Pierre, voici qu'en notre présence tu as fait voir beaucoup d'aveugles, tu as fait entendre les sourds[0], tu as fait marcher les infirmes, et tu as secouru[0] les faibles (et) leur as donné la force. Pourquoi, elle, ta fille vierge[0], qui, belle, a grandi et qui

ⲣ̅ⲕ̅ⲑ̅

ⲡⲓⲥⲧⲉⲩⲉ ⲉⲡⲣⲁⲛ ⲙ̅ⲡⲛ`ⲟ´ⲩ
ⲧⲉ ⲙ̅ⲡⲉⲕⲣ̅ⲃⲟⲏⲑⲉⲓ ⲛⲁⲥ
ⲉⲓⲥ ϩⲏⲏⲧⲉ ⲅⲁⲣ ⲡⲉⲥⲟⲩⲁ
ⲥⲁ ⲥⲛⲏϭ ⲧⲏⲣϥ ⲁⲩⲱ ⲥⲛⲏϫ
ⲙ̅ⲡⲓⲥⲁ ⲛϯⲕⲗ̅ϫⲉ ⲉⲥⲥⲟϣⲧ
ⲥⲉⲛⲁⲩ ⲉⲛⲉⲧⲕⲧⲁⲗϭⲟ ⲙ̅
ⲙⲟⲟⲩ ⲧⲉⲕϣⲉⲉⲣⲉ ϩⲱⲕ >
ⲁⲕⲣ̅ⲁⲙⲉⲗⲓ ⲉⲣⲟⲥ ⲁⲡⲉⲧⲣⲟ`ⲥ´ >
ⲇⲉ ⲥⲱⲃⲉ ⲡⲉϫⲁϥ ⲛⲁϥ >
ϫⲉ ⲡⲁϣⲏⲣⲉ ϥⲟⲩⲟⲛ[ϩ] ⲉ
ⲡⲛⲟⲩⲧⲉ ⲟⲩⲁⲁϥ ϫⲉ ⲉⲧⲃⲉ
ⲟⲩ ⲡⲉⲥⲥⲱⲙⲁ ⲙⲟⲧⲛ̅ ⲉ
ⲣⲟⲥ ⲁⲛ ⲉⲓⲙⲉ `ϭⲉ´ ϫⲉ ⲛ̅ⲛⲉⲣⲉ
ⲡⲛⲟⲩⲧⲉ ⲟ̂ ⲁⲛ ⲛϭⲱⲃ ⲏ̅
ⲛⲁⲧϭⲟⲙ ⲉⲧⲣⲉϥⲭⲁⲣⲓⲍⲉ
ⲛⲧⲉϥⲇⲱⲣⲉⲁ ⲛⲧⲁϣⲉⲉⲣⲉ
ϫⲉⲕⲁⲥ ⲇⲉ ⲉⲣⲉⲧⲉⲕⲯⲩⲭⲏ̣
ⲛⲁⲣⲡⲓⲑⲉ ⲙⲛ̅ ⲛⲉⲧⲙ̅ⲡⲓ
ⲙⲁ ⲉⲩⲛⲁⲡⲓⲥⲧⲉⲩⲉ ⲛ̅ >

P. 129

a cru[0] au nom de Dieu,
ne l'as-tu pas aidée[0]?
Voici en effet[0], (qu')un de ses
côtés est entièrement paralysé et (qu')elle gît
là dans ce coin, impotente.
On voit ceux que tu guéris;
ta fille, cependant,
tu l'as négligée[0]». Alors[0] Pierre
sourit et lui dit:
«Mon fils, c'est pour Dieu seul
qu'est manifeste ce pourquoi
son corps[0] n'est pas
guéri. Sache donc que
Dieu n'était ni faible ni[0]
impuissant à accorder[0]
sa faveur[0] à ma fille,
mais[0] (c'était) pour que ton âme[0]
soit convaincue[0] et pour que les gens de cet
endroit croient[0]

[—]
ⲣ̣ⲗ̣

ϩⲟⲩⲟ ⲁϥϭ̣ⲱϣⲧ ϭⲉ ⲛ̄ⲥⲁ>
ⲧⲉϥϣⲉⲉⲣⲉ ⲡⲉϫⲁϥ ⲛⲁⲥ
ϫⲉ ⲧⲱⲟⲩⲛ ⲙ̄ⲡ̄ⲉⲙⲁ ⲉⲙ
ⲡⲉⲗⲁⲁⲩ ϯ ⲧⲟⲟⲧⲉ ⲛ̄ⲥⲁ ⲓ̄ⲥ̄
ⲟⲩⲁⲁϥ ⲛⲧⲉⲙⲟⲟϣⲉ ⲙ̄
ⲡⲙ̄ⲧⲟ ⲉⲃⲟⲗ ⲛ̄ⲛⲁⲓ̈ ⲧⲏⲣⲟⲩ
ⲉⲣⲉⲙⲟⲧⲛ̄ ⲛⲧⲉⲉⲓ ϣⲁⲣⲟ
ⲉⲓ ⲛⲧⲟⲥ ⲇⲉ ⲁⲥⲧⲱⲟⲩⲛ
ⲁⲥⲉⲓ ⲉⲡⲉⲥⲏⲧ ϣⲁⲣⲟϥ ⲁ
ⲡⲙ̣ⲏⲏϣⲉ ⲧⲉⲗⲏⲗ ⲉϫⲙ̄
ⲡⲉⲛⲧⲁϥϣⲱⲡⲉ ⲡⲉϫⲉ
ⲡⲉⲧⲣⲟⲥ ⲛⲁⲩ ϫⲉ ⲉⲓⲥ ϩⲏ
ⲏⲧⲉ ⲁⲡⲉⲧⲛϩⲏⲧ ⲧⲱⲧ>
ϫⲉ ⲟⲩⲁⲧϭⲟⲙ ⲁⲛ ⲡⲉ ⲡ
>ⲛⲟⲩⲧⲉ ⲉⲧⲃⲉ ϩⲱⲃ ⲛⲓⲙ
>ⲉⲧⲛ̄ⲣ̄ⲁⲓⲧⲓ ⲙⲙⲟϥ ⲧⲟⲧⲉ
ⲁⲩⲣⲁϣⲉ ⲛ̄ϩⲟⲩⲟ ⲁⲩϯ ⲉⲟ
ⲟⲩ ⲙ̄ⲡⲛⲟⲩⲧⲉ ⲡⲉϫⲉ ⲡⲉ

1 ⲁϥϭⲱϣⲧ Schmidt, Till-Schenke — 10 ⲡⲙⲏⲏϣⲉ Schmidt, Till-Schenke — 11 ⲡⲉⲛ̣ⲧⲁϥϣⲱⲡⲉ Brashler-Parrott — 18 ⲙ̄ⲡⲛ̣ⲟⲩⲧⲉ Brashler-Parrott

P. 130

davantage». Il regarda alors vers sa fille (et) lui dit: «Lève-toi de ta place sans l'aide de personne si ce n'est de Jésus seul, marche en présence de tous ceux-ci, guérie, et viens jusqu'à moi». Alors[0] elle se leva (et) vint jusqu'à lui. La foule se réjouit de ce qui était arrivé. Pierre leur dit: «Voici que votre coeur a été persuadé de ce que Dieu n'est pas impuissant en regard d'aucune chose que nous lui demandons[0]». Alors[0] ils se réjouirent davantage (et) ils rendirent gloire à Dieu. Pierre

[——]
ⲣ̣ⲗ̣ⲁ̣

ⲧⲣⲟⲥ ⲛ̄ⲧⲉϥϣⲉⲉⲣⲉ ϫⲉ
ⲃⲱⲕ ⲉⲡⲉⲙⲁ ⲛⲧⲉϩⲙⲟⲥ
ⲛⲧⲉϣⲱⲡⲉ ϩⲙ ⲡⲉϣⲱ
ⲛⲉ ⲛⲕⲉⲥⲟⲡ ⲡⲁ︥ⲓ̈ ⲅⲁⲣ ⲡⲉ
ⲧⲣ̄ⲛⲟϥⲣⲉ ⲛⲉ ⲛⲙ̄ⲙⲁⲉⲓ
ⲡⲁⲗⲓⲛ ⲁⲧϣⲉⲉⲣⲉ ϣⲏⲙ
ⲡⲱⲧ ⲁⲥϩⲙⲟⲟⲥ ⲙⲡⲉⲥ
ⲙⲁ ⲁⲥϣⲱⲡⲉ ⲟⲛ ⲛⲧⲉⲥ
ϩⲉ ⲁⲡⲙⲏⲏϣⲉ ⲧⲏⲣϥ ⲣⲓ
ⲙⲉ ⲁⲩⲥⲉⲡⲥⲡ ⲡⲉⲧⲣⲟⲥ ϫⲉ
ⲕⲁⲁⲥ ⲉϥⲛⲁⲧⲣⲉⲥⲙⲧⲟ̣ⲛ̣
ⲡⲉϫⲉ ⲡⲉⲧⲣⲟⲥ ⲛⲁⲩ ϫⲉ
ϥⲟⲛϩ ⲛ̄ϭⲓ ⲡ̄ⲭ̄ⲥ̄ ϫⲉ ⲡⲁⲉⲓ
ⲣ̄ⲛⲟϥⲣⲉ ⲛⲁⲥ ⲛ̄ⲙ̄ⲙⲁⲉⲓ
ϩⲙ ⲡϩⲟⲟⲩ ⲅⲁⲣ ⲛⲧⲁⲩϫⲡⲟⲥ
ⲛⲁ︥ⲓ̈ ⲁ︥ⲓ̈ⲛⲁⲩ ⲉⲩϩⲟⲣⲟⲙⲁ
ⲉⲣⲉⲡϫⲟⲉⲓⲥ ϫⲱ ⲙⲙⲟⲥ
ⲛⲁ︥ⲓ̈ ϫⲉ ⲡⲉⲧⲣⲉ ⲁⲩϫⲡⲟ>
ⲛⲁⲕ ⲙ̄ⲡⲟⲟⲩ ⲛⲟⲩⲛⲟϭ

3 ⲡϣⲱ Brashler-Parrott — 11 ⲉϥⲛⲁⲧⲣⲉⲥⲙⲧⲟⲛ Schmidt, Till-Schenke — 16 ⲁⲩϩⲟ-ⲣⲟⲙⲁ Brashler-Parrott

P. 131

dit à sa fille: «Va-t-en à ta place, assieds-toi et reviens à la maladie à nouveau, car[0] c'est cela qui t'est profitable ainsi qu'à moi». A nouveau[0], la jeune fille s'éloigna, s'assit à sa place et elle fut à nouveau comme elle était (auparavant). Toute la foule pleura (et) ils implorèrent Pierre de faire en sorte qu'elle soit guérie. Pierre leur dit: «(Aussi vrai que) le Seigneur est vivant, cela lui est profitable, ainsi qu'à moi. En effet[0], le jour où elle fut mise au monde pour moi, j'eus une vision[0], le Seigneur me disant: «Pierre, un grand sujet d'épreuve[0] a été engendré pour toi

ⲣ̣̅ⲗ̣̅ⲃ̣̅

ⲙ̅ⲡⲓⲣⲁⲥⲙⲟⲥ ⲧⲁϊ ⲅⲁⲣ
ⲥⲛⲁϣⲱⲱϭⲉ ⲛϩⲁϩ ⲙ̅
ⲯⲩⲭⲏ ⲉϣⲱⲡⲉ ⲡⲉⲥⲥⲱ
ⲙⲁ ⲛⲁϣⲱⲡⲉ ⲉϥⲙⲟⲧⲛ̅
ⲉⲣⲟⲥ ⲁⲛⲟⲕ ϩⲱ ⲛⲁϊⲙⲉ
ⲉⲩⲉ ϫⲉ ⲉⲣⲉⲫⲟⲣⲟⲙⲁ>
ⲥⲱⲃⲉ ⲙ̅ⲙⲟϊ ⲛ̅ⲧⲉⲣⲉⲧ
ϣⲉⲉⲣⲉ ϣⲏⲙ ⲣ̅ ⲙⲏⲧⲉ
ⲛⲣⲟⲙⲡⲉ ⲁⲩⲙⲏⲏϣⲉ
ⲣ̅ⲥⲕⲁⲛⲇⲁⲗⲓⲍⲉ ⲉⲃⲟⲗ ϩϊ
ⲧⲟⲟⲧ̅ⲥ̅ ⲁⲩⲱ ⲟⲩⲣⲙⲙⲁⲟ
ϩⲙ̅ ⲡⲃⲓⲟⲥ ϫⲉ ⲡⲧⲟⲗⲉ
ⲙⲁⲓⲟⲥ ⲛⲧⲉⲣⲉϥⲛⲁⲩ ⲉⲧ
ϣⲉⲉⲣⲉ ϣⲏⲙ ⲉⲥϫⲱⲕⲙ̅
ⲙⲛ̅ ⲧⲉⲥⲙⲁⲁⲩ ⲁϥϫⲟⲟⲩ
>ⲛⲥⲱⲥ ϫⲉ ⲉϥⲉϫⲓⲧⲥ ⲛⲁϥ
>ⲛⲥ̅ϩϊⲙⲉ ⲙⲡⲉⲧⲉⲥⲙⲁⲩ
ⲡⲓⲑⲉ ⲁϥϫⲟⲟⲩ ⲛⲁⲥ ⲛϩⲁϩ
ⲛⲥⲟⲡ ⲙⲡⲉϥϣϭⲱ ⲙ̅

(Les pages 133 et 134 manquent)

5 Brashler-Parrott: ϩⲱⲛ ⲁϊⲙⲉ Schmidt, Till-Schenke

P. 132

aujourd'hui. Celle-là, en effet[0], blessera beaucoup d'âmes[0] si son corps[0] demeure en santé». Mais moi, je pensais que la vision[0] se moquait de moi. Lorsque la jeune fille eut atteint dix ans, une foule (de gens) achoppèrent[0] à cause d'elle et un (homme) riche en biens[0], à savoir Ptolémée, quand il vit la jeune fille qui se baignait avec sa mère, il l'envoya (chercher) pour la prendre comme femme. Sa mère n'accepta[0] pas. Il l'envoya (chercher) à plusieurs reprises. Il ne put cesser

(Les pages 133 - 134 manquent)

ⲣⲗ̄ⲉ

ⲡⲧⲟⲗⲉⲙⲁⲓⲟⲥ ⲛ̄ⲧϣⲉⲉ
ⲣⲉ ϣⲏⲙ ⲁⲩⲕⲁⲁⲥ ϩⲓ̈ⲣⲙ̄
ⲡⲣⲟ ⲙ̄ⲡⲏⲉⲓ ⲁⲩⲃⲱⲕ ⲛⲧⲉ
ⲣⲉⲓⲉⲓⲙⲉ ⲇⲉ ⲁⲛⲟⲕ ⲙⲛ̄>
ⲧⲉⲥⲙⲁⲁⲩ ⲁⲛⲉⲓ ⲉⲡⲓⲧⲛ̄
ⲁⲛϩⲉ ⲉⲧϣⲉⲉⲣⲉ ϣⲏⲙ ⲉ
>ⲁⲡⲟⲩⲁⲥⲁ ⲧⲏⲣϥ ⲙⲡⲉⲥⲥⲱ
ⲙⲁ ϫⲓⲛ ⲛⲉⲥⲉⲓⲃ ϣⲁ ⲧⲉⲥⲁ
ⲡⲉ ⲥⲱϭ ⲁⲩⲱ ⲁϥϣⲟⲟⲩⲉ
ⲁⲛϥⲓⲧⲥ ⲉⲛϯ ⲉⲟⲟⲩ ⲙ̄ⲡ̄
ϫⲟⲉⲓⲥ ⲡⲁⲓ̈ ⲛⲧⲁϥⲧⲟⲩ
[ϫⲟ ⲛ]ⲧ̣ⲉϥϩⲙ̄ϩⲁⲗ ⲉⲩⲥⲱⲱϥ
[ⲙⲛ ⲟⲩ]ϫⲱϩⲙ̄ ⲙⲛ ⲟⲩⲧⲉ
[ⲕⲟ] ⲧⲁⲓ̈ ⲧⲉ ⲧⲁⲓⲧⲓⲁ ⲙ̄
[ⲫ]ϣ̣ⲃ ⲉⲧⲣⲉⲧϣⲉⲉⲣⲉ ϣⲏ̀ⲙ́
[ϭⲱ] ⲛ̄ⲧⲉⲉⲓϩⲉ ϣⲁϩⲟⲩⲛ ⲉⲡⲟ
[ⲟⲩ] ⲛ̄ϩⲟⲟⲩ ⲧⲉⲛⲟⲩ ϭⲉ ϣ
[ϣ]ⲉ ⲉⲣⲱⲧⲛ̄ ⲉⲧⲣⲉⲧⲛ̄ⲉⲓⲙⲉ
[ⲉⲛ]ⲉϩⲃⲏⲩⲉ ⲙⲡⲧⲟⲗⲉⲙⲁⲓ
ⲟⲥ

12 Till-Schenke: ϫⲟ ⲛⲧ]ⲉϥϩⲙ̄ϩⲁⲗ Schmidt: [ϫⲟ ⲛ̄]ⲧ̣ⲉϥϩⲙ̄ϩⲁⲗ Brashler-Parrott — 13 Schmidt — 14 Till-Schenke:...ⲧⲁⲓ̈ Schmidt — 16 Till-Schenke: ϭⲱ]ⲛ̄ⲧⲉⲉⲓϩⲉ Schmidt — 17 Till-Schenke: ⲟⲩ]ⲛ̄ϩⲟⲟⲩ Schmidt — 18 Schmidt — 19 Schmidt

P. 135

(Les gens de) Ptolémée (ramenèrent) la jeune fille, ils la déposèrent à la porte de la maison (et) ils partirent. Or[0] lorsque je m'en aperçus, moi et sa mère nous sommes descendus et nous avons trouvé la jeune fille tout un côté de son corps[0], depuis les orteils jusqu'à la tête, paralysé et desséché. Nous l'avons prise en rendant gloire au Seigneur, lui qui avait sauvé sa servante de l'impureté, de la souillure et de la destruction. Telle est la cause[0] du fait que la jeune fille demeure ainsi jusqu'au jour d'aujourd'hui. Maintenant donc il nous faut connaître ce qui advint à Ptolémée[0].

[——]
ⲣ̣ⲗⲋ

ⲁϥϣⲱⲡⲉ ⲉϥϯ ⲉϩⲟ̅ⲩ̅
ϩⲙ ⲡⲉϥϩⲏⲧ ⲉϥⲣ̅ ϩⲏ
ⲃⲉ ⲛ̅ⲧⲉⲩϣⲏ ⲙⲛ̅ ⲡⲉ
ϩⲟⲟⲩ ⲉϫⲙ ⲡⲉⲛⲧⲁϥ>
ϣⲱⲡⲉ ⲙ̅ⲙⲟϥ ⲁⲩⲱ
ⲉⲧⲃⲉ ϩⲁϩ ⲛⲣⲓⲙⲉ ⲉϥ
ⲉⲓⲣⲉ ⲙ̅ⲙⲟⲟⲩ ⲁϥϣⲱ
ⲡⲉ ⲛ̅ⲃⲗ̅ⲗⲉ ⲉϥⲙⲉⲉⲩ
ⲉ ⲉⲧⲣⲉϥⲧⲱⲟⲩⲛ ⲛ̅ϥ̅
ⲟⲧϭϥ ⲁⲩⲱ ⲉⲓⲥ ϩⲏⲏⲧⲉ
ⲙ̅ⲡⲛⲁⲩ ⲛ̅ϫⲡⲥⲓⲧⲉ>
ⲙ̅ⲡⲉϩⲟⲟⲩ ⲉⲧⲙⲙ[ⲁⲩ]
ⲉϥⲛ̅ϩⲟⲩⲛ ⲇⲉ ⲟⲩⲁ̣[ⲁϥ]
ϩⲙ̅ ⲡⲉϥⲕⲟⲓⲧⲱⲛ [ⲁϥ]
ⲛⲁⲩ ⲉⲩⲛⲟϭ ⲛⲟⲩⲟϊⲛ
ⲉⲁϥⲣ̅ ⲟⲩⲟϊⲛ ⲉⲡⲏⲉⲓ
ⲧⲏⲣϥ ⲁⲩⲱ ⲁϥⲥⲱⲧⲙ̅
ⲉⲩϩⲣⲟⲟⲩ ⲉϥϫⲱ {ⲙ̅}>

1 ⲉϩⲟⲩⲛ Schmidt — 11 ⲛ̅ϫⲡ<ψ>ⲓⲧⲉ> Brashler-Parrott — 12 Schmidt — 13 Till-Schenke: ⲟⲩ[ⲁⲁϥ Schmidt: ⲟ̣ⲩⲁ̣[ⲁϥ] Brashler-Parrott — 14 Schmidt — 15 Schmidt — 18 ⲉϥϫⲱ{ⲙ̅} > Brashler-Parrott: ⲙ̅> Schmidt

P. 136

il rentra en lui-même et s'attrista nuit et jour de ce qui était arrivé, et à cause des pleurs abondants qu'il versa, il devint aveugle, si bien qu'il pensa se lever pour se pendre. Et voici (qu') à la neuvième heure de ce jour-là, et[0] alors qu'il se trouvait seul dans sa chambre[0], il vit une grande lumière qui illumina toute la maison et il entendit une voix qui lui

ⲣ̅ⲗ̅ⲍ̅

ⲙⲙⲟⲥ ⲛⲁϥ ϫⲉ ⲡⲧⲟⲗⲉⲙⲁⲓ
ⲟⲥ ⲛⲉⲥⲕⲉⲩⲟⲥ ⲙ̅ⲡ̅ⲛⲟⲩ
ⲧⲉ ⲛ̅ⲧⲁϥⲧⲁⲁⲩ ⲁⲛ ⲉⲩ >
ⲧⲁⲕⲟ ⲙⲛ̅ ⲟⲩϫⲱϩⲙ̅ ⲛ̅
ⲧⲟⲕ ϩⲱⲱⲕ ⲛⲉⲥϣⲉ ⲉ
ⲣⲟⲕ ϩⲱⲥ ⲉⲁⲕⲣ̅ⲡⲓⲥⲧⲉⲩ
ⲉ ⲉⲣⲟⲉⲓ ⲛ̅ⲅ̅ⲧⲙ̅ⲥⲱⲱϥ
ⲛⲧⲁⲡⲁⲣⲑⲉⲛⲟⲥ ⲧⲁϊ ⲉⲧ
ⲕⲛⲁⲥⲟⲩⲱⲛ̇ⲥ ⲛⲁⲕ ⲛⲥⲱ
ⲛⲉ ϩⲱⲥ ⲉⲁϊϣⲱⲡⲉ ⲛⲏ
ⲧⲛ̅ ⲙ̅ⲡⲉⲥⲛⲁⲩ ⲛ̅ⲛⲟⲩⲡ̅ⲛ̅ⲁ̅
ⲛⲟⲩⲱⲧ ⲁⲗⲗⲁ ⲧⲱⲟⲩⲛ>
ⲛ̅ⲅ̅ⲃⲱⲕ ϩⲛ ⲟⲩϭⲉⲡⲏ ϣⲁ
ⲡⲏⲉⲓ ⲙ̅ⲡⲉⲧⲣⲟⲥ ⲡⲁⲡⲟⲥ
ⲧⲟⲗⲟⲥ ⲁⲩⲱ ⲕⲛⲁⲛⲁⲩ ⲉ
ⲡⲁⲉⲟⲟⲩ ϥⲛⲁⲧⲟⲩ<ⲛ>ⲉⲓⲁⲧⲕ
ⲉⲃⲟⲗ ⲉϥⲫⲱⲃ ⲡⲧⲟⲗⲉⲙⲁⲓ
ⲟⲥ ⲇⲉ ⲙⲡⲉϥⲣ̅ⲁⲙⲉⲗⲓ ⲁϥⲟⲩ
ⲉϩⲥⲁϩⲛⲉ ⲛ̅ⲛⲉϥⲣ̣ⲱⲙⲉ ⲉ

16 Brashler-Parrott: ϥⲛⲁⲧⲟⲩⲉⲓⲁⲧⲕ Codex, Schmidt, Till-Schenke — 19 Brashler-Parrott: ⲛ̅ⲛⲉϥⲣⲱⲙⲉ Schmidt, Till-Schenke

P. 137

disait: «Ptolé-
mée, les vases^{0} de Dieu
ce n'est pas à la destruction ni à la
souillure qu'il les a destinés.
Mais toi, il t'était nécessaire,
comme^{0} tu avais cru^{0}
en moi, de ne pas souiller
ma vierge^{0}, celle que
tu dois reconnaître comme une
sœur pour toi, puisque^{0} je suis devenu pour
vous deux un Esprit^{0}
unique; mais^{0} lève-toi
et va en hâte jusqu'à
la maison de Pierre l'apôtre
et tu verras
ma gloire, et il t'expliquera
l'affaire.» Et^{0} Ptolémée
n'hésita^{0} pas et il
ordonna à ses gens

ⲣ̅ⲗ̅ⲏ̅

ⲧⲣⲉⲩϫⲓ ⲙⲟⲉⲓⲧ ϩⲏⲧϥ
ⲛ̅ⲥⲉⲛ̅ⲧϥ ϣⲁⲣⲟⲉⲓ ⲛ̅>
ⲧⲉⲣⲉϥⲉⲓ ⲇⲉ ⲉϩⲣⲁⲉⲓ
ϣⲁⲣⲟⲉⲓ ⲁϥϫⲱ ⲛ̅ⲛⲉ̅
ⲧⲁⲩϣⲱⲡⲉ ⲙ̅ⲙ̅ⲟϥ ⲧⲏ
ⲣⲟⲩ ϩⲛ̅ ⲧϭⲟⲙ ⲛ̅ⲓ̅ⲥ̅ ⲡⲉ
ⲭ̅ⲥ̅ ⲡⲛ̅ϫⲟⲉⲓⲥ ⲧⲟⲧⲉ ⲁϥ
ⲛⲁⲩ ⲉⲃⲟⲗ ϩⲛ ⲛ̅ⲃⲁⲗ
ⲛ̅ⲧⲉϥⲥⲁⲣⳍ ⲁⲩⲱ ⲛ̅>
ⲃⲁⲗ ⲛⲧⲉϥⲯⲩⲭⲏ ⲁⲩ>
ⲱ ⲁⲩⲙⲏⲏϣⲉ ϩⲉⲗⲡⲓ
ⲍⲉ ⲉⲡⲉⲭ̅ⲥ̅ ⲁϥⲉⲓⲣⲉ ⲛⲁⲩ
ⲛϩⲙⲡⲉⲧⲛⲁⲛⲟⲩⲟⲩ>>
ⲁⲩⲱ ⲁϥⲭⲁⲣⲓⲍⲉ ⲛⲁⲩ>
ⲛ̅ⲧⲇⲱⲣⲉⲁ ⲙ̅ⲡⲛⲟⲩⲧⲉ
ⲙⲛ̅ⲛ̅ⲥⲱⲥ ⲁⲡⲧⲟⲗⲉ>
ⲙⲁⲓⲟⲥ ⲙ̅ⲧⲟⲛ ⲙ̅ⲙⲟϥ>
ⲁϥⲉⲓ ⲉⲃⲟⲗ ϩⲙ ⲡⲃⲓⲟⲥ>
ⲁϥⲃⲱⲕ ϣⲁ ⲡⲉϥⲭ̅ⲥ̅ ⲛ̅

4 ⲛ̅ⲛⲉⲛ Schmidt

P. 138

de le conduire
et de l'amener à moi. Et[0] lors-
qu'il fut parvenu jus-
qu'à moi, il raconta
tout ce qui lui était arri-
vé de par la puissance de Jésus
le Christ, notre Seigneur. Alors[0]
il vit avec les yeux
de sa chair[0] et les
yeux de son âme[0], et
une foule (de gens) mit son
espoir[0] dans le Christ; il fit pour eux
de bonnes choses
et les gratifia[0]
du don[0] de Dieu.
Après cela, Ptolé-
mée se reposa;
il quitta la vie[0]
et il alla jusqu'à son Seigneur.

[ⲣ̅ⲗ̅ⲑ̅]

ⲧ̣[ⲉⲣⲉϥⲧⲁⲙⲓ]ⲟ̣ ⲇⲉ̣ [ⲛ]ⲧⲉϥ
ⲇⲓⲁⲑⲏⲕⲏ ⲁϥⲥϩⲁⲓ̈ ⲛⲟⲩ
ⲥⲱⲧ ⲛϭⲱⲙ ⲉⲡⲣⲁⲛ ⲛⲧⲁ
ϣⲉⲉⲣⲉ ϫⲉ ⲉⲧⲃⲏⲏⲧⲥ ⲛ̄
ⲧⲁϥⲡⲓⲥⲧⲉⲩⲉ ⲉⲡⲛⲟⲩ
ⲧⲉ ⲁϥⲟⲩϫⲁⲉⲓ ⲁⲛⲟⲕ ϩⲱ
ⲧⲟⲓⲕⲟⲛⲟⲙⲓⲁ ⲛⲧⲁⲩⲧⲛ̄
ϩⲟⲩⲧ ⲉⲣⲟⲥ ϩⲱⲥ ⲥⲡⲟⲩ>
ⲇⲁⲓⲟⲥ ⲁⲓ̈ⲉⲣⲉϩ ⲉⲣⲟⲥ ⲁⲉⲓ
ϯ ⲙⲡϭⲱⲙ̄ ⲉⲃⲟⲗ:ⲁⲩⲱ
ⲡⲛⲟⲩⲧⲉ ⲟⲩⲁⲁϥ ⲡⲉⲧⲥⲟ
ⲟⲩⲛ ⲟⲩⲧⲉ ⲁⲛⲟⲕ ⲟⲩⲧⲉ
ⲧⲁϣⲉⲉⲣⲉ ⲁⲓ̈ϯ ⲙⲡϭⲱⲙ
ⲉⲃⲟⲗ ⲙⲡⲓⲕⲁ ⲗⲁⲁⲩ ⲉⲡⲁ
ϩⲟⲩ ϩⲛ ⲧⲁⲥⲟⲩ ⲙⲡϭⲱⲙ
ⲁⲗⲗⲁ ⲡⲉⲭⲣⲏⲙⲁ ⲧⲏⲣϥ
ⲁⲓ̈ϫⲟⲟⲩϥ ⲛ̄ⲛⲉⲧⲙⲟϫϩ
ⲉⲓⲙⲉ ϭⲉ ⲱ̂ ⲡϩⲙ̄ϩⲁⲗ ⲛ̄ⲧⲉ
ⲡⲉⲭ̅ⲥ̅ ⲓ̅ⲥ̅ ϫⲉ ⲡⲛⲟⲩⲧⲉ

1 ⲧ̣[ⲉⲣⲉϥⲧⲁϫⲣ]ⲟ̣ ⲇⲉ [ⲛ] ⲧⲉϥ Till-Schenke: ⲧ̣[ⲉⲣⲉϥⲥⲙⲓⲛⲉ] ⲇⲉ [ⲛ]ⲧⲉϥ Schmidt: ⲧ̣[ⲉⲣⲉϥⲕ]ⲱ̣ ⲇⲉ̣ [ⲛ]ⲧⲉϥ Brashler-Parrott — 2 Schmidt: ⲇⲓⲁⲑⲏ̣ⲕⲏ Brashler-Parrott — 10 Till-Schenke: ϯⲙⲡϭⲱⲙ ⲉⲃⲟⲗ ⲁⲩⲱ Schmidt — 18 ⲱ̀ Schmidt

P. 139

Or[0] lorsqu'il avait fait son testament[0], il avait légué une partie de sa propriété au nom de ma fille, puisque c'était à cause d'elle qu'il avait cru[0] en Dieu et avait été sauvé. Quant à moi l'administration[0] qu'on m'avait confiée, de la façon la plus zélée[0] j'y veillai (et) je vendis la propriété. Et, c'est Dieu seul qui le sait, ni[0] moi ni[0] ma fille, (lorsque) je vendis la propriété, je n'ai rien retenu du prix de la propriété, mais[0] tout l'argent[0] je l'envoyai à ceux qui souffrent. Sache donc, ô[0] Serviteur du Christ Jésus, que Dieu

[ⲣⲙ]

ⲣ̄ⲟⲓ̣[ⲕ]ⲟ̣ⲛ̣[ⲟⲙⲉⲓ ⲛⲛⲉⲧⲉ]
ⲛⲟⲩϥ ⲛⲉ ⲁⲩⲱ ϥⲥⲟ̣ⲃⲧⲉ
ⲙⲡⲡⲉⲧⲛⲁⲛⲟⲩϥ ⲙ̄
ⲡⲟⲩⲁ ⲡⲟⲩⲁ ⲁⲛⲟⲛ ϩⲱ
ⲱⲛ ⲉⲙⲙⲉⲉⲩⲉ ϫⲉ ⲁⲡ
ⲛⲟⲩⲧⲉ ⲟⲃϣϥ̄ ⲉⲣⲟⲛ
ⲧⲉⲛⲟⲩ ϭⲉ ⲛⲉⲥⲛⲏⲩ ⲙⲁ
ⲣ̄ⲛ̄ ⲣ̄ϩⲏⲃⲉ ⲛ̄ⲧⲛ̄ϣⲱⲡⲉ
ⲉⲛⲣⲟⲉⲓⲥ ⲁⲩⲱ ⲛⲧⲛϣⲗⲏ̀ⲗ́
ⲁⲩⲱ ⲧⲙⲛ̄ⲧ̄ⲁⲅⲁⲑⲟⲥ ⲛ̄
ⲧⲉ ⲡⲛⲟⲩⲧⲉ ⲥⲛⲁϭⲱ
ϣⲧ ⲉϫⲱⲛ ⲁⲩⲱ ⲧⲛ̄>
ϭⲱϣⲧ ⲉⲃⲟⲗ ϩⲏⲧ̄ⲥ̄ ⲁⲩ
ⲱ ϩⲛ̄ⲕⲉϣⲁϫⲉ ⲧⲏⲣⲟⲩ
ⲁⲡⲉⲧⲣⲟⲥ ⲁⲁⲩ ⲙⲡⲟⲩ
ⲙ̄ⲧⲟ ⲉⲃⲟⲗ ⲧⲏ
ⲣⲟⲩ ⲉϥϯ ⲉⲟⲟⲩ ⲙ̄ⲡ̄ⲣ̄ⲁ̄

1 Till-Schenke: ⲣ̄ⲟ̣[ⲓⲕ]ⲟ̣ⲛ[ⲟⲙⲉⲓ?ⲛⲛⲉⲧⲉ] Schmidt: ⲣ̄ⲟⲓ̣[ⲕ]ⲟⲛ[ⲟⲙⲓ ⲛⲛⲉⲧⲉ] Brashler-Parrott — 2 Till-Schenke: ϥⲥ[ⲟ]ⲃⲧⲉ Schmidt: ϥⲥ̣ⲟⲃⲧ̣ⲉ Brashler-Parrott — 16 ⲙ̄ⲧⲟ ⲉⲃⲟⲗ .... codex: après ⲉⲃⲟⲗ, un second ⲉⲃⲟⲗ a été effacé — 17 ⲙ̄ⲡⲣⲁⲛ Schmidt

P. 140

s'occupe[0] de ceux qui lui appartiennent et qu'il prépare ce qui est bon pour chacun, alors que nous, nous pensons que Dieu nous a oubliés. Maintenant donc, frères, puissions-nous nous affliger, veiller et prier et la bonté[0] de Dieu jettera son regard sur nous et nous l'attendrons». Et Pierre fit tous les autres discours en leur présence à tous en glorifiant le nom

ⲣ̄ⲙ̄ⲁ̄

ⲙⲡϫⲟⲉⲓⲥ ⲡⲉⲭ̄ⲥ̄
ⲁϥϯ ⲛⲁⲩ ⲧⲏⲣⲟⲩ
ⲉⲃⲟⲗ ϩⲙ ⲡⲟⲉⲓⲕ
ⲛⲧⲉⲣⲉϥⲡⲟϣϥ ⲁϥ
ⲧⲱⲟⲩⲛ ⲁϥⲃⲱⲕ ⲉ
ϩⲣⲁï ⲉⲡⲉϥⲏⲉⲓ>>-

>ⲧⲉⲡⲣⲁⲝⲓⲥ ⲙⲡⲉⲧⲣⲟⲥ

du Seigneur, le Christ.
il leur donna à tous
du pain.
Lorsqu'il l'eût partagé, il
se leva (et) il retourna
à la maison.

L'Acte[0] de Pierre.

(142)

ⲡⲛⲟⲩⲧⲉ ⲛ̄ⲛ[ⲟⲩⲧⲉ]
ⲡⲛⲟⲩⲧⲉ ⲛ̄ⲛⲟⲩⲧⲉ ⲛⲡϫ̅ⲥ̅
ⲛϫⲟⲉⲓⲥ ⲡⲣⲣⲟ ⲛⲣⲱ[ⲟⲩ]

P. 142

Dieu des d[ieux]!
Dieu des dieux! Seigneur
des seigneurs! Roi des r[ois]!

COMMENTAIRE

Dans notre Introduction[1], nous avons déjà proposé une analyse et un plan détaillé de l'ActPi. Nous avons aussi donné quelques éléments d'interpétation du texte, en regard de sa situation dans le BG, et aussi de ce que l'on peut deviner de l'intention qui a présidé à sa rédaction. Par ailleurs, Michel Tardieu, dans l'édition qu'il a publiée du BG[2], a exhumé, tant dans les notes de sa traduction que dans son commentaire, tout le matériau comparatif, déjà connu ou nouveau, qui pouvait être invoqué pour éclairer l'ActPi. Comme il n'y a pas à ajouter à son bilan[3], nous nous contenterons ici de notes plutôt concises dans le but d'éclairer un point ou l'autre du texte, ou d'en faire mieux voir la cohérence.

128,1-2

«Le premier jour de la semaine qui est le jour du Seigneur». Pour cette formule d'introduction reprise du Nouveau Testament, cf. Lc 24,1: τῇ δὲ μιᾷ τῶν σαββάτων, ainsi rendu en copte: ⲛⲥⲟⲩⲁ ⲇⲉ ⲙⲡⲥⲁⲃⲃⲁⲧⲟⲛ[4]; Jn 20,1: τῇ δὲ μιᾷ τῶν σαββάτων, en copte: ⲛ̄ⲧⲕⲩⲣⲓⲁⲕⲏ ⲇⲉ[5]; Ac 20,7: ἐν δὲ τῇ μιᾷ τῶν σαββάτων, en copte: ⲙ̄ⲡⲟⲩⲁ ⲇⲉ ⲛ̄ⲛⲥⲁⲃⲃⲁⲧⲟⲛ[6]. On retrouve aussi la même formule dans les *Actes de Pierre*[7].

128,3-7

Nous avons ici un trait commun de l'activité thaumaturgique de Jésus aussi bien que des apôtres[8]. Cette mise en scène va déclencher toute l'action à laquelle le peuple participe activement. J. Flamion[9] compare les nombreuses interventions du public dans les Actes apocryphes à celles du choeur dans la tragédie grecque, «ajoutant ses supplications à celles des quémandeurs, intervenant pour plaindre telle victime innocente

[1] Cf. *supra*, p. 174-176.

[2] M. Tardieu, *Écrits gnostiques. Codex de Berlin* (*Sources gnostiques et manichéennes*, 1), Paris, 1984.

[3] Les éléments fournis par Tardieu ne sont cependant pas tous *ad rem*, cf. *supra*, p. 184.

[4] Cf. G. Horner, *The Coptic Version of the New Testament in the Southern Dialect*, Oxford, réimp. 1969 (Osnabrück), II, p. 458.

[5] *Ibid.*, III, p. 310.

[6] *Ibid.*, VI, p. 472.

[7] L. Vouaux, *op. cit.*, chap. 7, p. 271 et chap. 30, p. 399; cf. aussi *AAA*, 1, p. 53, 18.

[8] M. Tardieu, *op. cit.*, p. 403.

[9] J. Flamion, «Les Actes apocryphes de Pierre», *RHE* 9 (1908) 465-490.

et enfin proclamant par ses exclamations le triomphe. Vraiment c'est un drame qui se joue»[10].

Cet aspect théâtral de la littérature apocryphe a été noté aussi par M. Tardieu qui présente l'ActPi comme une pièce en trois actes[11].

128,7-129,8

«Quelqu'un de la foule» pose une question à Pierre et oppose les nombreuses guérisons qu'il réalise et le fait qu'il laisse sa fille paralysée.

129,8-9

«Pierre sourit»: un tel trait se retrouve en *Actes de Pierre*, 6[12], mais dans un contexte différent. M. Tardieu a bien saisi le sens que prend ici le sourire de Pierre: il manifeste la distance qui sépare celui qui connaît la raison des choses de celui qui l'ignore, parce qu'il ne voit que l'apparence[13].

129,10-130,1a

Pierre répond à la question qui lui a été posée. Çependant il ne révèle pas d'emblée la cause de l'état présent de sa fille, car «c'est pour Dieu seul qu'est manifeste ce pourquoi son corps n'est pas guéri» (129,10-13). Cette «cause» (αἰτία) ne sera divulguée qu'au terme de la première partie de la narration de Pierre, en 131,13-135,14a (cf. 135,14b-135,17). Dans l'immédiat, Pierre veut démontrer à son interlocuteur que, si sa fille reste paralysée, ce n'est pas en raison de l'impuissance du Dieu qu'il prêche, mais «pour que (l')âme (de son interlocuteur) soit convaincue et pour que les gens de cet endroit croient davantage» (129,17-130,1).

[10] *Ibid.*, p. 479. FLAMION (*RHE* 9 [1908] 233-254.465-490; 10 [1909] 5-29) établit de nombreux rapports entre les procédés littéraires du roman apostolique et du roman grec, notamment les prodiges qui y sont accumulés de part et d'autre, la place considérable qu'occupent les morceaux de rhétorique, le caractère mécanique de la succession des événements, la fin optimiste qui assure à la vertu persécutée sa part de bonheur; et encore, pour l'ActPi, la beauté admirable de la fille de Pierre: «c'est la source de mille aventures, et on peut dire que le romancier a trouvé dans ce motif une mine féconde de développements, en nous racontant les compétitions et les rivalités, les persécutions et les jalousies dont elle est l'occasion, au point que ce qui paraissait un privilège devient un fardeau insupportable et maudit» (cf. *RHE* 10 [1909], p. 8). Il en est de même de l'enlèvement de la fille de Pierre par Ptolémée «qui rappelle les attaques de brigands et de pirates dans la littérature romanesque» (cf. *ibid.*, p. 9). Sur les rapports entre le roman grec et le roman apostolique, voir aussi M. Tardieu, *op. cit.*, p. 68-69 et 407-408.

[11] M. TARDIEU, *op. cit.*, p. 67-68.

[12] L. VOUAUX, *op. cit.*, chap. 6, p. 265; *AAA*, I, p. 52, 5.

[13] M. TARDIEU, *op. cit.*, p. 404.

130,1b-131,9a

Pour prouver que son Dieu n'est pas impuissant, Pierre guérit sa fille et lui ordonne de marcher «sans l'aide de personne si ce n'est de Jésus seul» (130,3-5). La démonstration étant faite à la satisfaction de Pierre et de la foule (cf. 130,12-16: «voici que votre cœur a été persuadé de ce que Dieu n'est pas impuissant en regard d'aucune chose que nous lui demandons»), Pierre ordonne à sa fille de revenir à son état premier (131,2-5) en justifiant son acte par le «profit» que la paralysie procure à sa fille aussi bien qu'à lui-même.

131,9b-11

La réaction de la foule au contre-miracle de Pierre (pleurs et supplications) est un lieu commun des actes apocryphes, lorsque l'apôtre accomplit un miracle ou laisse se produire un événement qui prend les spectateurs à rebrousse-poil. Schmidt[14] a rapproché à juste titre notre passage du chapitre 41 des *Actes de Thomas*. Dans ce texte, un ânon (πῶλος) miraculeusement doué de parole, qui s'était offert pour servir de monture à Thomas, meurt subitement une fois son service achevé; malgré les pleurs de la foule, l'apôtre refuse de le ramener à la vie et il s'en explique en ces termes: «Je pourrais sans doute le ressusciter par le nom de Jésus-Christ. Mais de toute façon la chose est mieux ainsi. Celui qui lui a donné la parole pour qu'il parle aurait pu faire aussi qu'il ne mourût pas. Je ne le ressuscite pas, non en tant que je ne le veux pas, mais parce que c'est là ce qui est bon pour lui et qui lui profite»[15].

Le texte des *Actes de Thomas* et celui de l'ActPi présentent plusieurs traits qui les rapprochent l'un de l'autre: le caractère scandaleux de la mort de l'ânon et de la paralysie de la fille de Pierre; le refus de Thomas de rendre la vie à l'animal et de Pierre de guérir à nouveau sa fille; et le motif invoqué par l'un et l'autre pour agir ainsi:

> «parce que c'est là ce qui est bon pour lui et qui lui profite: τοῦτό ἐστιν τὸ συμβαλλόμενον αὐτῷ καὶ συμφέρον»;
> «car cela lui est profitable; ⲡⲁⲉⲓ ⲣ̄ ⲛⲟϥⲣⲉ ⲛⲁⲥ = τοῦτο συμφέρει αὐτῇ»[16].

[14] C. Schmidt, *Die alten Petrusakten*, p. 14, n. 2, repris par L. Vouaux, *op. cit.*, p. 22, n. 6 et par M. Tardieu, *op. cit.*, p. 406.

[15] Texte en *AAA*, 2,2, p. 159, 1-5; trad. A.-J. Festugière, *Les Actes apocryphes de Jean et de Thomas* (*Cahiers d'orientalisme*, VI), Genève, 1983, p. 66.

[16] D'après la rétroversion proposée par C. Schmidt, *op. cit.*, p. 14.

131,12-140,13

Nous avons ici la section principale de l'ActPi, le discours par lequel Pierre va justifier son comportement vis-à-vis de sa fille en donnant la raison (αἰτία) de son état.

131,13-14

Pierre répond en reprenant d'abord l'affirmation faite en 131,4-5, à savoir que, si sa fille est ainsi paralysée, c'est en raison du «profit» qu'elle y trouve ainsi que son père.

On peut se demander en quoi consiste ce «profit». Appelé déjà «faveur (divine)» en 129,16. D'après le récit fait par Pierre pour expliquer le sens de l'aphorisme des lignes 13-14, il est clair que ce profit, c'est, pour la jeune fille, d'être sauvée «de l'impureté, de la souillure et de la destruction» (cf. p. 135,12-14). Ce qui est désigné par ces trois termes, c'est la perte de la virginité, ainsi que l'illustrera le récit[17]. La sauvegarde de la virginité profite aussi à Pierre, en raison de la valeur qui est attachée par lui à la virginité, mais aussi parce qu'en tant que père, il est responsable de la jeune fille. Mais il y a aussi le profit que constitue le salut de ces «âmes» qui périraient «si son corps demeur(ait) en santé» (132,2-4). La paralysie de la fille lui assure non seulement de conserver la virginité, mais elle préserve aussi de la ruine ceux qui voudraient la lui faire perdre (cf. aussi 132,9-11 et 139,4-6).

Que la sauvegarde de la virginité soit qualifiée de «profit», et sa perte, d'«impureté, souillure et destruction» n'a rien pour surprendre dans des textes à tendance encratite comme les actes apocryphes[18].

Le thème du profit spirituel d'un acte ou d'une situation qui sont en apparence négatifs déborde cependant celui de la sauvegarde de la virginité, comme le montre son emploi dans le passage des *Actes de Thomas* cité plus haut. L'auteur de l'ActPi utilise donc ici un cadre narratif et thématique connu. Dès lors, il peut paraître inadéquat de juger de la notion de «profit» ou d'«utilité» qu'il met en œuvre en fonction d'un cadre ethnographique trop étroit[19].

[17] Cf. *infra.*, commentaire, p. 216s.

[18] Cf. Y. Tissot, «Encratisme et Actes apocryphes», in F. Bovon *et al.*, *Les Actes apocryphes des Apôtres. Christianisme et monde païen.* (*Publication de la Faculté de Théologie de l'Université de Genève*, 4), Genève, 1981, p. 109-119.

[19] Comme le fait M. Tardieu, *op. cit.*, p. 406.

131,13

ϥⲟⲛϩ ⲛ̄ϭⲓ ⲡϫⲥ: littéralement «Le Seigneur est vivant»; il s'agit d'une formule courante de serment ou de prise à témoin de Dieu pour attester de la vérité d'une affirmation[20].

132,19

ⲙⲡⲉϥϣϭⲱ: le verbe ϭⲱ peut se traduire par «continuer», «persister», arrêter, «cesser» ou attendre. Etant donné la disparition de la suite du texte, il est impossible de trancher. Nous comprenons pour notre part que Ptolémée, pris de passion pour la jeune fille, «ne put cesser» de lui faire des avances jusqu'à ce qu'il l'eût enlevée.

133-134

Pour le contenu des pages disparues, qui peut être restitué grâce à Augustin, voir notre Introduction[21].

135,1

«(Les gens de) Ptolémée»: nous supposons ⲛⲉϥⲣⲱⲙⲉ, d'après 137,19.

135,8-9

«Depuis les orteils jusqu'à la tête»: nous trouvons une expression semblable en *Actes de Pierre*, 2[22]: «aussitôt, Rufine tomba, paralysée de la moitié gauche de son corps, de la tête aux ongles de pieds (*a capite usque ad ungues pedum*)».

135,12-14

Les termes employés ici (impureté = ⲥⲱⲱϥ = ἀσέλγεια, βδέλυγμα ou μόλυνσις[23]; souillure = ϫⲱϩⲙ = μίανσις ou encore φθορά[24];

[20] Cf. C. Schmidt, *op. cit.*, p. 8, n. 2.

[21] Cf. supra, p. 177ss.

[22] L. Vouaux, *op. cit.*, p. 237; *AAA*, 1, 46, 25-26.

[23] Cf. Crum, 378b.

[24] Crum 798a; l'équivalence ϫⲱϩⲙ = μίανσις, qui n'est pas dans Crum, peut être établie par la version des *Apophthegmata Patrum*, où le verbe ϫⲱϩⲙ rend μιαίνεσθαι (cf. M. Chaine, *Le manuscrit de la version copte en dialecte sahidique des «Apophthegmata Patrum»* [*Bibliothèque d'études* coptes, 6], Le Caire, 1960, p. 74, no 241, et *PG* 65, 169B) au sens de «perdre la virginité». Crum mentionne cependant l'équivalent ϫⲱϩⲙ = μίασμα en Judith 13,16; là aussi, comme en ActPi, ϫⲱϩⲙ/μίασμα désigne la souillure liée aux relations sexuelles: «Par la vie du Seigneur, qui m'a protégée sur la voie que je suivais, mon

destruction = ⲧⲉⲕⲟ = ἀπώλεια[25]) sont assez courants dans la littérature chrétienne ancienne pour désigner le dommage causé à l'âme par le péché et en particulier par la perte de la virginité et par la débauche. On peut citer, pour ἀσέλγεια, 2 Co 12,21 pour φθορά, les *Actes de Thomas*[26] et pour μίανσις, le *Martyre de Nérée et d'Achille*[27]. Dans ce texte, il est intéressant de noter que la souillure (μίανσις), qui est opposée à la virginité, désigne l'union sexuelle. Nous tenons là un contexte sémantique assez proche de celui de l'ActPi.

135,14-17

Pierre conclut la première partie de son discours: il a rendu compte de «la cause du fait que la jeune fille demeure ainsi jusqu'au jour d'aujourd'hui» et il a de ce fait répondu à la question posée au début du récit, en 128,17-129,2. Cette première section du discours illustre le profit de la jeune fille. La seconde section (135,17-139,17) racontera les mésaventures de Ptolémée et montrera le profit que lui aussi finira par trouver.

136,1-2

«Il rentra en lui-même»: rappelle la parabole du fils prodigue, en Lc 15,17 (εἰς ἑαυτὸν δὲ ἐλθὼν ἔφη). Mais la démarche de Ptolémée aboutira d'abord au désespoir (cf. 136,8-10 qui évoque Mt 27,5), dont il sera sauvé par une vision (136,10-137,17).

137,2-4

«Les vases de Dieu»: le terme σκεύα utilisé ici est abondamment attesté dans toute la littérature chrétienne ancienne où il désigne de façon générale la créature, et spécialement l'être humain, façonné par Dieu agissant à la manière d'un potier, selon l'image qu'implique le ἔπλασεν de Gn 2,7[28]. Parmi les attestations néo-testamentaires, il suffira

visage l'a séduit pour sa perte sans qu'il commette le péché avec moi, pour ma souillure et ma honte (εἰς μίασμα καὶ αἰσχύνην)».

25 CRUM 405b.

26 Cf. chap. 15, in A.J. FESTUGIÈRE, *op. cit.*, p. 52 et *AAA*, 2,2, p. 121,2: «ὁ μακράν με τῆς φθορᾶς ποιήσας καὶ σπείρας ἐν ἐμοὶ τὴν ζωήν». Le contexte est ici celui de la virginité conservée; et aussi au chap. 67, FESTUGIÈRE, *op. cit.*, p. 78, *AAA*, 2,2, p. 184,17: «... καὶ ἐλευθερῶν ἀπὸ τῆς δουλείας καὶ φθορᾶς τοὺς ὑπηχόους...» où φθορά a un sens plus général.

27 *Acta Nerei et Achillaei*, éd. H. ACHELIS (*TU*, 11,2), Leipzig, 1983, p. 4, 1-14 (spéc. 13); voir aussi notre commentaire *ad* 137,5-8.

28 Cf. C. MAURER, art. σχεῦος, in G. KITTEL, éd., *Theologishes Wörterbuch zum*

de renvoyer à Rm 9,21-23; 1 Th 4,4 et 1 Tm 2,21. Il est intéressant de noter que le texte de 1 Th invite chacun «à acquérir son vase à lui (c'est-à-dire à se marier) dans la sanctification et l'honneur», ce qui est exactement l'inverse de la position de l'auteur de l'ActPi[29].

Le même vocabulaire se retrouve en ActPi 2,4, qui appelle «vasa sancta et fideles» ceux que la grâce divine doit attirer à elle par le ministère de Paul[30].

137,5-8

«Mais toi, il t'était nécessaire, comme tu avais cru en moi, de ne pas souiller ma vierge». Comme nous l'avons déjà noté (*ad* 135,12-14), la souillure dont il est ici question désigne la perte de la virginité. «Souillure» et «(se) souiller», sont d'ailleurs des expressions quasi techniques dans la littérature chrétienne ancienne pour désigner les relations sexuelles par opposition à la virginité. Cet emploi est très bien illustré par un apophtegme transmis et commenté par A. Guillaumont[31]. Le héros de l'anecdote que rapporte l'apophtegme déclare en effet: «Depuis que j'ai épousé ma femme, ni elle ni moi ne nous sommes souillés, mais elle est vierge (οὐκ ἐμιάνθην οὔτε ἐγώ οὔτε αὐτὴ, ἀλλὰ παρθένος ἐστί), et nous couchons chacun de notre côté»[32]. Ici comme en ActPi, on a l'opposition souillure/virginité.

137,9-10

«Comme une sœur pour toi»: Ptolémée est invité à regarder comme une sœur celle qu'il voulait à tout prix avoir comme épouse. Le sens de ce passage est bien donné par Tardieu, qui commente: «la relation, que prône la vision, entre Ptolémée et la fille de Pierre n'est plus celle d'homme à femme (sexualité), mais celle de frère à sœur (négation de la sexualité par le tabou de l'inceste)»[33].

Neuen Testament, 7. Bd., Stuttgart, 1964, p. 359-368 et G.W.H. Lampe, *A Patristic Greek Lexicon*, Oxford, 1961, p. 1236b.

[29] Cf. *Traduction œcuménique de la Bible. Nouveau Testament*, Paris, 1972, p. 621, n. i.

[30] L. Vouaux, *op. cit.*, p. 243, *AAA*, 1, p. 47,29.

[31] Cf. «Le célibat monastique et l'idéal chrétien de la virginité ont-ils des motivations ontologiques et protologiques?», dans U. Bianchi, éd., *La tradizione dell' enkrateia. Motivazioni ontologiche et protologiche.* Atti del Colloquio Internazionale Milano, 20-23 aprile 1982, Milan, Edizioni dell' Ateneo, p. 86-87.

[32] Trad. A. Guillaumont, *art. cit.*, p. 86; texte grec in PG 65, 169B. La version copte de cet apophtegme rend μιάνεσθαι non par ⲥⲱⲱϥ, mais par ϫⲱϩⲙ (cf. *supra*, n. 24).

[33] M. Tardieu, *op. cit.*, p. 409.

137,10-12

«Je suis devenu pour vous un Esprit unique»: telle la justification de l'attitude qui est proposée à Ptolémée. On pourrait, comme le propose Vouaux[34], ne voir dans cette phrase qu'une reprise du thème paulinien de l'unité des chrétiens dans un seul Esprit (cf. 1 Co 12,13) ou celui de la disparition des différences (sociales aussi bien que sexuelles) dans le Christ (cf. Ga 3,28 et 1 Tm 5,2). Mais il semble plus à propos d'y voir un retournement, dans le sens de la négation ou du dépassement de la sexualité, de Gn 2,24, qui correspond, termes pour termes, à ActPi[35]:

Je suis devenu pour vous un esprit unique	Les deux deviendront une chair unique

Comme le note Tardieu[36], nous avons là une «interprétation androgynique» du texte de la Genèse. Nous avons déjà dit dans l'introduction comment une telle interprétation a pu attirer l'attention du compilateur du BG et l'inviter à compléter son codex par la copie de l'ActPi. Elle trouve en effet des échos dans le troisième écrit du BG, la *Sagesse de Jésus-Christ*[37]. Même si la présence de l'ActPi dans le BG peut se justifier autrement, il reste que nous avons dans ce recours au thème de l'androgynie et dans le remplacement des catégories homme/femme par celles de frère/sœur, un des seuls éléments du texte que l'on puisse qualifier de gnostique.

137,15-16

«Et tu verras ma gloire»: semble être une reprise de Jn 11,40.

138,7-10

«Alors il vit avec les yeux de sa chair et les yeux de son âme»: façon de dire que non seulement Ptolémée recouvre la vue corporelle, mais qu'il acquiert le sens spirituel. Tout le chapitre 21[38] des *Actes de Pierre*, qui relate la guérison de «veuves et aveugles, non croyantes», peut servir à commenter ici l'ActPi: ces veuves, qui, en croyant, voient par l'intelligence ce qu'elles ne voient pas par les yeux (*videte sensu quod oculis non*

[34] L. VOUAUX, *op. cit.*, p. 226, n. 1.
[35] Nous citons Gn selon la *LXX*.
[36] M. TARDIEU, *op. cit.*, p. 70.
[37] Cf. *supra*, p. 183.
[38] L. VOUAUX, *op. cit.*, p. 349-355 et *AAA*, 1, p. 68, 16-69,19.

videtis), retrouvent la vision corporelle grâce à l'apparition d'une vive lumière, «insaisissable à la vue».

138,12

«Il fit pour eux...»: le sujet est ici le Christ.

138,14-15

«(Il) les gratifia du don de Dieu»: le vocabulaire employé ici (χαρίζειν, δωρεά) rappelle Rm 5,15: «... la grâce (χάρις) de Dieu et le don (δωρεά) dans la grâce (ἐν χάριτι) qui provient du seul homme Jésus-Christ».

139,1

ⲧ[ⲉⲣⲉϥⲧⲁⲙⲓ]ⲟ: le sens du texte est clair malgré la lacune qui a emporté presque toute la première ligne de la page 139. Dès lors, il faut restituer un verbe qui rende les expressions grecques διαθήχην (ou διαθήχας) διατίθεσθαι ou ποιεῖσθαι. Schmidt[39] avait proposé ⲥⲙⲓⲛⲉ, ce qui ne cadre pas avec la trace de lettre qui a survécu et qui ne peut être qu'un ⲱ ou un ⲟ. Till-Schenke, pour leur part, restituent ⲧⲁϫⲣⲟ, ce qui correspond tout à fait à l'espace disponible, quoi qu'en disent Brashler et Parrott[40], mais est moins heureux pour le sens[41]. De même longueur que ⲧⲁϫⲣⲟ, ⲧⲁⲙⲓⲟ, que porte notre texte, rend bien la *Vorlage* supposée.

139,2-6

«Il avait légué une partie de sa propriété au nom de ma fille, puisque c'était à cause d'elle qu'il avait cru en Dieu et avait été sauvé». L'association de la femme à la terre est très fréquente dans la littérature grecque, par exemple chez Sophocle, *Oedipe-Roi*[42]: «... il est apparu, mes enfants, comme un père, quand il ne voyait ni ne cherchait à connaître le champ où il avait été lui-même semé» (v. 1484-1485); «il a labouré celle

[39] C. SCHMIDT, *Die alten Petrusakten...*, *op. cit.*, p. 6.

[40] J. BRASHLER, D.M. PARROTT, «The Act of Peter», *op. cit.*, p. 488, note *ad. loc.*; un examen du manuscrit montre que ⲧⲁϫⲣⲟ et ⲧⲁⲙⲓⲟ remplissent très exactement l'espace laissé libre par la lacune et que leur dernière lettre s'ajuste tout à fait à la trace qui subsiste sur le papyrus; BRASHLER et PARROTT proposent de restituer ⲕⲱ, manifestement trop court, comme ils l'admettent eux-mêmes.

[41] Cf. CRUM 462b, où διατίθεσθαι et ποιεῖσθαι ne figure pas parmi les équivalents grecs recensés de ⲧⲁϫⲣⲟ.

[42] Trad. J. et M. BOLLACK, Paris, 1985.

qui l'a fait naître, le champ même où il fut semé» (v. 1497-1485); dans le dialogue du chœur et d'Athéna des *Euménides* d'Eschyle[43]: «Je me vengerai en répandant de mon cœur sur la terre un venin stérilisant. Il en sortira une lèpre mortelle à la feuille, mortelle à l'enfant» (v. 813-816); et encore chez Pindare, les *Néméennes*, VI[44]: «Les laboureurs des Piérides» (v. 33) où les Muses, ou Piérides, sont la source d'inspiration des poètes.

139,18-19

«Ô Serviteur du Christ Jésus»: ce vocatif, s'il peut tout aussi bien servir à interpeler le lecteur, renvoie d'abord à celui qui avait posé la question à Pierre, en 128,7-129,8. Pierre a répondu à l'objection qu'il avait soulevée à propos de la paralysie de la jeune fille. Dans les lignes qui suivent (139,19-140,6), Pierre résume l'argument de tout son discours, qui visait à démontrer que «Dieu s'occupe (ⲣ̄ⲟⲓⲕⲟⲛⲟⲙⲉⲓ) de ceux qui lui appartiennent et qu'il prépare ce qui est bon pour chacun (ⲡⲡⲉⲧⲛⲁⲛⲟⲩϥ)» (cf. dans le même sens 130,12-16). On retrouve là le thème du «profit» rencontré plus haut, en 131,4-5,13-14[45]. Pour sa part, l'interlocuteur de Pierre concluait de la paralysie de la fille que «Dieu nous a oubliés» (cf. 129,6-8).

140,7-13

«Frères» (140,7): après la conclusion à l'adresse du principal destinataire de son discours, Pierre fait une parénèse à l'intention de la foule (cf. 128,3; 130,10-11; 131,9-11) qui a été témoin de ses faits et gestes, et aussi des lecteurs de cet «acte» merveilleux.

«Puissions-nous nous affliger, veiller et prier» (140,7-9): les deux derniers termes de l'exhortation de Pierre (ⲣⲟⲉⲓⲥ = γρηγορεῖν[46]; ϣⲗⲏⲗ = προσεύχεσθαι[47]) reprennent ceux du Christ en Mt 26,41 et Mc 14,38. Le premier terme, cependant, renvoie à un autre registre. En effet, le copte ⲣ ϩⲏⲃⲉ équivaut ici au grec πενθεῖν[48]. On retrouve là le thème de l'«affliction», bien connu de la littérature chrétienne ancienne[49].

[43] Trad. E. Chambry, Paris, 1946.
[44] Trad. A. Puech, Paris, 1958.
[45] Cf. *supra*, commentaire *ad. loc.*.
[46] Crum 300b.
[47] Crum 559a.
[48] Crum 655a.
[49] Cf. R. Bultmann, art. πένθος, πενθέω, in G. Kittel, *Theologisches Wörterbuch zum Neuen Testament*, 6. Bd Stuttgart, 1959, p. 40-43. Le thème du πένθος est aussi bien attesté dans la littérature monastique, par exemple, dans les *Apophtegmes* (collection alphabétique); entre autres on peut citer les logia suivants: Matoès 11 (*PG*, 65,295AB:

«La bonté de Dieu jettera son regard sur nous et nous l'attendrons» (140,10-13): le copte peut donner à penser qu'il y a ici un jeu de mots, puisqu'on retrouve **ϭⲱϣⲧ ⲉϫⲱ=** et **ϭⲱϣⲧ ⲉⲃⲟⲗ ϩⲏⲧ=**. Mais le grec sous-jacent (ἐπιβλέπειν et ἐκ ou προσδέχεσθαι), dans la mesure où nous pouvons le reconstituer[50], montre que ce jeu de mots est à mettre au crédit du traducteur copte.

141,2-3

«Il leur donna à tous du pain»: la distribution de l'eucharistie conclut cet «acte» qui a lieu le dimanche (cf. 128,1-2). En *Actes de Pierre* 5, l'apôtre donne aussi l'eucharistie à ceux qui sont avec lui.

142,1-3 (colophon[51] du BG)

Le BG se termine, au verso de la p. 141 (numérotée ici 142), par une invocation à trois membres, dont le premier est répété, bâtie sur des génitifs paronomastiques d'intensité[52]:

1) Dieu des dieux!
2) Seigneur des seigneurs!
3) Roi des rois!

La traduction de cette invocation, placée en fin de codex par manière de colophon, pose cependant quelques problèmes. En stricte grammaire, et cela est confirmé par les versions coptes des témoignages allégués plus bas, on attendrait:

«ὕπαγε, παρακάλεσον τὸν θεόν, ἵνα δώσῃ πένθος εἰς τὴν καρδίαν σου καὶ ταπείνωσιν·»); Poimen 26 (329A: «οὕτω καὶ ὁ μοναχὸς ὀφείλει διαπαντὸς τὸ πένθος ἔχειν ἐν ἑαυτῷ.»); Poimen 69 (337C: «οἱ πατέρες τὴν ἀρχὴν τοῦ πράγματος ἣν ἔθεντο, πένθος ἐστί·»; Poimen 72 (340B: «...ἄνθρωπος ἐὰν μὴ νεκρώσῃ τὰ θελήματα τῆς σαρκὸς πάντα καὶ κτήσηται τὸ πένθος τοῦτο, οὐ δύναται γενέσθαι μοναχός· ὅλος γὰρ ὁ βίος (...) καὶ ὁ νοῦς, εἰς τὸ πένθος ἐστίν.»). L'équivalence πένθος = **ϩⲏⲃⲉ** peut être établie, pour les *Apophtegmes*, par le deuxième «dit» attribué à Pierre Pionite (*PG*, 65,376D), dans le texte copte heureusement conservé (éd. M. Chaine, *Le manuscrit de la version copte en dialecte sahidique des «Apophthegmata Patrum»* [*Bibliothèque d'Études coptes*, 6], Le Caire, 1960, p. 18, no 87).

[50] Crum, 837b-838a.

[51] Sur le colophon du BG, voir C. Schmidt, *Die alten Petrusakten*..., *op. cit.*, p. 2; W.-C. Till, H.M. Schenke, *Die gnostischen Schriften*..., *op. cit.*, p. 320; J. Brashler, D.M. Parrott, «The Act of Peter», *op. cit.*, p. 492-493 et M. Tardieu, *Écrits gnostiques, Codex de Berlin*, op. cit., p. 17.

[52] Cf. sur ce point S. Schäfer, «*König der Könige*» — «*Lied der Lieder*». *Studien zum paronomastischen Intensitätsgenitif* (*Abhandlungen der Heidelberger Akademie der Wissenschaften*, phil.-hist. Klasse, 1973,2), Heidelberg, 1974.

1) ⲡⲛⲟⲩⲧⲉ ⲛⲛⲛⲟⲩⲧⲉ
2) ⲡϫⲥ ⲛⲛϫⲟⲉⲓⲥ (ou: ϫⲓⲥⲟⲟⲩⲉ)
3) ⲡⲣⲣⲟ ⲛⲛⲣⲱⲟⲩ

On pourrait aussi traduire le copte tel qu'il se présente, ainsi que le proposent Brashler et Parrott[53] («Dieu divin, Dieu divin du Seigneur seigneurial, Roi royal»), mais là aussi on se heurte à la difficulté créée par la forme plurielle ⲣⲱ[ⲟⲩ], qui ne peut servir d'adjectif.

Si les parallèles au texte du colophon sont nombreux, un seul lui est cependant absolument identique. Il s'agit de celui que donne 1 *Hénoch* 9,4 et encore non selon le texte éthiopien, mais d'après celui de Georges le Syncelle. L'éthiopien[54], en effet, inverse les deux premiers membres: «(Tu es) le Seigneur des seigneurs, le Dieu des dieux et le Roi des rois», alors que le Syncelle[55] donne: «(Σὺ εἶ) ὁ θεὸς τῶν θεῶν καὶ κύριος τῶν κυρίων καὶ ὁ βασιλεὺς τῶν βασιλευόντων». Les autres parallèles qu'on pourrait invoquer ne donnent jamais que deux des trois éléments de l'invocation: Dt 10,17 (1 et 2); Ps 135,2-3 LXX[56] (1 et 2); 1 Tm 6,15 (2 et 3); Ap 17,14 (2 et 3) et 19,16 (3 et 2).

Nonobstant les anomalies grammaticales[57] que nous venons de signaler, on peut supposer que le scribe avait en tête une invocation du type de celle de 1 *Hénoch* 9,4 Syn., et traduire en conséquence, en suppléant les articles qui manquent et en négligeant le ⲛ devant ⲡϫⲥ. L'invocation a pu être suggérée au scribe par le fait qu'il en trouvait déjà les éléments, mais de façon incomplète (1 et 3 seulement), dans le BG, en *Sagesse de Jésus-Christ* (p. 96,10[58]).

[53] J. Brashler, D.M. Parrott, «The Act of Peter», *op. cit.*, p. 492, note *ad rem.*.

[54] Texte in M.A. Knibb (-E. Ullendorff), *The Ethiopic Book of Enoch*, vol. 1, Oxford, 1978, p. 24-25; trad. F. Martin *et al.*, *Le Livre d'Hénoch traduit sur le texte éthiopien*, Paris, 1906, p. 19.

[55] Edition M. Black, *Apocalypsis Henochi graece* (*Pseudèpigrapha veteris testamenti graece*, III), Leiden, 1970, p. 23.

[56] La version copte éditée par E.A. Wallis Budge, *The Earliest Known Coptic Psalter*, Londres, 1898, p. 141, ne donne pas le v. 3.

[57] Anomalie relative dans le cas de l'omission du ⲛ, puisque cela arrive assez fréquemment dans le BG.

[58] Cf. W.C. Till, H.M. Schenke, *Die gnostischen Schriften...*, *op. cit.*, p. 232; et M. Tardieu, *Écrits gnostiques, Codex de Berlin*, *op. cit.*, p. 179. La même formule se retrouve en *Eugnoste*, III, 78, 2-3. Notons que la version d'*Eugnoste* du codex V donne les trois membres dans l'ordre que nous avons ici: «Dieu des dieux, Seigneur des seigneurs, Roi des rois», (V,7,1-2; le texte est lacuneux à cet endroit, mais peut être restitué à coup sûr d'après 6,14-17).

INDEX

L'ordre de classement retenu dans l'index copte est celui du dictionnaire de CRUM. Lorsque la forme type choisie par CRUM n'est pas attestée dans le texte, elle est indiquée entre parenthèses.

Les variantes orthographiques ont été relevées systématiquement; lorsque plusieurs variantes orthographiques sont attestées pour un même vocable (dans l'index copte comme dans l'index grec), elles sont identifiées par un chiffre placé en exposant. Les références correspondant à des reconstitutions sont indiquées entre crochets.

INDEX GREC

INDEX DES NOMS PROPRES

INDEX COPTE

TABLE DES MATIÈRES